公開買付規制の
基礎理論

飯田秀総
Hidefusa Iida

商事法務

はしがき

　本書は、公開買付規制のあり方を考える上で、基本的な2つの論点を検討するものである。すなわち、第1は、公開買付規制における対象会社株主の保護のあり方などの、公開買付規制で解決すべき問題について（第1部）である。この論点をどのように考えるかによって、公開買付規制の基本的な方向性が決まるといってよい。これについては、公表済みの2つの論文を第1部に配した。Ⅰの論文では、売却圧力（公開買付けの強圧性）の問題について公開買付規制で対応すべきことを主張している。Ⅱの論文は、Ⅰの論文で結論を留保した、会社からの退出権という考え方を導入するべきかどうかを検討し、支配株主が3分の2以上の議決権を取得するような上場廃止のおそれが高まるような場合には導入の余地があるが、3分の1の議決権の取得をトリガーとする少数株主の退出権については現段階では必要ないと主張している。いずれも、公開買付規制の立法論としての方向性を打ち出すものである。そのため、原則として、執筆時の論文をそのまま掲載しており、その後の法令の改正を反映していない。文献は、改訂版があっても旧版のままとし、執筆時以降の文献についても反映していない。Ⅰの論文は、平成18年6月14日法律第65号（平成18年12月13日施行）による改正の前の証券取引法を前提に記述しているが、元となった論文を公表する際に紙幅の都合で削った箇所のいくつかを復活させた。Ⅱの論文は、平成26年6月27日法律第90号（平成27年5月1日施行）による改正の前の会社法を前提に記述している。

　第2は、公開買付規制のうちの強制的公開買付制度（3分の1ルール）の強行法規性（第2部）についてである。第2部は書き下ろしである。日本法では、公開買付規制は金融商品取引法（以下「金商法」という）に規定されており、他の開示規制違反と同様に、公開買付規制に違反すると課徴金や刑罰が科される。そのため、公開買付規制が

強行法規であることは当然のことのように思われるかもしれない。しかし、実は、日本法の現状は、種類株式を使うことによって、強制的公開買付制度の適用を受けずに市場外での相対取引による支配株式の取得が可能となっており、実質的には定款自治が認められている側面があると評価できる。理論的には、公開買付規制のうち、特に強制的公開買付制度は、支配株主と少数株主との間の利害調整という側面があり、会社法上の少数株主の保護のあり方などと密接に関連する。そこで、強行法規として規定することが必要なのか、それとも定款自治を認めてもよいのか、ということについて正面から検証する必要がある。第2部では、このような問題意識に基づく分析を行う。これは、拙稿「カネボウ少数株主損害賠償請求事件最高裁判決の検討」商事法務1923号（2011）の検討の際に、今後の課題とした問題を検討するものである。また、強制的公開買付制度の是非についてはⅠの論文では棚上げしていたので、この点についての研究を進めたものでもある。

　公開買付けは、商法、とくに会社法・金商法を主に研究している私にとって、もっとも面白い研究対象である。なぜなら、第1に、公開買付けは企業買収をめぐる手法の1つとして多くの国で定着しているにもかかわらず、各国でその規制のあり方に違いがあり、かつ、その規制も頻繁に改正されており、未解明なことが多いからである。第2に、法学の知見が必要なのはもちろんのこと、隣接諸科学の知見も用いなければ正確な理解は困難であり、学際的な研究が必要だからである。裏を返せば、それだけ難問が山積しているということを意味する。そのような難問に対する本書の試みは、小さな一歩にすぎないが、ライフワークとして公開買付けを研究する者のささやかな挑戦の記録でもある。

　本書は、論文集の形式を取るものであり、その中心となるのはⅠの論文である。これは筆者の修士論文を基にしたものである。筆者のその後の研究の多くはこの修士論文を発展させたものである。Ⅱの論文がそうであることは上記のとおりであるが、そのほかにも、たとえば、

筆者の株式買取請求権に関する研究（『株式買取請求権の構造と買取価格算定の考慮要素』（商事法務、2013））も、Ⅰの論文において今後の課題としていたものの研究を進めたという面もあった。また、本書に収録しなかったが、公開買付けに関してはいくつか論文を公表しているし（たとえば、「公開買付けの応募契約」岩原紳作＝山下友信＝神田秀樹編『会社・金融・法〔下巻〕』（商事法務、2013）所収、「共同保有者・特別関係者の範囲」飯田秀総ほか編『落合誠一先生古稀記念：商事法の新しい礎石』（有斐閣、2014）所収）、現在もなお研究を続けている。

　このように、研究の道を歩み始めて最初に取り組んだテーマを今日まで研究の軸として取り組むことができているのは、研究者として幸せなことである。そして、その出発点となったⅠの論文を中心に、論文集として本書の形でまとめることができたことはとても幸運である。これは、多くの先生方のご指導のたまものである。

　特に恩師である落合誠一先生と藤田友敬先生には心からの感謝を申し上げる。

　また、本書の刊行にあたり、株式会社商事法務の岩佐智樹さんと下稲葉かすみさんにお世話になった。ここに厚く御礼を申し上げる次第である。

　最後に、筆者の研究活動を支えてくれている、妻・明子と3人の息子たちにも感謝している。

2015年8月

飯田　秀総

公開買付規制の基礎理論
目　次

第 1 部　公開買付規制で解決すべき問題

I　公開買付規制における対象会社株主の保護 — 3

第 1 章　序論 — 4
第 1 節　問題の所在 — 4
第 1 款　問題状況 — 4
第 1 項　はじめに — 4
第 2 項　条文の基本的な構造 — 5
第 3 項　学説の議論の到達点と問題点 — 7
1　市場内買付けに関する議論　7
2　強制的公開買付制度に関する議論　21
3　小括　37
第 2 款　「対象会社株主の保護」のあり方の検討の必要性 — 37
第 2 節　考察の方法 — 38
第 1 款　比較法的考察 — 38
第 2 款　本稿の構成 — 40
第 3 款　考察の仮定 — 40

第 2 章　イギリス — 41
第 1 節　本章の目的と構成 — 41
第 2 節　現行ルールの概要 — 42
第 1 款　シティコードの概要 — 42
第 1 項　シティコードの適用範囲 — 42

第2項　義務的公開買付制度の概観 ………………………………… 43
　　　　1　公開買付けの義務の発生要件と適用免除　43
　　　　2　条件・価格規制　44
　　第3項　市場内買付けの規制 …………………………………………… 44
　第2款　株式の大量取得の規制に関する規則（SARs）………………… 45
第3節　義務的公開買付制度の形成の経緯と変遷 ……………………… 46
　第1款　序 …………………………………………………………………… 46
　第2款　義務的公開買付制度導入以前の状況 …………………………… 47
　　第1項　シティコード制定前の状況 …………………………………… 47
　　第2項　シティコード制定後の状況 …………………………………… 50
　第3款　義務的公開買付制度の導入の経緯 ……………………………… 51
　　第1項　問題事例の発生 ………………………………………………… 51
　　　　1　別途買付けの問題　52
　　　　2　短期間の支配の取得——義務的公開買付制度導入の直接の契機　53
　　第2項　作業部会の声明と義務的公開買付制度の導入 ……………… 55
　　第3項　小括——理論先行でないこと ………………………………… 56
　第4款　義務的公開買付制度の変遷 ……………………………………… 56
　第5款　小括 ………………………………………………………………… 58
第4節　理論的分析 ………………………………………………………… 61
　第1款　序説 ………………………………………………………………… 61
　第2款　退出権による少数派株主の保護 ………………………………… 61
　　第1項　退出権の機能 …………………………………………………… 61
　　第2項　退出権が必要な理由 …………………………………………… 62
　　　　1　少数派株主の損害の危険　62
　　　　2　会社法上の救済手段の限界　63
　　第3項　小括 ……………………………………………………………… 64
　第3款　株主の売却圧力の解消 …………………………………………… 65
　　第1項　公開買付けに内在する売却圧力の問題 ……………………… 65
　　　　1　売却圧力の問題の内容　65
　　　　2　売却圧力の解消の重要性・必要性　74
　　　　3　規則31.4条の延長期間による売却圧力の解消　77

目　次　v

第 2 項　市場内買付け・相対取引の売却圧力と義務的公開買付制度 —— 79
　　　　1　売却圧力の存在 —— 79
　　　　2　解消手段　79
　　第 3 項　小括 —— 80
　第 4 款　株主平等原則の現れ —— 81
　　第 1 項　株主平等原則とコントロールプレミアム —— 81
　　第 2 項　会社支配権の帰属 —— 82
　　第 3 項　株主平等原則 —— 83
　　第 4 項　小括 —— 83
　第 5 款　市場に近くない者の保護 —— 84
　　第 1 項　市場に近い者と近くない者 —— 84
　　第 2 項　公開市場と実質的不平等 —— 84
　　第 3 項　小括 —— 85
　第 6 款　義務的公開買付制度のコスト —— 85

第 3 章　ドイツ —— 88
第 1 節　本章の目的と構成 —— 88
第 2 節　義務的公開買付制度の概要 —— 89
　第 1 款　目的 —— 89
　第 2 款　義務の発生要件 —— 89
　第 3 款　手続 —— 90
　第 4 款　買収法制定前の義務的公開買付制度 —— 91
　　第 1 項　公開買付ガイドライン —— 92
　　第 2 項　公開買付規準 —— 92
　　第 3 項　小括 —— 94
第 3 節　現在の義務的公開買付制度の理論的位置づけ —— 95
　第 1 款　コンツェルン法的観点 —— 95
　　第 1 項　コンツェルン形成規制としての義務的公開買付制度 —— 95
　　　　1　少数派株主の保護　95
　　　　2　コンツェルン法との接点　96
　　　　3　小括　98

第2項　義務的公開買付制度とコンツェルン法の関係 ―――― 98
　　　1　コンツェルン形成保護の代替性　98
　　　2　コンツェルン形成保護との等価値性　99
　　　3　コンツェルン形成保護の補完性　100
　　第3項　コンツェルン法的位置づけの意義 ―――――――― 101
　　　1　ロイルの議論　101
　　　2　批判　103
　　第4項　小括 ――――――――――――――――――――― 104
　第2款　コントロールプレミアムに対する少数派株主の参加 ―― 105
　　第1項　株主平等取扱の拡張 ――――――――――――― 105
　　第2項　株主前の誠実義務 ―――――――――――――― 108
　　第3項　小括 ――――――――――――――――――――― 110
　第3款　資本市場の機能能力の保護 ―――――――――――― 111
　　第1項　投資家の信頼 ――――――――――――――――― 111
　　第2項　批判 ――――――――――――――――――――― 113
　　第3項　小括 ――――――――――――――――――――― 113
　第4款　売却圧力の問題に対する態度 ――――――――――― 114
　　第1項　買収法16条2項と売却圧力の解消 ――――――― 114
　　第2項　義務的公開買付けの場合 ――――――――――― 115
　第5款　小括――会社法と資本市場法の区別 ――――――― 116

第4章　EU企業買収指令 ―――――――――――――――― 118
　第1節　本章の目的と構成 ―――――――――――――――― 118
　第2節　企業買収指令の義務的公開買付制度の概要 ――――― 119
　第3節　義務的公開買付制度に関する規制の変遷 ―――――― 122
　　第1款　序説 ――――――――――――――――――――― 122
　　第2款　Ⅰ期（1989年以前） ―――――――――――――― 124
　　　第1項　ペニントン報告書 ―――――――――――――― 124
　　　　1　義務的公開買付制度　124
　　　　2　ペニントン報告書の顛末　126
　　　第2項　域内市場白書 ―――――――――――――――― 126

　　　　第 3 項　小括 127
　　第 3 款　Ⅱ期（1989年～1996年） 127
　　　　第 1 項　1989年指令案 127
　　　　　1　欧州委員会の指令案 127
　　　　　2　経済社会評議会の賛成と欧州議会の修正提案　128
　　　　第 2 項　1990年指令案 129
　　　　第 3 項　小括 130
　　第 4 款　Ⅲ期（1996年～2002年） 130
　　　　第 1 項　1996年指令案 130
　　　　　1　指令案の内容　130
　　　　　2　経済社会評議会の意見と欧州議会の修正提案　132
　　　　第 2 項　1997年指令案以降 133
　　　　　1　1997年指令案の内容　133
　　　　　2　「共通の立場」　134
　　　　　3　欧州議会の修正提案（第二読会）　134
　　　　　4　理事会の一部承認　135
　　　　　5　調停委員会の共同案　135
　　　　　6　欧州議会の不承認　136
　　　　第 3 項　ハイレベル委員会 136
　　　　　1　欧州委員会の反応　136
　　　　　2　ハイレベル委員会の報告書　137
　　　　第 4 項　小括 138
　　第 5 款　Ⅳ期（2002年以降） 138
　　　　第 1 項　2002年指令案の内容 138
　　　　第 2 項　経済社会評議会の意見 139
　　　　第 3 項　欧州議会の修正提案 139
　　　　第 4 項　小括 139
　　第 6 款　成立経緯のまとめ 139

第 5 章　総括と結論 141
第 1 節　本章の目的と構成 141

第2節　比較法的考察の総括 ……………………………… 141
第1款　売却圧力 …………………………………………… 142
第1項　公開買付けの場合の売却圧力 …………………… 142
第2項　市場内買付け・相対取引による買付けの場合の売却圧力 …… 143
1　売却圧力の存在　143
2　売却圧力の解消　144
第2款　退出権による少数派株主の保護 ………………… 145
第1項　退出権による少数派株主の保護は必要か ……… 145
1　義務的公開買付制度による少数派株主の保護　145
2　問題点の検討　145
第2項　支配者の交代と登場の区別は必要か …………… 146
第3項　「部分買付け」と「少数派株主の保護」の関係 …… 147
第4項　買付価格の規制と退出権 ……………………… 148
第3款　コントロールプレミアムの分配 ………………… 148
第1項　価格規制 ………………………………………… 148
第2項　少数派株主の保護の観点 ……………………… 149
第3項　売却圧力の観点 ………………………………… 149
第4項　小括 ……………………………………………… 150
第4款　市場に近くない者の保護 ………………………… 150
第5款　市場の機能能力の保障 …………………………… 151
第1項　意義 ……………………………………………… 151
第2項　問題点 …………………………………………… 152
1　買付者の意思に反するか　152
2　市場への信頼の位置づけ　152
第6款　売却圧力と退出権の関係 ………………………… 153

第3節　わが国への導入の是非 …………………………… 154
第1款　自由かつ公開市場と対象会社株主の保護の関係 …… 154
第2款　売却圧力の問題 …………………………………… 157
第1項　売却圧力の解消の必要性 ……………………… 157
1　公開買付けの売却圧力　157
2　市場内買付け・相対取引　163

　　　　3　売却圧力の解消の必要性の根拠　166
　　第2項　立法論の検討　167
　　　　1　公開買付けの買付期間の延長による対応　168
　　　　2　公開買付けの賛否と応募の意思表示の分離　171
　　　　3　小括　177
　第3款　退出権による少数派株主の保護　178
　　第1項　序　178
　　第2項　公開買付規制における少数派株主の保護の必要性　179
　　第3項　買付者の負担　179
　　第4項　結論の留保　181

第6章　むすび　184

II　公開買付規制の改革　189
　　——欧州型の義務的公開買付制度の退出権の考え方を導入すべきか？

第1章　問題の所在　190
　第1節　本稿の目的　190
　第2節　検討の順序　193

第2章　強圧性の問題点と解決策　194
　第1節　強圧性は問題か？　194
　　第1款　強圧性とは　194
　　第2款　なぜ問題か　195
　第2節　解決策　196
　　第1款　方法　196
　　第2款　考慮すべき点　199
　第3節　少数株主の事前の保護としての公開買付規制　201
　　第1款　退出権による少数株主の保護の必要性　201

第 2 款　画一的な対応への疑問 ─────────────── 202
   第 3 款　事後的な制度の限界は退出権の導入を正当化するか ── 204
   第 4 款　退出権の導入は少数株主の保護になるのか ─────── 205
   第 5 款　自発的な公開買付けの実施を動機づける制度としての退出権 206
     第 1 項　公開買付けを実行させる動機づけとしての退出権 ── 206
     第 2 項　市場取引による支配の取得に対する規制 ─────── 208
       1　強制公開買付規制の対象の拡張　208
       2　敵対的買収の妨げになるか？　209
       3　第三者割当による支配の変動　210

第 3 章　むすび ──────────────────────── 213

第 2 部　強制的公開買付制度の強行法規性

第 1 章　問題の所在 ──────────────────────── 217

第 2 章　強制的公開買付制度は強行法規であるべきか ── 224
  第 1 節　機会均等ルールの強行法規制に関する先行研究 ───── 224
    第 1 款　強行法規の必要性を示唆する見解 ──────────── 224
    第 2 款　デフォルト・ルール化を提唱する見解 ────────── 226
  第 2 節　会社法の強行法規性に関する先行研究からの視点 ──── 229
    第 1 款　IPO 市場の価格形成の不完全さ ──────────── 229
    第 2 款　支配者の機会主義的行動のおそれ ──────────── 231
    第 3 款　外部性 ────────────────────── 232
    第 4 款　小括 ─────────────────────── 232
  第 3 節　強制的公開買付制度の強行法規性への応用 ─────── 234
    第 1 款　IPO 前の定款の作成 ─────────────── 234

目次　xi

第2款　IPO 後の支配株主の機会主義的行動のおそれ ―――― 237
　　第3款　小括 ―――― 239

第3章　デフォルト・ルールの設計と離脱の手続 ―――― 241
　第1節　機会均等ルールをデフォルト・ルールとすることを提案
　　　　する見解 ―――― 241
　第2節　デフォルト・ルール化へ反対する見解 ―――― 244
　第3節　検討 ―――― 244
　　第1款　デフォルト・ルールの設計の理論 ―――― 244
　　第2款　IPO 後の会社について ―――― 247
　　第3款　現行法のアンバランスな状況の改善の必要性 ―――― 250

第4章　むすび ―――― 255

事項索引　　256

●凡 例

1 法令略称

金商法	金融商品取引法(昭和23年4月13日法律第25号)
金商法施行令	金融商品取引法施行令(昭和40年9月30日政令第321号)
他社株府令	発行者以外の者による株券等の公開買付けの開示に関する内閣府令(平成2年11月26日大蔵省令第38号)

2 判例集・法律雑誌・紀要等略称

法　時	法律時報
金　商	金融・商事判例
経セミ	経済セミナー
際　商	国際商事法務
ジュリ	ジュリスト
商　事	旬刊商事法務
法　教	法学教室
法　時	法律時報
企　会	企業会計
民　商	民商法雑誌
青　法	青山法学論集
神　院	神戸学院法学
成　蹊	成蹊法学
専　法	専修法学論集
早　法	早稲田法学
同　法	同志社法学
獨　協	獨協法学
南　山	南山法学
法　協	法学協会雑誌
法　雑	法学雑誌
法　論	法律論叢
論　叢	法学論叢

●初出一覧

第1部　公開買付規制で解決すべき問題
　　Ⅰ　「公開買付規制における対象会社株主の保護」
　　　　法学協会雑誌123巻5号912〜1023頁（2006）
　　Ⅱ　「公開買付規制の改革——欧州型の義務的公開買付制度の退出
　　　　権の考え方を導入すべきか」
　　　　商事法務1933号14〜25頁（2011）
第2部　強制的公開買付制度の強行法規性　　書き下ろし

第1部

公開買付規制で解決すべき問題

I

公開買付規制における対象会社株主の保護

第1章 序論

第1節 問題の所在

第1款 問題状況

第1項 はじめに

　公開買付規制の制度趣旨は何か。証券取引法（以下「証取法」という。【補注：現在の金商法】）第2章の2の表題が公開買付けに関する開示となっていることからも明らかなとおり、情報開示が公開買付規制の制度趣旨の1つであることには異論がないだろう。

　さらに、学説は、公開買付規制の適用範囲を説明するにあたって情報開示以外の制度趣旨をも主張している。しかし、その中身は様々に分かれている。学説の理解が分かれていることを象徴するのが、立法論として公開買付規制の適用範囲を拡張するべきだという主張もある一方で、逆に、縮小すべきだという主張もある、というように正反対の主張がなされている議論状況である。

　このような状況においては、結論先取り的にいうと、公開買付規制における「対象会社株主の保護」をどう考えるかが極めて重要である。しかし、以下にみるように、従来の学説は十分な検討をしてこなかったように思われる。そこで本稿は、先行研究による検討が不十分だったところを補い、公開買付規制における対象会社株主保護に関する問題状況を分析・解明し、その解決策を提示することを目的とすることとする。

以下に、まず公開買付規制の条文の構造を簡単に確認し（第2項）、次いで学説がどのような議論を行ってきたか、またその議論にはいかなる問題点があるかを明らかにする（第3項）。

第2項　条文の基本的な構造

公開買付規制の適用範囲についての規定は、基本的に、次のように4段階の構造になっている[1]。

第1に、買付けが行われるのが市場内か市場外かで規制の適用範囲が区分されている。つまり、市場取引で株式を買い集める買付け（以下「市場内買付け」という）は規制の対象から除外されている。証取法27条の2第6項の公開買付けの定義によれば、公開買付けとは、不特定かつ多数の者に対し、公告により株券等の買付け等の申込みまたは売付け等の申込みの勧誘を行い、市場外で株券等の買付け等を行うことをいう。そして、同条は、市場外における買付けは公開買付けによらなければならないと定めている。このように、一方では市場内買付けは自由にでき[2]、他方では市場外での買付けは原則として公開買付けによらなければならないとされているのである。規制の適用範囲を

---

1) 平成18年改正前証取法の公開買付規制の適用範囲について詳しくは、森順子「公開買付けに関する証券取引法等最近の改正への対応」商事1739号78頁（2005）、森本滋「強制公開買付制度の適用範囲について」商事1739号83頁（2005）参照。

2) 市場内買付けについても適用のある法規制は、大量保有報告書による開示（証取法27条の23以下）がある程度である。なお、河本一郎＝神崎克郎『問答式改正証券取引法の解説』136頁［河本発言］（中央経済社、1971）と鈴木竹雄＝河本一郎『証券取引法〔新版〕』532頁（有斐閣、1984）は、市場内で時価を超える大量の株式を買い付けることは相場操縦（証取法159条2項1号）に当たるという解釈論を採用している。この見解によれば、市場内買付けの一部には法規制が及んでいるといえないわけではない。しかし、仮にこの解釈論に従うとしても、本稿で問題として取り上げるのは対象会社の支配を獲得する目的で行う市場内買付けであって、相場操縦に該当する目的があるとはいえない場合である。

市場内か市場外かで区別するという方法は、公開買付規制が証取法に初めて導入された昭和46年改正時から今日まで一貫している[3]。

第2に、市場外での買付けは原則として公開買付けによらなければならないが、この原則の例外として、市場外での買付けであっても著しく少数の者から買い付ける場合（以下「少数者からの買付け」という）[4]には公開買付規制は適用されない[5]。

第3に、その例外の例外として、市場外での少数者からの買付けであっても、3分の1超の所有割合の株券等の取得の場合には公開買付けによらなくてはならない[6]（以下「強制的公開買付制度」[7]という）。

第4に、例外の例外のそのまた例外として、対象会社の議決権の2分の1を超える株式を自己の名義をもって所有する場合における市場外での買付け等の場合は、公開買付けによらなくてよい[8]。

このような構造になっている公開買付規制について、学説の議論は主に次の2点について行われてきた。すなわち、第1に、市場内買付けを公開買付規制の適用範囲から除外することの是非、第2に、強制

---

3) ただし、金融審議会第一部会「公開買付制度等ワーキング・グループ報告（案）〜公開買付制度等のあり方について〜（平成17年12月9日）」2頁（金融庁ホームページ）では、市場内買付けにも規制を及ぼす必要がないかが立法論として検討されており、本文で述べた立法の立場が変化する可能性がおよそないわけではない。【補注：そして、強制的公開買付制度（後掲注7）参照）の脱法を防ぐという観点から、平成18年改正において、3分の1超の株式を市場外と市場内の取引を組み合わせて取得する買収手法について、規制の対象とすることとされた（金商法27条の2第1項4号）。さらに、他の買付者が公開買付けを行っている期間中に、その対象会社の株券等の株券等所有割合が3分の1を超える者（つまり既存の事実上の支配株主）が、5％超の株券等の買付け等を行う場合、市場内買付けを行うことは許されず、公開買付けによらなければならないこととなった（金商法27条の2第1項5号、金商令7条5項・6項）。】

4) 市場外取引で行った60日間に10人以下の者からの買付けのことである（証券取引法施行令（以下「施行令」という）7条4項）。

5) 証取法27条の2第1項5号。

6) 証取法27条の2第1項5号かっこ書。

的公開買付制度の是非である。この2点を軸に、以下、学説の到達点と問題点を検討する。

第3項　学説の議論の到達点と問題点

1　市場内買付けに関する議論
(1) 通説的見解
ア　3つの観点

市場内買付けが適用範囲から除外されていることについての通説的な見解による説明は、次の3つの観点に整理することができる。

(ア)　自由かつ公開市場

第1に、証取法に初めて公開買付けに関する規制が導入された昭和46年改正当時の立法担当官によれば、買付けを行う場所が市場内か市場外かで適用範囲を区別する理由は、「自由かつ公開市場」という市場の本質からすると市場内買付けに規制を及ぼすのは必ずしも適当でないからだとする[9]。強制的公開買付制度が導入された平成2年改正

---

7) 強制的公開買付制度は、市場外で3分の1超の株式を取得したいならば、公開買付けを実行せよというものである。つまり、公開買付けを行うことを義務づけるものではなく、公開買付けを行いたくなければ3分の1超の株式の取得をやめることもできるという制度である。このニュアンスを表現するために、「強制的」公開買付制度と呼ぶ。これに対して、イギリスなどの Mandatory Bid Rule を本稿では「義務的公開買付け」と呼ぶ。これは、30％以上の株式を取得した者は公開買付けを行うことが「義務」であるというニュアンスを表現するためである。

8) 施行令7条5項1号。【補注：金商法27条の2第1項、金商法施行令6条の2第1項4号。その他に強制的公開買付規制が適用除外されるのは、企業グループ内での買付け等の場合（金商法27条の2第1項、金商法施行令6条の2第1項5号・6号）のほかにも、株主の数が少数であってその株主全員が同意している場合（金商法施行令6条の2第1項7号、他社株府令2条の5、担保権の実行による買付け等の場合（金商法施行令6条の2第1項8号）、事業の譲受けによる買付け等の場合（金商法施行令6条の2第1項9号）等がある。】

第1章　序論　7

当時の立法担当官も同様の説明をしている[10]。

　　(イ)　公開性・公正性・透明性

　第2に、学説においては、この「自由かつ公開市場」という説明と連続的な説明がされている。すなわち、市場取引には、①誰でも取引に参加できるという意味で「公開性」があり、②取引がオークション（競争売買）によって行われて「公正性」があり、③取引の数量や価格が公表されて「透明性」があることを理由に、その規制の必要がないとする[11]。つまり、市場内買付けは誰もが参加できるオークションの方式によるものであるという点が重視されているのである。そして、平成17年改正によって、まさにオークションによるものか否かが強制的公開買付制度の適用範囲の境界線となった[12]。

---

9) 松川隆志「有価証券の公開買付けの届出制度」商事556号2頁、5頁（1971）、渡辺豊樹ほか『改正証券取引法の解説』118頁（商事法務、1971）。鈴木＝河本・前掲注2) 177頁（注一）は、この説明を引用している。同旨を説くものとしては、堀口亘『証券取引法概説』98頁（泉文堂、1986）、田中誠二＝堀口亘『再全訂コンメンタール証券取引法』292頁（勁草書房、1996）がある。

10) 内藤純一「株式公開買付制度の改正」商事1208号2頁、5頁（1990）。自由かつ公開市場としての本質に加えて、「格別規制を加えなくても投資者保護に欠けるところがないと考えられたことによる。」とする。

11) 証券取引法研究会「証券取引法の改正について(30)——公開買付制度——強制公開買付制について」インベストメント46巻1号27頁、28頁［神崎克郎報告］（1991）、神崎克郎「公開買付制度の適用範囲」岸田雅雄ほか編『河本一郎先生古希祝賀：現代企業と有価証券の法理』193頁、197頁以下（有斐閣、1994）、近藤光男ほか『証券取引法入門〔新訂第2版〕』230頁（商事法務、2003）、河本一郎＝今井宏『鑑定意見　会社法・証券取引法』236頁［河本一郎執筆］（商事法務、2005）、神崎克郎ほか『証券取引法』300頁（青林書院、2006）。

12) 証取法27条の2第1項4号。平成17年改正の概要については、谷口義幸「証券取引法の一部改正の概要——平成17年法律第76号の解説」商事1739号59頁（2005）参照。

(ウ) 価格形成機能

　第3に、市場価格への影響に着目して説明する見解がある[13]。すなわち、この見解は、上場された株式は原則としてその市場で取引しなければならないという市場集中の原則のような発想から出発する[14]。この出発点によって、市場内買付けは文字どおり市場での取引であるから規制の対象外とされていることを説明できる。そして、市場外での取引を自由に認めると、市場で形成された価格と市場外で取引された価格との2つの異なった価格の存在を認めることになり、ひいては市場取引価格の公正さを損なうことになる[15]とする。このように考えることによって、市場外取引が原則として公開買付けによらなければならないとされていることを説明するのである。

　この説明と類似するものとして、市場外取引においては競争原理が働かないことに着目し、市場外取引に競争原理を可能な限り及ぼそうとする規制として公開買付規制を説明するする見解もある[16]。つまり、公開買付けの買付価格の設定は買付者が一方的に決定するので、競争原理が働かない。そのため、開示規制[17]による情報開示だけでは不

---

13) 並木俊守『証券取引法入門』123頁以下（中央経済社、1991）、岸田雅雄『証券取引法〔第2版〕』60頁以下（新世社、2004）。この見解も透明性や公正性に言及している。

14) 並木・前掲注13) 123頁、岸田・前掲注13) 60頁。証取法は、一般的に、市場における取引を促進し、市場外の取引に対しては相対的にネガティブな評価を与えているという指摘（神田秀樹監修『注解証券取引法』254頁（有斐閣、1997））もある。

15) 並木・前掲注13) 124頁、岸田・前掲注13) 60頁以下。

16) 上村達男「投資者保護概念の再検討——自己責任原則の成立根拠」専法42号1頁、16頁以下（1985）、上村達男「証券取引法と発行市場規制（下）——時価発行増資をめぐって」商事1055号93頁、95頁以下（1985）、上村達男「公開買付市場に対する法規制」企会54巻3号39頁、42頁（2002）企会54巻3号39頁、42頁（2002）。また、並木・前掲注13) 125頁も、証券市場外における大量の株式の買付けに競争原理を導入することが公開買付けの強制の目的であるとする。

十分であり、実体規制——別途買付禁止[18]、買付期間の制限[19]、応募株主の解除権[20]、買付条件の均一性[21]、買付価格引き下げの禁止[22]、部分買付けの場合の按分比例方式による処理[23]など——によって買付者が決定した買付価格を一方的に押しつけることを防止している[24]とする。そして、いったん買付けに応じた株主も応募の解除権を行使することにより、他の有利な買付けに乗り換えることができるし、買付者が競争買付者に勝とうとすると、買付価格を引き上げなければならず、買付者同士または買付者と防戦買付者（経営陣）とを競わせることにより、限界的な価格が特定され、こうした価格はいわば競争価格に準じたものとして評価することができる[25]とする。

これらの見解は、いずれも市場外取引には価格形成機能が働かないことに着目しており、これは裏を返せば市場での取引には市場の価格形成機能が働いていることを重視する見解だといえる。

17) 公開買付規制のうち、開示規制として整理できるものとしては、公開買付開始公告（証取法27条の3第1項）、公開買付届出書の提出（証取法27条の3第2項）、公開買付説明書の交付（証取法27条の9第1項・第2項）、買付条件等の変更の場合の公告（証取法27条の6第1項）、買付けの撤回の場合の公告（証取法27条の11第2項）等がある。
18) 証取法27条の5。
19) 証取法27条の2第2項、施行令8条1項。
20) 証取法27条の12。
21) 証取法27条の2第3項。
22) 証取法27条の6第3項。
23) 証取法27条の13第5項。公開買付けの方法として、買付予定数を超える分はその全部または一部を買い付けないという条件を付して行うことが可能である（証取法27条の13第4項2号）。この超過分の取得方法は按分比例によらなければならない。按分比例とは、買い付ける株式総数を応募総数で割り、各応募株主の応募株数にこれを掛けて、各人の買付株数を算出するという方法である（龍田節『証券取引法Ⅰ』250頁以下（悠々社、1994）参照）。
24) 上村・前掲注16) 専法42号18頁。
25) 上村・前掲注16) 専法42号18頁。

㈤　3つの観点の関係

　以上の3つの観点は相互に対立するものではない。第1の「自由かつ公開市場」という観点は、抽象度の高い一般論として市場取引への不干渉をいうものであり、その不干渉を具体的に理由づけるものが第2の「公開性・公正性・透明性」という観点と第3の「価格形成機能」という観点であるといえる。そして、第2と第3は着目する点が異なるものの、相互に排他的な関係ではなく、両者は補完しあうものといえる。

　イ　問題点

　しかし、この通説的見解には明らかにされていない問題がある。

　対象会社株主の視点からすると、市場内買付けに応じて売却することができるかどうかは「早い者勝ち」ルールによることになる。つまり、早くかつ安い価格で売り注文を出した者から順に売却できるということである。これは、公開買付けの場合の処理方法である按分比例方式の趣旨として説かれている点と整合性がとれていない。

　この点について、若干敷衍して説明する。按分比例方式が採用されているのは、①投資者間の公平を期するとともに、②投資者が公開買付けについて十分の熟慮をしてこれに応ずることができるようにするためと解されている[26]。もしも投資者間の公平を図るだけならば、先着順（早い者勝ち）で買い付けることにしてもよい。実際、アメリカにおいては、公開買付開始後10日以降に買付予定株式数を上回る応募があった場合には、先着順で買い付けることが可能な時期もあった[27]。しかし、先着順による場合には、投資者が、自己の株式が買い付けられることを欲するあまり、十分に投資考慮せずに公開買付けに応募する危険がある。これに対して、按分比例の方法で行われる場合には、投資者は、十分に投資考慮をして公開買付けに応ずるか否かを決定す

---

26)　神崎ほか・前掲注11) 325頁。

第1章　序論　11

ることができる。それゆえ、アメリカにおいても現在では按分比例方式が全面的に採用されているし、わが国でも採用されていると解されるのである[28]。

このように公開買付けの場合には早い者勝ちルールを禁止しておきながら、市場内買付けの場合にはこれを放置するということはなぜなのだろうか。通説的見解はこの点について明らかにしていない。要するに、通説的見解は、市場内買付けがまさに市場取引であるがゆえに法が干渉すべきではないという前提にたっているため、市場内買付けが行われている場合に対象会社株主が十分な投資考慮を行うことを保障する必要はないのか、という問題意識がみられない。

また、対象会社株主の投資考慮・意思決定の保障という問題としては、以下でみるような売却圧力の問題も考えられるが、やはり通説的見解にはこのような問題意識はみられない。

さらに、以下でみるような少数派株主の保護という問題についても、

27) アメリカにおける按分比例方式については、龍田節「委任状規制：株式公開買付：内部者取引」ルイ・ロス＝矢沢惇監修『アメリカと日本の証券取引法（下巻）』479頁、538頁（商事法務研究会、1975）、古山正明「公開買付をめぐる法規制の現状と課題(二)——アメリカの動向（その1）」経営と経済68巻2号（1988）〔『企業買収と法制度——公開買付規制の研究』125頁以下（中央経済社、2005）所収〕参照。按分比例方式をめぐるウィリアムズ法と規則の関係に問題があることについては、吉原和志「株式公開買付の規制方法(一)(二)——アメリカにおける連邦および州の動向を中心として」法学50巻3号1頁、7頁（1986）、51巻2号83頁、104頁以下（1987）、Note, *Rulemaking under Section 14 (e) of the Exchange Act: The SEC Exceeds its Reach in Attempting to Pull the Plug on Multiple Proration Pools*, 36 Vand. L. Rev. 1313 (1983); 5 Louis Loss & Joel Seligman, Securities Regulation, 2232-34 (2001) 参照。

28) 按分比例の趣旨については、神崎克郎「テンダ・オッファの法規制」アメリカ法1969年2号141頁、154頁（神崎克郎『証券取引の法理』（商事法務、1987）所収、82頁）、森本滋「米国連邦テンダー・オッファ規制の新展開（その二）」インベストメント33巻3号12頁、17頁（1980）、龍田・前掲注23）250頁、神崎ほか・前掲注11）325頁参照。

通説的見解において検討がなされてきたとはいえない。

　以上のように、通説的見解において対象会社株主の保護の問題についての検討が必ずしも十分に行われてきたとはいえない。

(2)　市場内買付規制論

　以上の通説的見解に対して、立法論として市場内買付けについても公開買付規制の対象とすべきだ、つまり、公開買付規制の適用範囲を拡張するべきだと主張する次の4つの見解がある。しかし、いずれの見解も、以下にみるように、対象会社株主の保護という観点からの検討が十分になされているとはいえない。

ア　グリーンメーラー規制としての公開買付規制

　第1は、グリーンメーラー対策の視点から、市場内買付けを公開買付規制の適用範囲に含めるべきだとする見解である[29]。この見解は、明らかに企業買収目的以外で行われる市場内買付けの場合、市場内買付けを行って株式の相場をつり上げた上で、対象会社に圧力をかけて市場外の直取引により高値で肩代わりさせ、この肩代わりが行われるとその反動として株価の下落を招き、そのことを知らない一般投資家は不測の損害を受けることが問題だとする[30]。

　しかし、この見解の着目点は、グリーンメーラーが株式を買い集めること自体を困難にさせたり、情報を開示させることにあるのであって、グリーンメーラーが株式を取得する際の対象会社株主の保護という視点はない。

---

29)　小林成光「支配権の取得を目的とする株式買付――イギリス法」法雑28巻2号50頁（1982）。
30)　小林・前掲注29）50頁以下。

イ　大量株式取得規制としての公開買付規制

　第2は、森本滋論文[31]の見解である。同論文は、英米との比較という視点から、支配取得を目的とする株式の取引の実体を調査するという留保付で、市場内買付けにも公開買付規制を適用する必要がないかどうか検討する余地がある[32]とする。そして、この見解が提唱する規制は、法的規制の網は広くかぶせるとともに、規制目的からすると当該規制を及ぼす必要のないものについては監督当局に適用除外する権限を与えるという弾力的な処理を認める[33]というものである。

　この見解の背景には、公開買付規制を、有価証券の募集・売出しの裏返しとして理解する[34]よりも、支配に影響を与える大量の株式等の取得に対する会社法上の規制としての側面を強める[35]という考えがある。このように公開買付けを企業買収の手段としての側面から位置づけるアプローチは、近時の法改正とも整合的である[36]。この意味で、同論文のアプローチは現在でも妥当し得るものと評価することができる。

　しかし、森本論文がいかなる目的で適用範囲の拡張を主張しているのかは曖昧である。そこで、同論文の展開に則して考えてみる。同論文においては、まず、アメリカのSEC等による「公開買付（tender offer）」の定義の試みにおいて[37]、対象会社株主に十分な情報を提供

---

31) 森本滋「公開買付」龍田節＝神崎克郎編『河本一郎先生還暦記念：証券取引法大系』281頁、303頁（商事法務研究会、1986）。その後、森本滋「公開買付規制にかかる立法論的課題」商事1736号6頁、11頁（2005）においても市場内買付けに関する立法論的見直しの余地を示唆している。
32) 森本・前掲注31)「公開買付」303頁。
33) 森本・前掲注31)「公開買付」303頁。
34) 神崎克郎『証券取引法〔新版〕』246頁（青林書院、1987）、近藤ほか・前掲注11) 224頁参照。そもそも、昭和46年の証取法改正による公開買付規制の導入の際、公開買付けの定義にあたって募集・売出しの定義が参考にされた（松川・前掲注9) 5頁）。
35) 森本・前掲注31)「公開買付」303頁。

して熟慮する機会を与えずに売却圧力を加える場合をも広く「公開買付」概念に含めようとする傾向があることが指摘されている[38]。そして、この指摘に「ともかく」という言葉を続けて、「ともかく、わが国において、支配権取得を目的とする株券等の取引の実体を調査し」市場内買付けにも公開買付規制を適用する必要の有無を検討する余地がある[39]、とする。この論理展開からすると、わが国の取引の実体をみて問題点を把握しないと結論は出ないはずであるが、この指摘に続けて、「法的規制の網は広くかぶせる」[40]という主張を展開している。そうだとすると、手がかりとなるのはアメリカの動向への言及であり、わが国の公開買付規制が市場内買付けによって「十分な情報を提供して熟慮する機会を与えずに売却圧力を加える場合」を放置してこ

36) 例えば、平成15年改正によって、株式に対する担保権の実行によって所有割合の3分の1超を取得することとなる場合を公開買付規制の適用除外とすることとされた（施行令7条5項5号）。同改正以前は、担保権の実行の場合にまで公開買付けを行わなければならないと解釈されていたが（近藤ほか・前掲注11）231頁）、この場合にまで公開買付けを強制することには批判があり（坂上真美「公開買付における担保株の法律問題（一）（二・完）」民商106巻6号91頁（1992）、107巻1号70頁（1992））、同改正はこの批判を受けてのものといえる（金融審議会第一部会報告「証券市場の改革促進」別紙「ディスクロージャー・ワーキング・グループ」13頁（2002）（金融庁ホームページ）参照）。同改正によって、公開買付規制は、支配取得を目的とした企業買収としての買付けを対象とするものであることがより明確になったといえる。
37) わが国と違って、アメリカには「公開買付け」の定義規定はなく、何が「公開買付け」に該当するのかは解釈に委ねられている。森本滋「米国連邦テンダー・オッファ規制の新展開（その一）——定義及び開示手続規定」インベストメント33巻1号17頁、20頁以下（1980）、小林成光「支配株の売買——会社支配に重大な影響を与える株式取得に関する法的諸問題（二）」法雑32巻3号45頁、74頁以下（1986）参照。
38) 森本・前掲注31）「公開買付」303頁。
39) 森本・前掲注31）「公開買付」303頁。
40) 森本・前掲注31）「公開買付」303頁。

とを同論文は問題視しているのかもしれない。

　そこで、「十分な情報を提供して熟慮する機会を与えずに売却圧力を加える場合」における問題は何かを分析すると、市場内買付けが早い者勝ちルールであるという問題と、売却圧力がかかるという２つの問題が考えられる。そして、前者の市場内買付けにおける早い者勝ちルールの問題点について、すでに述べたとおり[41]、通説的見解が十分な分析・解明を行ってきたとはいえないし、森本論文においても十分な検討はなされていない。また、後者の売却圧力の問題については、買収防衛策の正当化の根拠として援用されることは多いが、必ずしも公開買付規制固有の問題として把握されているわけではない[42]。つまり、売却圧力の問題について公開買付規制でどう対応するべきなのかという問題も、十分な分析・解明がなされているわけではない。このように、市場内買付けにおける早い者勝ちルールの是非、売却圧力への対応といった対象会社株主の保護についての検討は、未解決の問題として残っている。

ウ　強制的公開買付制度の潜脱防止

　第３は、平成２年改正後の証取法が市場内取引を対象から除外することを、イギリスとの比較という観点から次のように批判する坂上真美論文[43]である。すなわち、わが国の強制的公開買付制度は、市場内か市場外かを恣意的に区別しており、市場内取引を使えば強制的公開買付制度を潜脱することができてしまい、証取法が「不特定かつ多数の者」からの買付けも公開買付けの対象にしようとした趣旨に反す

---

[41] 第１章第１節第１款第３項１(1)イ（本書11頁）参照。
[42] 例えば、田中亘「敵対的買収に対する防衛策についての覚書(1)」民商131巻４＝５号622頁、629頁以下（2005）は売却圧力の問題を論じてはいるものの、それは防衛策の導入の正当性を根拠付けるものとしているのであり、証取法上の公開買付規制の問題として位置づけられているわけではない。
[43] 坂上・前掲注36)。

るし、対象会社にとって重要なのは買付けを市場内で行ったか市場外で行ったかではなく、買付後の持分総計であることを考えれば、市場内の取引を規制の対象外にする必要はない[44]、とする。

そして、坂上論文が懸念するような事態は現実問題としても起こっている[45]。この意味で、この見解には先見の明があったと評することができるだろう。

しかし、強制的公開買付制度の潜脱を許すべきでないと考えるのであれば、同制度が潜脱を許すべきでないほど合理性のある規制であることが前提となるはずであるが、この見解は同制度の合理性を論証していない。後述するように、現在では強制的公開買付制度の廃止論も有力に主張されているので[46]、少なくとも現在においては、この点についての論証が欠けていては説得力に欠ける。

また、坂上論文は強制的公開買付制度の潜脱を防止するということに着目しているため、市場内買付固有の問題についての検討が不十分である。市場内買付けの売却圧力の問題や少数派株主の保護といった対象会社株主の保護についての検討が十分になされてはいない。

---

44) 坂上・前掲注36) 民商106巻6号107頁以下。なお、強制的公開買付制度が導入される平成2年以前にも、小林成光「支配株の売買(1)——会社支配に重大な影響を与える株式取得に関する法的諸問題」法雑32巻2号199頁、213頁以下 (1985) は、公開買付規制の潜脱として市場内買付けが行われる危険性を指摘し、「公開買付の規制範囲に関する拡大可能性を再検討を要する」としていた。

45) 報道(平成17年10月12日付朝日新聞朝刊3面)によれば、平成17年に村上ファンドが阪神電鉄の新株予約権付社債を市場外で3分の1近くまで取得し、3分の1を超える取引は市場内の取引で行ったとされている。この例のような潜脱を許さないよう改正する方向で検討されている。金融審議会第一部会・前掲注3) 3頁参照。【補注:そして、平成18年改正により、このような行為は規制の対象とされている(金商法27条の2第1項4号)】。

46) 第1章第1節第1款第3項2(2)(本書33頁)参照。

第1章 序論

エ　支配従属関係形成保護

　第4は、TOB研究会報告書[47]で指摘された見解である。同報告書は、子会社の少数派株主の保護は会社法の規制によって達成すべきだが、これが達成されるまでの間は、従属会社（対象会社）の少数派株主の保護の一方策として、強制的公開買付制度を修正して次のようなルールを導入することが考えられるとする。すなわち、規制を発動させる取引は、現在の強制的公開買付制度のように支配株式の譲渡ではなく、支配株主が初めて出現するような株式取引にする。その趣旨は、対象会社が、支配株主の存在しない独立企業の状態から支配株主の存在する従属会社に移行する際、従属会社になることから株価が下落するおそれがあるので、少数派となる株主に支配株主に対する株式買取請求権を認めることにある、とする。そして同報告書は「支配従属関係形成過程に着目した規制をするのであれば、市場外の相対取引だけでなく市場取引も対象としなければならないはずである」[48]としていることからすると、必ずしも明確ではないが、市場内買付けを公開買付規制の適用範囲に含めるべきだという考え方だと解される[49]。

　このように、支配株式の相対取引によって支配株主が交代する場合には従属会社株主の保護が必要ではなく、初めて支配株主が登場する

---

47) TOB研究会「株式公開買い付け（TOB）に関する調査研究」8頁（2002）（この資料の入手には、経済産業省産業組織課にご協力いただいた。なお、同報告書の内容については、同研究会のメンバーによって詳細に紹介されている。黒沼悦郎「わが国における株式公開買付制度のあり方①強制的公開買付制度の再検討」商事1641号55頁（2002）、内間裕「わが国における株式公開買付制度のあり方②株式公開買付制度の適用範囲に関する諸問題」商事1641号61頁（2002））。

48) TOB研究会・前掲注47) 23頁。

49) TOB研究会報告書が、少なくとも、本文のような考え方があり得ることを指摘していることはたしかである。ただし、同報告書は、後に第1章第1節第1款第3項2(2)（本書36頁）でみるように、強制的公開買付制度の廃止論を主張していることからすると、本文のような考え方を積極的に主張しているわけでもないと思われる。

場合に必要になるという考えは、実はドイツにおいて義務的公開買付制度をコンツェルン法的に位置づける議論でみられた考えと同一である[50]。

　しかし、現在のドイツの義務的公開買付制度は、支配株主の・交・代か・登・場かを問わずに適用される。イギリスやEU企業買収指令の義務的公開買付制度においてもこれは同様である。そうだとすると、支配株主の・交・代と・登・場を区別する考えは、比較法的には採用されてはいない立法論を主張するものといわざるを得ない。それゆえ、この考え方をなお維持すべきかを考えるにあたっては、支配株主の・交・代と・登・場を区別して考えるべきかという視点から比較法的な検討を行うことが必要である。しかし、同報告書ではそのような検討は行われていないし、その後の学説によっても行われてはいない。

　要するに、同報告書が少数派株主の保護という意味で対象会社株主の保護にも着目している点は本稿の問題意識と共通するものの、比較法的考察をふまえた問題の分析・解明が十分に行われてはいない点に問題がある。

(3)　小括

　以上にみたとおり、従来の学説は、いずれも市場内買付けにおける対象会社株主の保護のあり方についての検討が不十分である。

　この背景には、支配獲得目的で市場内買付けが現実問題として行われるということは起こらないと考えられてきたことがあるかもしれない。市場内で大量の株式を短期間に取得することは、株価が高騰するためまず不可能であり[51]、また、ある程度長い期間がかかってしまうと対象会社に防衛手段をとられやすいことから成功させるのは容易で

---

50)　第3章第3節第1款第3項2（本書103頁）参照。
51)　山一証券株式会社調査部編『解説改正証券取引法』211頁（同文舘、1971年）。

はなく、企業買収の方法として得策でない[52]とされてきた。さらに、従来わが国で市場内買付けによって株式の買い集めがなされるケースの真の目的は、ほぼ例外なく、高値による市場での売却または会社関係者に対する高値肩代わり要求にあり、会社の支配取得の目的ではなかったとされている[53]。このとおりだとすると、グリーンメーラー規制に着目する見解の視点こそが重要だということになり[54]、対象会社株主の保護という本稿の問題設定の適切さが問われることになりそうである。

しかし、まず、理論的には、大量の資金を有する者が市場内買付けを行うことはあり得る。また、実際にも、企業の系列化のための株式の買集め（市場内買付け）は、金融機関、商社、鉄道会社などでかなり行われてきたともされている[55]。たしかに、これは友好的な買収であり、敵対的な買収として市場内買付けによって支配の獲得に成功した事例はほとんどないと思われる[56]。ところが、市場内買付けも成功

---

52) 神崎克郎監修『企業買収の実務と法理』64頁［中祖博司執筆］（商事法務研究会、1985）。
53) 江頭憲治郎『結合企業法の立法と解釈』225頁（有斐閣、1995）、河本一郎＝大武泰南『証券取引法読本〔第7版〕』132頁（有斐閣、2005）。
54) グリーンメーラー規制については、小林成光「米国におけるグリーンメールの法規制(1)～(6・完)」高知論叢（社会科学）47号59頁（1993）、48号319頁（1993）、49号137頁（1994）、51号1頁（1994）、54号77頁（1995）、70号97頁（2001）参照。
55) 神崎監修・前掲注52）63頁［中祖執筆］。同書63頁以下によると、これらの市場内買付けが乗っ取りとして批判されず、対象会社の経営者との間であまり紛争を生じず成功を収めてきたのは、買付後に対象会社の経営者との交渉をスムーズに運んだ上で、その企業系列に組み入れられてきたからだとされている。要するに、最終的には友好的な買収になっていたのである。
56) 最近では、平成17年にライブドアがニッポン放送の株式を時間外取引を利用して35％まで取得した後、さらに市場内買付けを行って50％まで取得した例がある程度だろう。この点の経緯については、清水真『新しい敵対的買収防衛』74頁（商事法務、2005）参照。

につなげられないわけではないとも指摘されている。つまり、対象会社の経営者との交渉によって、市場内買付後、友好的企業買収に移行するなど、他の買収方法と併用することによって企業買収を容易にし、あるいは有利に展開させることができる[57]ともされている。

以上を踏まえて考えると、従来は市場内買付けの実例があまり生じていなかったからといって、市場内買付けにおける対象会社株主の保護の問題の検討の必要性・重要性を否定することはできない。

2　強制的公開買付制度に関する議論
(1)　通説的見解の問題点

通説的見解によると、強制的公開買付制度については、①支配株式（例えば発行済株式総数の50％にあたる株式など、対象会社の支配を獲得できるだけの数の株式）の移転は情報を開示させるべきであるし、②株主一般にコントロールプレミアム──支配株式の取引は市場価格を上回る価格で行われることが多く、この上乗せ分をコントロールプレミアムという──に参加する機会を与える必要があると解されている[58][59]。

さらに、価格に着目する見解からは次のように説明される。つまり、市場外での少数者からの買付けが除外されているのは、市場外での少数者からの買付けの場合には市場に及ぼす影響は無視できるからである[60]。しかし、市場外での少数者からの買付けであっても3分の1超の取得は市場価格への影響があるので、公開買付けが強制されると説明される[61]。

ア　情報開示

しかし、情報開示を目的にするだけであれば、公開買付けを強制しなくてもこの目的は実現できる。例えば、大量保有報告書制度を修正

---

57) 神崎監修・前掲注52) 64頁［中祖執筆］。

第1章　序論　**21**

して、3分の1を超える取引の場合には事前に開示をしなければならないという制度にすることによって、情報開示の趣旨は実現できる。強制的公開買付制度には情報開示の機能があるということはまぎれもない事実だが、情報開示を実現する方法は他にもある。

58) 龍田・前掲注23) 237頁、家田崇「市場取引による支配株式の取得」名古屋商科大学総合経営・経営情報論集45巻1号77頁、92頁（2000）、近藤ほか・前掲注11) 225頁、229頁。また、小林・前掲注54) 高知論叢（社会科学）47号69頁もコントロールプレミアムの公平な分配の機会を与えるという観点から論じている。下級審裁判例（東京地決平成17年3月11日商事1726号47頁、東京地決平成17年3月16日商事1726号59頁、東京高決平成17年3月23日商事1728号41頁）も、傍論ではあるけれども、公開買付制度の趣旨は、支配権の変動を伴うような株式の大量取得について、①株主が十分に投資判断をなし得る情報開示を担保し、②会社の支配価値の平等分配を図ることを制度的に保障することにある、とした。この②にいう「会社の支配価値の平等分配」とは、コントロールプレミアムの分配のことと解される。

ただし、平成2年改正当時の立法担当官の解説（内藤・前掲注10) 5頁）は、ややニュアンスが異なる説明をしている。まず、市場外取引は不透明で、一般株主に不公平とみられがちなので、これをあらかじめ開示させて、広く一般に申し込ませることによって、株式の売却の機会を全ての株主に平等に保障することが必要であるとする。そして、強制的公開買付制度については、相対取引であっても、対象会社の支配に移動が生じるような場合には一般株主にも著しい影響を及ぼすものと考えられるので、公開買付けによることを義務づけたとする。このように、売却機会を与えるということはいわれていたが、コントロールプレミアムを分配するということは特に言及されていなかったことが注目される。

59) コントロールプレミアムの分配という観点からすれば、市場内買付けを規制の対象外とする理由についても次のように考えることもできる。つまり、市場内買付けの場合は市場価格での買付けだから、その定義上コントロールプレミアムの支払がない、あるいは、支払があるとしても公開市場であるから誰もが参加できるので適用範囲から除外していると考えることができる。家田・前掲注58) 92頁参照。

60) 龍田・前掲注23) 236頁。

61) 並木・前掲注13) 124頁。

しかも、条文の規定からすると、3分の1を超える際に公開買付けが行われ、その限りにおいて公開買付けによる情報開示が実現するにすぎない。情報開示の観点からの理解は、このような射程しか有しない。

イ　市場価格への影響の防止
　市場価格への影響という観点については、公開買付けが市場価格にどのような影響を及ぼすのかの論証がない点で不十分だと言わざるを得ない。なぜならば、市場外での大量の株式の相対取引が市場価格への影響があるというのであれば、公開買付けによる市場価格への影響も考慮しなければならないはずだからである。そして、市場価格は企業買収の対象となった時点で影響を受けるのが通常であり、その後の株式の取得の方法が、市場外での取引、公開買付け、または市場内買付けのいずれかによって市場価格に与える影響がどのように違うのかを論証しなければならないはずである。しかし、このような論証は行われていない。実証研究が必要であろう。

ウ　コントロールプレミアムの分配
　このようにみてくると、強制的公開買付制度の通説的見解の理解の中心にあると思われるのがコントロールプレミアムの分配である。

㈦　平等・公正
　そして、強制的公開買付制度によってコントロールプレミアムを分配させるのは株主の平等を確保する趣旨だとされている[62]。この見解は、企業価値を高める取引が妨げられるという批判[63]に対しては、

---

62) 中東正文「日本における公開買付の現状と課題」浜田道代＝虞建新編『日中企業法制金融法制の展開』49頁、51頁以下（名古屋大学法政国際教育協力研究センター、2002）。
63) TOB研究会・前掲注47) 21頁、黒沼・前掲注47) 56頁、内間・前掲注47) 61頁。

この場面では公正性を効率性よりも優先させて考えるべきであるとする[64]。

しかし、なぜコントロールプレミアムの分配が公正といえるのか、その根拠は明らかにされていない。まして、何が公正かは論者の主観に大きく依存せざるを得ない。例えば、コントロールプレミアムの分配を要求するのは、より高い値段で買ってくれる買主を探してきた売主の苦労に他の株主がフリーライドできるということであって不公正である、と評価することも可能である。公正だという評価の背後にある真の理由を探る必要があるように思われる。しかし、結局のところコントロールプレミアムを分配することが必要であるという以上の理由は明らかにされていない。コントロールプレミアムの分配と株主の平等取扱は同義反復と評すべきであり、株主の平等取扱が必要だからというだけではコントロールプレミアムの分配の必要性を根拠づけることはできない。

しかも、条文の文言からは強制的公開買付制度がコントロールプレミアムの平等な分配のための制度であるという理解を導くことは、次の2つの観点からすると、困難なように思われる。

第1に、強制的公開買付制度には買付価格の下限についての定めがない。次の例を考えてみよう。発行済株式総数は100万株、1株あたりの時価は800円であり、ある株主Aが単独で40万株を保有しているとする。この会社を買収するにあたって、買付者Bは、まず、Aから市場外の相対取引で30万株を1株あたり1,300円で買う[65]。次に、20万株を1株あたり1,100円という条件で公開買付けを行う。これには、Aが10万株を応募し、他の株主も合計10万株応募するとする。このようにして買付者Bが50万株の株式を取得する場合を考える。こ

---

64) 中東・前掲注62) 52頁。
65) 30%の市場外での相対取引による取得は、3分の1以下であるので公開買付けで行う必要はない。

の場合、Aが受領できるコントロールプレミアムと、他の株主が受領できるコントロールプレミアムには差がある。すなわち、Aは1株あたり1,250円[66]で売却することができたのに対し、他の株主は公開買付けの買付価格である1,100円で売却できたにすぎない。つまり、条文の文言に注目すると、コントロールプレミアムの平等な分配を強制する制度にはなっていないのである。公開買付けの買付価格を買付者が自由に設定できる制度になっているのに、これをコントロールプレミアムの分配のための制度と理解するには無理がある。【補注：現在の金商法27条の2第1項4号の下では、3か月以内にこの例の2つの買付けをすることは禁止されるから、状況が変わった。ただし、この2つの買付けの間隔を3か月以上あければ禁止されないという点では、なおこの問題は残っている。】

　第2に、強制的公開買付制度は3分の1超という取得株式の数が要件となっていて、コントロールプレミアムの支払が要件になっているわけではない。それゆえ、例えば25％の株式で事実上の支配を獲得できるような株式所有構造の会社であれば、公開買付けによらずに市場外の相対取引で市場価格を上回るプレミアム付の価格を支払って当該25％の株式を取得することは可能である。強制的公開買付制度がコントロールプレミアムの分配のための制度なのであれば、このような場合にもコントロールプレミアムの分配を強制するような仕組みがなければならないはずであるが、そのような仕組みは存在しない。やはり、強制的公開買付制度をコントロールプレミアムの分配のための制度と理解することには無理がある。

　以上のように、コントロールプレミアムの分配が強制的公開買付制度の制度趣旨だと理解することには難点がある[67]。コントロールプレミアムの分配が実現するのは、上記の例でいえば、50％の株式の取得を全て公開買付けで行う場合である。つまり、コントロールプレミア

---

[66]　（1,300円×30万株＋1,100円×10万株）÷40万株＝1,250円。

ムの分配が実現するかどうかは、買付者の株式取得の方法に依存する。買付者の公共心に依存しているといってもよい。したがって、法がコントロールプレミアムの分配を強制していると読むには無理がある。

　(イ)　少数派株主保護

　それでは、条文上の困難にもかかわらず、コントロールプレミアムの分配が主張されるのはなぜだろうか。平等・公正ということ以上の実質的な根拠を探ると、結局は、対象会社株主の保護ということに帰着するように思われる。なぜならば、会社法上の理論としてコントロールプレミアムの分配が主張される場合には、次のように、いずれの見解も少数派株主の保護を念頭に置いているからである。

　　　a　売主の義務という構成　　会社法上の理論として当初主張されたのは、コントロールプレミアムの分配は支配株式の売主の義務だというものである。法律構成としては、コントロールプレミアムの分配をしないことが株主平等原則に反して不法行為になるという構成や[68]、支配株主の信認義務違反になるという構成[69]が主張された。これらの主張の背景には少数派株主の保護という発想が存在すると思われる。

　　　b　機会均等ルール　　これに対して、立法論としてコントロールプレミアムの分配を実現する機会均等ルールの導入の検討の必要性を指摘したのが前田雅弘論文[70]である。前田論文は、機会均等

---

67) 強制的公開買付制度について、コントロールプレミアムの分配を主たる目的とするとはいえないとするものとして、森・前掲注1) 79頁（株主平等の原則が適用されるのは公開会社に限られないこと、わが国の公開買付けにおいて買付価格が直近の株価を下回る場合が多数あることを指摘する）がある。

68) 長浜洋一「支配株式譲渡人の責任」早法44巻1＝2号75頁（1969）。

69) 三枝一雄「支配株主と信認義務──支配権濫用抑制のための一つの理論」法論44巻2＝3号137頁（1970）。

70) 前田雅弘「支配株式の譲渡と株式売却の機会均等㈠（二・完）」論叢115巻4号64頁（1984）、115巻6号57頁（1984）。

ルール[71]を、会社や少数派株主に損害をもたらす有害な支配株式取引における利害調整手段として位置づける。前田論文は、機会均等ルールには望ましい企業買収を妨げるというデメリットと、望ましくない企業買収を妨げるというメリットがあることを認識した上で、少数派株主に会社から離脱する機会が与えられること（以下「退出権」という）を積極的に評価する。要するに、少数派株主保護の手段として、コントロールプレミアムの分配を位置づけていた。

 c　資本多数決制度の再構成　　その後、資本多数決制度を再構成することによってコントロールプレミアムの分配を会社法上の制度として導入すべきだと主張する見解がある[72]。

 この見解は、資本多数決制度を単なる意思決定の方法としてとらえるのではなく、資本集中の機構としての株式会社の制度目的から要請される基本原則だとする。つまり、資本多数決制度は、支配株主が会社支配、財産管理の指揮権能の行使によって追加的経済的利益（役得

---

71) ここでいう機会均等ルールとは、William D. Andrews, *Stockholder's Right to Equal Opportunity in the Sale of Shares*, 78 HARV. L. REV. 505 (1965) が提唱するものである。支配株主は、他の全ての（同種類の）株主が実質的に同一の条件で持株割合に応じて自己の株式を売却できる機会を保障しなければ、自己の株式を売却してはならない（at 506, 515）（これは、佐藤誠「支配株式譲渡と株式売却機会の均等ルール——その会社法理への内在化の試み」法政61巻1号107頁、116頁（1994）の要約による）。そして、その実現方法としては、買付者に公開買付けを行うことを義務づけるというのがその概要である。このアンドリュース（Andrews）の論文については、長浜・前掲注68）87頁、三枝・前掲注69）158頁、前田・前掲注70）論叢115巻6号58頁、戸川成弘「アメリカにおける支配株式の売却——売却プレミアムの帰属を中心として」名法106号275頁、313頁（1985）、佐藤・前掲116頁、127頁参照。

72) 森淳二朗「会社支配の意思本位的理論からの脱却(1)資本多数決制度の再構成」商事1190号57頁（1989）、森淳二朗「会社支配の意思本位的理論からの脱却(2)会社支配概念の再構成と社団法人性」商事1192号19頁（1989）、森淳二朗「会社支配の意思本位的理論からの脱却(3)会社支配取引の動態的論理構造」商事1193号22頁（1989）、佐藤・前掲注71）107頁。

など支配株主のみが享受できる利益）を享受することを、より多くの出資リスクを負担する者へ与えられた政策的な利益として認めている、という理解から出発する[73]。そして、この支配株主の指揮権能行使による追加的経済的利益の享受が正当化されるのは、少数派株主に「参加の機会」が保障されている場合に限るとされている。なぜならば、少数派株主も出資により企業リスクを負担しているからである[74]。その少数派株主の「参加」の例として、役員報酬や自己取引によって支配株主が指揮権能を行使する場合、少数派株主の「参加の機会」は株主総会を通じて原則的に保障されている[75]、とする。このように少数派株主保護という視点があることが注目される。

資本多数決制度を以上のように再構成した上で、この見解は、資本多数決制度が支配株主に追加的経済的利益を保障していることがコントロールプレミアムが支払われる根拠だとする[76]。そして、コントロールプレミアムの分配の必要性を説明するに至り、ここで議論は2つに分かれる。

第1の見解によれば、コントロールプレミアムの支払は、買付者からみると、指揮権能を・仮・定・的・に行使してなされるものである。他方、対象会社の少数派株主からみると、買付者が指揮権能を行使しなければ生じ得ないはずの経済的利益が現実に対価として提供されているから、指揮権能の・行・使・そのものがあったと看做すことができる。この少数派株主の視点を重視し、指揮権能の行使擬制について上記のように少数派株主を「参加」させる必要がある。それゆえ、機会均等ルール（コントロールプレミアムの分配）が必要であるとする[77]。

第2の見解は、指揮権能の行使によれば追加的経済的利益は保障さ

---

73) 森・前掲注72）商事1190号58頁。
74) 森・前掲注72）商事1192号23頁、佐藤・前掲注71）140頁。
75) 佐藤・前掲注71）140頁。
76) 佐藤・前掲注71）139頁。
77) 森・前掲注72）商事1193号26頁。

れるが、しかし、指揮権能の行使の及ばない局面では追加的経済的利益は保障されないとする。そして、コントロールプレミアムの支払は後者の指揮権能の行使の及ばない局面である。それゆえ、支配株式の売主がコントロールプレミアムを独占することは許されない。そこで、コントロールプレミアムの発生自体を否定するためにコントロールプレミアムの分配（機会均等ルール）が必要であるとする[78]。

㈦ 少数派株主保護の観点の問題点

以上のように、会社法上、コントロールプレミアムの分配を主張する見解はいずれも少数派株主保護を考えていたと思われる[79]。しかし、これらの見解には、次のような不十分な点がある。

a 売主の義務という構成の問題点 コントロールプレミアムの分配を売主の義務と構成する見解は、公開買付規制によるコントロールプレミアムの分配には結びつかない。なぜならば、売主の義務だという構成は、公開買付規制における買付者の義務としてのコントロールプレミアムの分配につながらないからである。しかも、この見解には、会社と株主との関係であるはずの株主平等原則を株主間にまで拡張した上で不法行為と構成している点[80]、および、支配株主の信認義務を肯定している点[81]にそれぞれ難点がある[82]。

b 前田論文の問題点 前田論文は、退出権について、イギ

---

78) 佐藤・前掲注71) 140頁以下。
79) 吉見研次「支配株式売買の一考察」法時51巻11号143頁（1979）もコントロールプレミアムの分配の問題と従属会社の少数派株主の保護の問題を指摘している。
80) 不法行為構成の批判については、三枝・前掲注69) 176頁、前田・前掲注70) 論叢115巻6号76頁、佐藤・前掲注71) 134頁参照。
81) 支配株主の信認義務違反という構成の批判については、前田・前掲注70) 論叢115巻6号76頁、佐藤・前掲注71) 134頁参照。
82) 戸川・前掲注71) 275頁は、わが国では英米法上の「忠実義務」の観念が肯定されておらず、支配株式の売主にプレミアムを吐き出させることは困難であり、また妥当であるとはいい難いとする。

第1章 序論　29

リスや EU 企業買収指令案の義務的公開買付制度などの背景にある各国特有の事情等を研究する必要性を指摘するにとどまっており、結論を留保している。その後のわが国の学説においてもイギリス等の義務的公開買付制度の理論的な分析が行われてはいるものの[83]、少数派株主の保護という視点からの検討が十分に行われてきたとはいえない。そのため、前田論文の提起した問題、つまり少数派株主保護の手段としてコントロールプレミアムの分配を実現するルールの是非の検討は未解決のままになっている[84]。

　　c　**資本多数決制度の再構成の問題点**　　資本多数決制度の再構成を主張する見解が前提とする、支配株主の制度的利益としての優越的地位の承認の正当化条件たる、少数派株主の「参加の機会」の保障の中身および理論的位置づけには疑問がある。少数派株主といえども企業リスクを負担していることは論者のいうとおりである。けれども、株主総会によればその「参加の機会」が保障されたということがなぜできるのだろうか。株主総会においてそのような少数派株主は論者の定義からして無力なのであり、参加の機会の保障というのは一体

---

83) イギリスの義務的公開買付制度を検討するものとしては、前田・前掲注70) 論叢115巻6号66頁以下、田邊光政「イギリスにおける支配株の取得規制──シティ・コード規則9条について」神院16巻3＝4号81頁（1986）、田邊光政＝坂上真美「イギリスにおける株式公開買付の法規制（6・完）」インベストメント44巻12号24頁、32頁以下（1991）、坂上・前掲注36) 民商106巻6号95頁以下、浜田道代「国際的な株式公開買付けを巡る法的問題」証券研究102巻73頁、81頁（1992）、家田崇「支配株式の取得方法」名古屋商科大学総合経営・経営情報論集46巻1号23頁、24頁以下（2001）等がある。

84) 例えば、森本・前掲注31) 商事1736号11頁も、前田論文を引用して結論としてコントロールプレミアムの分配を支持しつつ、コントロールプレミアムの分配についての根本的な検討は他日に譲るとしている。ここでいう「根本的な検討」の問題意識が必ずしも明らかではないが、コントロールプレミアムの分配に関する議論には未解決の問題があるという本稿の立場と反するものではないと思われる。

何を意味するのかが全く不明確である。

仮に、論者の前提とする会社法理論を受け入れたとしても、そこからコントロールプレミアムの分配を導く論理については、次の各点に問題がある。

第1の見解については、資本多数決制度の局面としながら、結論としては支配株主の追加的経済的利益がゼロになってしまう。これでは、資本多数決制度を再構成して、支配株主の追加的経済的利益の享受を認めるという出発点と矛盾している[85]。

第2の見解については、「資本多数決制度の局面では支配株主の追加的経済的利益が保障される」という命題から、「資本多数決制度の局面以外では追加的経済的利益は認められない」という命題を導いているが[86]、しかし、その根拠が不明である。後者の命題は前者の命題の対偶ではない。また、この見解は、第1の見解と違って、買付者がコントロールプレミアムを支払うことには問題がなく[87]、売主（支配株主）がコントロールプレミアムを享受することが許されない、と構成している。それゆえ、買付者が公開買付けを行わなければならないということを理論的に解明したとはいえない。

さらに、例えば、買付者が経営者として能力が優秀で、会社の価値が上がり、全株主にとって利益が向上するような場合であってもコントロールプレミアムの支払が行われることがあり得る。論者の前提からすると、このような場合にまでコントロールプレミアムの発生を認

---

[85] この批判は、佐藤・前掲注71) 142頁によるものである。
[86] 佐藤・前掲注71) 140頁は、「指揮権能の行使の目的は、優越的利益の享受であるが、支配株主の優越的利益の享受は、資本多数決制度が制度的に保障する利益である以上、資本多数決制度が及ばない局面では、たとえ少数株主の参加の機会を保障したとしても認められない」とする。
[87] 佐藤・前掲注71) 143頁は、コントロールプレミアムは買付者の「主観的価値を反映するものであるから、プレミアムというよりは、取得する株式の対価にすぎず、支払われること自体は経済の論理から許容される。」とする。

めてはいけない理由はない。そうだとすると、役得などの追加的経済的利益を獲得できることを理由にコントロールプレミアムを支払う場合のみ機会均等ルール（コントロールプレミアムの分配）が適用されるということになりそうである。しかし、経営改善による利得と、役得などの追加的経済的利益を区別することは現実的でない。しかも、両方の目的を併有している場合には、発生を認めてはいけないコントロールプレミアムの額をどのように決定するのかという問題もある。

したがって、これらの見解によっても、買付者に公開買付けを強制してコントロールプレミアムの分配の必要性が理論的に基礎づけられたとはいえない。

(エ) 小括

以上のとおり、コントロールプレミアムの分配に関する先行研究は、少数派株主保護という観点から、公開買付規制において退出権を与えるべきかどうかという意味での対象会社株主の保護をどう考えるかが、イギリス等の義務的公開買付制度の分析も含めて、不十分である。

(2) 強制的公開買付制度廃止論

以上に対して、強制的公開買付制度を廃止すべきだという見解がある。この見解は、要するに、市場外での相対取引について公開買付規制の適用範囲から除外すること、つまり、公開買付規制の適用範囲を縮小すべきだと主張するものである。その理由として主張されているのは、次の2つである。

ア 公開買付規制の附合契約的性質からの分析

(ア) 附合契約的性質

第1は、公開買付規制を附合契約的性質と分析する見解によるものである[88]。すなわち、公開買付けは対象会社の株主にとって附合契約的性質を有するので、対象会社の株主は市場メカニズムが貫徹されない価格その他の買付条件を基準として投資判断を迫られることになる。

そのため、交渉能力に関する当事者の相対的な実力の差がそのまま契約内容に反映されるおそれがある。そこで、公開買付けの実体規制によって買付者と対象会社株主との間での実質的対等を確保しているとする。

　　　　a　**少数者からの買付けの分析**　そして、この見解によれば、市場外での少数者からの買付けが除外されているのは次のように理解される[89]。すなわち、まず、公開買付規制の開示規制は企業買収活動に関する情報が対象会社株主以外の当事者に偏在する傾向を是正する手段だとする。しかし、少数者からの買付けの場合はその少数者が情報を共有することにより取引コストが節約されてリスク・シェアリングが行われている場合が多い。場合によっては買付価格の算定根拠までも少数者に示されることがあり、情報の偏在が生じているとは考えにくい。したがって、少数者からの買付けの場合に開示規制を課す必要性は乏しい。また、公開買付規制の実体規制は、公開買付者と対象会社株主との間にある交渉力の不均衡を是正する手段だとする。しかし、少数者であればコーディネーション・コストの負担も低くてすむはずである。そのため、買付者と対象会社株主との実質的対等の確保のために規制をかける必要はない。したがって、実体規制を課す必要性も乏しい。このように、少数者からの買付けが規制の対象外となっていることを説明する。

　　　　b　**強制的公開買付制度の不要論**　以上を前提にして、強制的公開買付制度について立法論として次のように批判している。つまり、少数者からの買付けは公開買付規制の適用範囲から除外されてい

　88）古山正明「公開買付規制の適用除外条項について──市場法の視点から」経営と経済72巻2号53頁（1992）〔『企業買収と法制度──公開買付規制の研究』40頁以下（中央経済社、2005）所収〕、古山正明「強制的公開買付制度について」経営と経済83巻4号65頁（2004）〔古山・前掲書82頁以下所収〕。

　89）古山・前掲注88）経営と経済83巻4号70頁以下。

るにもかかわらず、同制度は、取引量が議決権の3分の1超の場合には適用範囲に含めるものである。このことにあらわれているように、同制度は株式の持分証券的性質に着目している。しかし、これは株式の流通証券的性格に着目するはずの証取法の領域を逸脱する。コントロールプレミアムの分配を公開買付けという形でこれを強制するのは、コントロールプレミアムの源泉が買付者による経営改善の効果やシナジー効果に由来するのであれば、経営改善・シナジーを殺ぐことになり、望ましくない。そもそもコントロールプレミアムの分配の問題は会社法の問題であり、市場メカニズムを通じて資源配分のあり方を規制する証取法の領域を超えている[90]、と批判する。証取法と会社法とでその果たすべき役割が異なることを強調するのもこの見解の特徴である。

　(イ)　問題点

　この見解は、公開買付けを附合契約的性質から分析することによって、公開買付けに応じるか否かの判断を迫られた株主の保護を論じている。この意味では、本稿の問題意識と共通するものがある。しかし、この見解は公開買付けが企業買収の手段であるという最も重要な点を軽視していると評価せざるを得ない。結論を先取っていうと、企業買収の局面特有の売却圧力の問題が存在することを看過している点が不十分である。

　つまり、公開買付けにおける対象会社株主の保護に着目すると、公開買付規制は附合契約の問題を解決すればそれで足りるわけではない。公開買付けに直面した対象会社株主は、現在の経営陣による経営のもとで実現するだろう株式の価値と、公開買付けの買付価格とのどちらが有利かという判断に迫られる。この判断に際しては他の株主がどのような行動をとるかも影響してくる。例えば、ある株主が、現在の経営陣による経営のもとで実現する株式の価値の方が高いと考えて公開

---

[90] 古山・前掲注88) 経営と経済83巻4号78頁。

買付けに応募しないと意思決定した場合を考えよう。この場合に、他の多くの株主は公開買付けに応募して公開買付けが成立してしまうこともあるだろう。すると、公開買付けが成立して支配者が変わるのであれば、公開買付けに応じておいた方がよかったという者もいるだろう。しかし、現在の公開買付規制の開示規制や実体規制ではこのような者の保護は実現していない。また、このような事態になることをおそれて公開買付けに不本意ながら応募する者もいるだろう。この問題が売却圧力の問題である。しかし、附合契約的性質に着目する見解はこれらの問題を特に論じてはいない[91]。

イ 望ましい企業買収の妨げ
㋐ 主張の概要

第2に、企業価値を高めるような支配の移動が強制的公開買付制度によって妨げられることが指摘されている[92]。この見解は、この他にも、コントロールプレミアムの分配を根拠として強制的公開買付制度を正当化することは困難であること、情報開示については大量保有報告制度によって代替可能であること、少数派株主の保護は事後的な規制によっても実現可能であることなどを指摘している。しかし、これらは消極的理由であろう。この見解の核心は、企業価値を高めるような望ましい企業買収の妨げになるということであると思われる。この見解の背景には、企業の国際競争力強化のためには、現在の強制的公開買付制度のような事前の弊害防止規制を廃止し、事後的な利害調整システムに移行させるべきであるという発想[93]が存在する。また、

---

91) 例えば、運送約款に基づいて運送契約を締結する際に、他の客が契約を締結するか否かということは附合契約の問題においては重要ではない。つまり、附合契約論の問題に含まれない問題が公開買付けの場合には存在するのである。

92) TOB 研究会・前掲注47）20頁以下。黒沼・前掲注47）56頁および内間・前掲注47）61頁も同旨を説く。

第1章 序論 35

この見解は、すでに述べたとおり[94]、支配株主の交代と登場とを区別し、支配株主の交代の場合（強制的公開買付制度が対象とする相対取引による支配株式の移転の場合）には少数派株主の保護は不要だという立場を前提としている。

　(ｲ)　問題点

　しかし、この見解には次のような問題がある。第1に、望ましい企業買収の妨げになるという点については、たしかに、経済分析の成果[95]をふまえて展開された家田崇論文[96]においても、望ましい企業買収を妨げるという効果が強制的公開買付制度に存在することは認められている。しかし、同論文によれば、同制度には望ましくない企業買収を妨げる効果も存在するとされている。そうだとすると、望ましい企業買収の妨げになるという点に着目するだけでは不十分である。同制度の廃止は、望ましい企業買収の妨げを排除することができると同時に、望ましくない企業買収を抑止するという効果をも喪失させるおそれがある。しかし、望ましい企業買収の妨げになるという点を指摘する見解はこの点についての検討が不十分であるように思われる。第2に、少数派株主の保護に関しては、すでに述べたとおり[97]、比較法的考察の欠落という問題がある。第3に、売却圧力の問題などについての検討も行われてはいない。

---

93) TOB研究会・前掲注47）22頁。
94) 第1章第1節第1款第3項1(2)エ（本書18頁）参照。
95) Lucian Arye Bebchuk, *Efficient and Inefficient Sales of Corporate Control*, 109 QUARTERLY JOURNAL OF ECONOMICS 957（1994）．ベブチャク（Bebchuk）は、公開買付けを義務づける方が望ましいのか否かは、新旧の支配株主の下における企業価値、および新旧の支配株主の享受する私的利益に関する実証データがない限り、結論は出ないとしている（at 979）。
96) 家田崇「支配株式の取得規制と敵対的企業買収への防衛策㈠（二・完）」名古屋商科大学論集48巻2号23頁（2004）、49巻1号21頁（2004）。
97) 第1章第1節第1款第3項1(2)エ（本書19頁）参照。

3　小括

　以上のように、強制的公開買付制度や関連するコントロールプレミアムの分配に関する学説は、退出権を与えるという意味での少数派株主保護としてのコントロールプレミアムの分配という視点からの対象会社株主の保護の検討――特に義務的公開買付制度の比較法的考察――が不十分であるし、また、公開買付規制の附合契約的性質から強制的公開買付制度廃止論を主張する見解についても、売却圧力の問題という意味での対象会社株主の保護の検討が不十分である。

第2款　「対象会社株主の保護」のあり方の検討の必要性

　以上にみたとおり、売却圧力の問題や市場内買付けの場合の早い者勝ちルールの問題、従属化される会社の少数派株主の保護といった意味での対象会社株主の保護について公開買付規制においてどのように考えるべきかについての検討は、先行研究において必ずしも十分に行われてきたとはいえない[98]。公開買付規制における対象会社株主の保護のあり方をどう考えるかは、市場内買付けに関する規制のあり方や強制的公開買付制度のあり方を左右しうる重要な問題である。

　そこで、本稿は以上のような問題意識に基づいて、すでに述べたとおり[99]、公開買付規制における対象会社株主の保護のあり方を検討することを目的とする。

　この問題の解決のための考察の方法は、次節において説明する。

---

98)　吉原・前掲注27）法学50巻3号5頁は、「筆者の窮極の問題関心は、公開買付に直面した投資者が真に自由かつ合理的な選択をなしうるためには、法規制をどのように整備すべきかということにある。」とする。これは、本文で述べた本稿の問題意識のうちの前半部分（売却圧力の問題や市場内買付けの場合の早い者勝ちルールの問題）と同じである。

99)　第1章第1節第1款第1項（本書4頁）参照。

第 2 節　考察の方法

第 1 款　比較法的考察

　上記の課題を遂行するための基礎的作業として、イギリス、ドイツおよび EU 企業買収指令の公開買付規制について、義務的公開買付制度を中心に検討し、考察の視点を獲得することとする。比較法の対象としてイギリス、ドイツ、EU 企業買収指令を取り上げる理由は次のとおりである。

　イギリスの公開買付規制の考察を行う理由は、第 1 に、わが国が強制的公開買付制度を導入した平成 2 年改正の際にイギリスの義務的公開買付制度が参考とされたともいわれているからである[100]。イギリスの公開買付規制は、EU の企業買収指令の制定に当たってもそのモデルとされており、欧州において最も影響力のあるものといえる。第 2 に、イギリスは市場内買付けについてわが国の公開買付規制の基本構造とは違う前提をとっており、本稿の問題を考察するに当たってわが国の問題状況を浮き彫りにし、視野を広げるのに有用だからである。

　ドイツは、第 1 に、イギリスの制度をモデルにした公開買付規制を導入しており、イギリス的発想を大陸法国がどのように受容したのかを知ることは、イギリスを比較法的に考察する本稿にとって参考になる。第 2 に、ドイツでは義務的公開買付制度の制度趣旨・法的位置づけをめぐる議論が活発に行われており、本稿の問題の考察にとって有益だからである。

　そして、イギリスおよびドイツの理解には EU の企業買収指令の動

---

100) 内藤・前掲注10) 5 頁、古山・前掲注27) 経営と経済72巻 2 号53頁、黒沼悦郎「証券市場の再生へ――証券取引法の制定とその後の諸改正」浜田道代編『北沢正啓先生古希祝賀：日本会社立法の歴史的展開』567頁、611頁（商事法務研究会、1999）。

向を把握しておかなければならないので、同指令も取り上げる。

なお、本稿の問題についてはアメリカ法を比較法的考察の素材とすることも考えられる[101]。しかし、本稿ではアメリカ法は取り上げない。その理由は、第1に、アメリカでは企業買収防衛策が広く普及しており、本稿の扱う対象会社株主の保護は防衛策によって実現していると評価することもでき、公開買付規制における対象会社株主の保護のあり方を考察の対象とする本稿にとって直接的な示唆を得ることは困難と思われるからである。第2に、わが国の企業買収をめぐる議論、特に企業買収防衛策をめぐる議論はアメリカの影響を強く受けており、アメリカの判例・学説の紹介は豊富になされている。これに対し、近時の欧州型の公開買付規制が理論的にどのように分析されているかの認識が必ずしも十分に共有されているとはいえない。それゆえ、企業買収法制について岐路に立っているわが国の現状にとって、アメリカ法よりもヨーロッパ型の法制を検討することの方が緊急度が高いと思われるからである[102]。もちろん、アメリカ法の比較法的考察や企業買収防衛策に関する議論が重要であることは本稿も認識しており、アメリカ法との比較法的考察や防衛策の議論との関係については今後の研究課題としたい。

101) 現に、吉原・前掲注27) は、前掲注98) で引用したとおり、本稿と同様の問題設定を行い、アメリカの連邦および州による規制の動向を検討するというアプローチによる研究である。ただし、同論文は未完であり、わが国の問題についての結論は未発表である。
102) 近時のヨーロッパ型の公開買付規制の紹介のされ方からすると、例えば、イギリスには全部買付義務（部分買付けの禁止）があることから、十分に理論的な検討を経ずに、わが国でも部分買付けを禁止すべきだという主張が登場することが危惧される。これは杞憂かもしれないが、公開買付規制に関して比較法的考察を行うに当たって、表面的な制度の比較には意味がないという黒沼悦郎「市場取引・相対取引・公開買付——アメリカにおける Market Sweep の規制」同『証券市場の機能と不公正取引の規制』239頁以下（有斐閣、2002）［初出は名法147号（1993）］の警鐘を、現在のような状況においてこそ再認識しておく必要があるように思われる。

第2款　本稿の構成

以下では、第2章でイギリス、第3章でドイツ、第4章でEU企業買収指令を取り上げる。それぞれの公開買付規制について、義務的公開買付制度を中心に対象会社株主の保護という視点から検討することを主たる目的とする。そして、第5章において、比較法的考察によって得られた示唆から、わが国の公開買付規制における対象会社株主の保護のあり方についてどのように考えるべきかについて考察し、必要があれば立法論的な提言を試みる。第6章で以上をまとめてむすびとする。

第3款　考察の仮定

本稿では、次の2点について仮定して考察を進めていく。

第1に、考察の対象として純粋にドメスティックな状況を前提とする。すなわち、対象会社も買付者も株主も全て日本国内に存在しているという状況を想定する[103]。

第2に、本稿の考察の対象となる会社は、市場内買付けがあり得る会社、すなわち上場会社であることを前提とする。非上場会社や閉鎖会社における支配の変動に関する問題は考察の対象としない。

---

103) 公開買付けに関する国際的な問題については、森田章「大量保有開示・公開買付制度の適用範囲と法の強制」企会42巻9号64頁、69頁（1990）、元永和彦「国際的な株式公開買付けにおける抵触法上の諸問題［上］［下］」際商19巻7号779頁（1991）、8号961頁（1991）、浜田・前掲注83) 73頁、TOB研究会・前掲注47) 54頁以下等参照。

第2章 イギリス

第1節　本章の目的と構成

　本章では、イギリスにおける義務的公開買付制度の歴史的な経緯および現在の理論的な位置づけを中心に検討し、公開買付規制において対象会社株主の保護の問題がどのように扱われているかを検討する。
　以下では、第2節で、本章の考察の対象を明確にするために、イギリスにおける公開買付規制の現状を概観する[1]。次いで、第3節で、義務的公開買付制度を理論的に分析する前提として、同制度の成立の経緯を検証する。結論を先取ると、同制度は理論が先行して作られた

---

[1] イギリスの公開買付規制全体については、森本滋「公開買付」龍田節＝神崎克郎編『証券取引法大系』281頁、292頁以下（商事法務、1986）、田邊光政＝坂上真美「イギリスにおける株式公開買付の法規制(1)〜(6・完)」インベストメント44巻2号4頁、4号2頁、6号24頁、8号29頁、10号21頁、12号24頁（1991）参照。
　現在、企業買収指令を国内法化するための具体的な改正案が提示されている。Consultation Paper Issued by the Code Committee of the Panel, The implementation of the Takeovers Directive Proposals relating to amendments to be made to the Takeover Code, PCP 2005/5（2005）（パネルのホームページ http://www.thetakeoverpanel.org.uk/ で入手可能）。しかし、本稿は改正前の規制を対象に考察する。改正案によれば、義務的公開買付制度の骨格は変わらない予定である。企業買収指令の国内法化については、Geoffrey Morse, *Takeover Regulation*, J. Bus. L. 2005, 400, 403-409; 北村雅史「EUにおける公開買付規制」商事1732号4頁、5頁（2005）、末岡晶子「EU企業買収指令における敵対的買収防衛策の位置づけとTOB規制」商事1733号34頁、45頁（2005）参照。

ものではないことを明らかにする。そして、第 4 節で、義務的公開買付制度について理論的な議論を検討する。

第 2 節　現行ルールの概要

　イギリスの公開買付規制は、テークオーバー・パネル（Takeover Panel. 以下「パネル」という）が作成するシティコード、および「株式の大量取得の規制に関する規則（Rules Governing Substantial Acquisitions of Shares）」（以下「SARs」という）によって行われている。【補注：SARs は2006年に廃止された。】以下、その概要を紹介する。

第 1 款　シティコードの概要

第 1 項　シティコードの適用範囲

　シティコードの「序（Introduction）」4 条によれば、対象会社が連合王国にある公開会社[2]の場合は、上場しているか否かを問わずに適用される。また、対象会社が連合王国にある私会社[3]の場合も、一定の要件[4]を満たす場合は対象となる[5]。

---

2) 公開会社とは、株式会社または株式資本を有する保証有限責任会社であって、基本定款において、公開会社であることを定め、会社を公開会社として登記または再登記することに関する会社法の規定を1980年12月22日以後遵守している会社のことをいう（1985年会社法 1 条 3 項）。
3) 私会社とは、公開会社以外の会社をいう（1985年会社法 1 条 3 項）。
4) 最近10年間に、(a)株式が証券取引所に上場されていた場合、(b)少なくとも 6 か月間株式の取引が定期的に公告されていた場合、(c)株式が非上場証券市場（Unlisted Securities Market）で取引されたことのある場合、(d)株式発行の目論見書がファイルされていたことのある場合である。
5) 詳しくは、田邊＝坂上・前掲注1) インベストメント44巻 2 号 6 頁参照。

第 2 項　義務的公開買付制度の概観

1　公開買付けの義務の発生要件と適用免除

　次の 2 つの場合には、買付者は、パネルが免除しない限り、買付者および共同行為者が所有する全ての種類の株式（議決権の有無に関わらない）および議決権のある非株式（voting non-equity）に対して公開買付けを行わなければならない。公開買付けが義務づけられる第 1 の場合とは、対象会社の30％以上の議決権を取得した場合である[6]。第 2 は、30％以上50％以下の議決権を保有している者が、新たに議決権を取得した場合である[7]。これは、例えば35％の議決権を保有している者が40％に議決権を増やした場合である。

　ただし、大きく分けて次の 3 つの場合には義務的公開買付けが免除される。第 1 は、30％を超える取得を行う場合であっても、その取得後ごく短期間のうちに30％未満になるように売却する契約を独立の第三者と締結していて、事前にパネルと協議した場合である[8]。第 2 は、自己株式を30％以上取得する場合で、利害関係を有する者を除いた独立の株主の過半数の賛成の決議を得るなどの「白色化（whitewash）」[9]の手続が実行された場合である[10]。第 3 は、規則 9 条の適用免除に関

---

[6] どのような手段で30％の議決権を取得したかは問わない。つまり、わが国では市場内買付けによるならば何％でも自由に取得することができるが、イギリスにおいては市場内買付けによって30％以上の株式を取得すると公開買付けを行わなくてはならないという違いがある。

[7] 規則9.1条。

[8] 規則9.1条の注釈（Notes） 7 。田邊光政「イギリスにおける支配株の取得規制——シティ・コード規則 9 条について」神院16巻 3 ＝ 4 号81頁、118頁以下（1986）参照。

[9] 補遺（Appendix） 1 。whitewash の語義は、白色塗料、隠蔽などであるので、本来ならば義務的公開買付けを行わなければならない状況（黒色）なのに例外的に公開買付けを行わなくてもよいと白くする手続という趣旨で「白色化」と訳した。

[10] 規則37条。

する注釈（Notes On Dispensations From Rule 9）に規定されている次の6つの場合である。すなわち、①資産取得の対価としてまたは現金払込を行って対象会社の議決権を30％以上の議決権が取得することになった場合に、対象会社の株主総会の承認がある場合。②債権者が担保の実行として30％以上の株式を取得する場合。③対象会社が財政的な危機に陥っていて、救済のために新株を発行して30％以上の議決権を取得する場合。④軽率な過誤によって30％以上取得したが、限られた期間内に30％未満になるように売却する場合。⑤買付者の買付けに応じないことを書面で表明している株主が総計して50％以上の議決権を保有している場合または50％以上の議決権を1人で所有している者がいる場合。⑥無議決権株式が議決権株式に転換されて30％を超えた場合である[11]。

2 条件・価格規制

義務的公開買付けの場合には、50％以上の議決権の獲得を買付けの条件にしなければならず、その他の条件を付けることは認められない[12]。例えば取得株式総数の上限を設けて行うこと（部分買付け）は許されない。義務的公開買付けの対価は、現金または現金選択（cash alternative）でなければならないし、買付者が12か月以内に支払った価格の最高価格以上にしなければならない[13]。

第3項　市場内買付けの規制

以上のように、30％を超えるか否かが義務的公開買付けの重要な基準であるが、市場内買付けによって30％を超えることは自由ではない。原則として、①30％未満の株式を保有する者が30％以上の株式を取得

---

11) GOWER AND DAVIES' PRINCIPLES OF MODERN COMPANY LAW 729 (Paul L Davies ed., 7th ed. 2003)；田邊＝坂上・前掲注1）インベストメント44巻12号41頁注（329）参照。
12) 規則9.3条。田邊＝坂上・前掲注1）インベストメント44巻4号11頁参照。

すること、および②30％以上50％未満の株式を保有する者がさらなる株式を取得することは禁止される[14]。取得が許される例外は、①7日以内に1人の株主から取得する場合、②対象会社の取締役会が賛同している公開買付けの前置き（prelude）[15]として株式を取得する場合である[16]。

なお、公開買付けを行う意図が公表されていない場合には、この規則5.1条に加えて、SARsが適用される[17]。そこで、次に、SARsの概要を紹介する。

第2款　株式の大量取得の規制に関する規則（SARs）

SARsは、7日間で取得できる株式の割合を規制している[18]。原則として、7日間で10％以上の株式を取得することによって総計で15％以上30％以下の株式を保有することになる場合には、10％以上の株式を取得することはできない[19]。これが許される例外は、①1人の株主

---

13) 規則9.5条。田邊・前掲注8) 99頁以下参照。これは、第1章でわが国の公開買付規制には存在しないと指摘した、買付価格の下限に関する定めである。しかし、同条の「12か月以内」という規定には弱点がある。実例として、最初に29％の株式を22.5ポンドで取得し、1年と1日後に7％を8.75ポンドで取得したという事例がある。この場合、12か月以内の最高価格は8.75ポンドであるから、義務的公開買付けの買付価格は8.75ポンドにすればよいことになる。Takis Tridimas, *Self-regulation and Investor Protection in the United Kingdom: The Take-Over Panel and the Market for Corporate Control*, CIVIL JUSTICE QUARTERLY 1991, 24, 33; Geoffrey Morse, *Companies, Securities Regulation*, J. BUS. L. 1980, 269.

14) 規則5.1条。

15) Gower and Davies, *supra* note 11, at 714.

16) 規則5.2条。

17) 規則5.1条の注釈2。

18) ただし、SARsは廃止の方向で検討されている。Consultation Paper Issued by the Code Committee of the Panel, *Proposed Abolition of the Rules Governing Substantial Acquisitions of Shares*, PCP2005/4（2005）（パネルのホームページ）．

から取得する場合、②4条の「簡易公開買付け（tender offer）」[20]によって取得する場合、③対象会社の取締役会が賛同している場合で公開買付けを行う意図を公表する直前に取得する場合である[21]。

以上がイギリスのルールの概要である[22]。

第3節　義務的公開買付制度の形成の経緯と変遷

第1款　序

本節では、義務的公開買付制度の形成の経緯と変遷について検討する。同制度は、シティコードが制定された1968年には規定されておらず、1972年に導入された。この導入の経緯は、一言でいうと市場内買付けによる公開買付規制の潜脱とそれへの対応ということである。この経緯は、わが国において市場内買付けを公開買付規制の対象外としていることへの反省を促すと思われる。以下では、シティコードの制

---

19) SARs 1条。
20) ここでいう Tender Offer は30％未満の株式を7日以内に買い付ける場合であるから、簡易公開買付けと訳した。簡易公開買付けの詳細については、田邊＝坂上・前掲注1）インベストメント44巻12号28頁以下参照。なお、SARs は廃止されても、この簡易公開買付けに関する規定は残す方向で検討されている。
21) SARs 2条。
22) シティコードやパネルの裁定に法的拘束力はないが、制裁措置もあり、実効性の面で疑問視されることはあまりない（野田博「公開買付けをめぐる戦術的訴訟および経営者の防御手段に対するイギリスの規制について――自主規制と株主保護の一側面」一橋大学法学部創立50周年記念『変動期における法と国際関係』413頁、420頁（有斐閣、2001））。しかし、パネルがあるグループに対して義務的公開買付けを行うよう裁定を下したのに従われず、制裁措置（証券市場の施設の利用の禁止など）がとられたこともある（田邊＝坂上・前掲注1）インベストメント44巻2号12頁）。

定の経緯について簡単に検証することから開始し、時系列順に検討することとする。

第2款　義務的公開買付制度導入以前の状況

第1項　シティコード制定前の状況

　第二次大戦後から1950年代においては、企業買収が盛んであった[23]。しかし、この時期には公開買付けに関する規制は存在しなかった。そのため、公開買付けの際に買付者側にも対象会社側にも問題が生じることもあった[24]。

　1953年12月、イングランド銀行の総裁は、英国銀行協会の会員（British Bankers' Association）および保険会社に対して、投機的な要素がある案件については特別の注意を払うように要求した。また、このころ、全員が従うという意味ではないが、望ましい実務についてのコンセンサスが形成されていた。そして、支配を獲得する者は全株主に対してその買付けの条件を拡張することが望ましい実務だと考えられていた。また、取締役は自己の利益を追求してはならないというコンセンサスも存在していた[25]。

　1959年、イングランド銀行は作業グループを形成し、シティ・ノート（Notes on Amalgamations of British Businesses）が公表された[26]。シティ・ノートには法的拘束力がない紳士協定とでもいうべきものである[27]。シティ・ノートは4つの原則を定めており、その1つに自由市場での取引に干渉しないというものがあった[28]。わが国でも、市場取引への不介入がいわれており[29]、この時期のイギリスの議論と同様で

---

　23) その要因としては、①配当への高課税による株価の過少評価、および②インフレがあった。なお、戦前は、同業種や関連業種の会社間での友好的な合併（amalgation）が中心であり、他の会社の株主と直接交渉するということは普通はなかったとされている。ALEXANDER JOHNSTON, THE CITY TAKE-OVER CODE 8-9（1980）.

24）1950年代前半のシンボル的な存在である（Edward Stamp & Christopher Marley, Accounting Principles and The City Code: The Case for Reform 5 (1970) による評価である）チャールズ・クロア（Charles Clore）による敵対的買収とそれに対する防衛策の問題がその例である。チャールズ・クロアは、「売却とリースバック戦略」と呼ばれる手法によって敵対的買収を成功させていた。「売却とリースバック戦略」を実行した例として、次のような案件がある。クロアによるシアーズ社（J. Sears & Co.）に対する敵対的買収の成功事例である。クロアは、1953年1月、インベストメント・レジストリー社（Investment Registry Ltd.）を通じてシアーズ社の株式について市場価格より高い価格で買付けを行った。シアーズ社の取締役会はこの買付けに反対した。しかし、シアーズ社の株主の多数派はインベストメント・レジストリー社の買付けに応じたため、企業買収が成功した。新しい経営陣は、シアーズ社の所有する財産（価値のある店舗等）を売却し、それをリースバックした。これによって現金300万ポンド以上がシアーズ社にもたらされた。そして、クロアとその仲間によって所有されているハヴァートン・ホールディングス社（Haverton Holdings）がシアーズ社に350万ポンドで売却された。この一連の仕組み、つまり、シアーズ社の財産を売却してリースバックすることによって現金を捻出するという仕組みによって捻出された現金は、クロアによるさらなる企業買収その他の目的に使われるようになったのである（Johnston, *supra* note 23, at 10; Krause, *Das Obligatorische Übernahmeangebot, Eine juristische und ökonomische Analyse*, Diss., 1996, S. 51）。

　この「売却とリースバック戦略」に対する防衛策として、対象会社の「クラウンジュエル」を買付者の領域の外へ持って行くという防衛策が作動された。しかし、この防衛策に対する世論の反応は批判的であった。マスコミ（*Battle against the Bids*, The Economist 21.2.1953, 503）も、効率性を増加させる企業買収による刺激を歓迎し、取締役の対抗策を批判した。すなわち、1953年ころは、企業買収活動が活発になっていた。金融マスコミにおいては歓迎されていたが、労働党は批判的であった。しかし、労働党も企業買収が有用なこともあることを認めていた。Johnston, *supra* note 23, at 10-11.

　もっとも、買付者の行動に問題がなかったわけではない。1950年代後半には、買付者が、公開買付けにおいて不平等取扱を行ったため問題となっていた。ソルト社（Salt）に対する買収のケースでは、29％を保有する株主であるイリングワース・モリス社（Illingworth Morris）が30％の株式について公開買付けを行い、それが早い者勝ち（first come, first served）ルールによって行われたことが問題とされた。これによって、残存株主は、配

あることは興味深い。また、シティ・ノートは買収の手続、例えば、ごく例外的に有益な場合にのみ部分買付け（partial bid）を認める[30]というルールや、買付けの確定宣言後に延長期間を設けて、遅れてきた者からの応募にも応じるべきであるというルールを提案するなど、現在のシティコードの基本的な枠組みの大部分がすでに提案されていた[31]。

当もされず、市場で売却もできず、閉じこめられてしまった。*Salts (Saltaire)*, THE ECONOMIST 25.10.1958, 362; *Salts (Saltaire)*, THE ECONOMIST 20.12.1958, 1119. また、ハロッズ社（Harrods）に対する買収のケースでは、ハウス・オブ・フレーザー（House of Fraser）が普通株式に対しては66シリング8ペンスの現金と同社株式2.25株を対価とし、優先株式については、一部は45シリング、一部は30シリングで買い、不平等があった。*Burnt Fingers*, THE ECONOMIST 18.7.1959, 173; Johnston, *supra* note 34, at 16-18.

25) Johnston, *supra* note 23, at 10-11.

26) Tridimas, *supra* note 13, at 25. シティ・ノートの制定の経緯についてわが国に紹介するものとして、龍田節「イギリスにおけるテークオーバー・ビッド」インベストメント22巻5号2頁、10頁（1969）、田邊＝坂上・前掲注1) インベストメント44巻2号15頁以下参照。

27) シティ・ノートは「クイーンズベリー・ルール（Queensberry Rules）」と呼ばれていた。THE ECONOMIST, 10.31.1959, 440. なお、それまで素手で殴り合ったりしていたのを禁じたボクシングのルールを「クイーンズベリー・ルール」という。

28) その他の原則は、②株式を売却するか否かを決めるのは株主である。③株主が意思決定をするに際して完全な情報を取得するように対象会社は確保しなければならないし、意思決定のための十分な期間が与えられなければばらない。④重要な情報が開示されるまでは株式の通常の価格レベルが混乱しないように全ての努力がなされるべきことである。THE ECONOMIST 10.31.1959, 441; THE TIMES, 31.10. 1959, 6; *Krause*, a. a. O. (Fn. 24), S. 54.

29) 第1章第1節第1款第3項1(1)ア(ア)（本書7頁）参照。

30) 部分買付けに関するこの提案は、THE ECONOMIST 10.31.1959, 441によると、ソルト社に対するイリングワース・モリス社による部分買付けが、早い者勝ちルールによって行われたという事例への批判を受けてのものである。前掲注24) 参照。

31) Johnston, *supra* note 23, at 20-21.

第2章 イギリス　49

その後、商務省（Board of Trade）が免許ディーラー（業務規制）規則（Licensed Dealers（Conduct of Business）Rules）を定めたり[32]、ジェンキンス委員会の報告書が公開買付けに関する規制を提案したりした後[33]、1963年10月にシティ・ノートが改定された[34]。しかし、アウトラム社（Outram）に対する買収の案件で、買付期間中に買付価格よりも高い価格で市場内買付けが行われるという事態が起き[35]、この改定後のシティ・ノートでも不十分であることが判明した[36]。

第2項　シティコード制定後の状況

そして、1968年、シティコードが制定された。

32) 酒巻俊雄『取締役の責任と会社支配』212頁以下（成文堂、1967）、龍田・前掲注26) 7頁以下参照。条文は、M. A. WEINBERG, TAKE-OVERS AND AMALGAMATIONS 332-41（2 d ed. 1967）に引用されている。

33) このころも問題はあった。例えば、インペリアル・ケミカル・インダストリーズ社（Imperial Chemical Industries）は、コートールド社（Courtaulds）に対する公開買付けを50％未満の応募で成立させた。実際には行われなかったが、買付け後に買付けよりも高い価格で株式を買い集めて支配を獲得すると、買付けに応じた株主にとって不公平だという問題があった。Johnston, *supra* note 23, at 26-27. なお、この買付けは規模の経済を狙いとしたもののはしりとされている（Weinberg, *supra* note 32, at 31；龍田・前掲注26) 5頁参照）。

34) *Krause*, a. a. O.（Fn. 24）, S. 55 f.；龍田・前掲注26) 11頁、田邊＝坂上・前掲注1) インベストメント44巻2号16頁以下。条文は、Weinberg, *supra* note 32, at 355-59に引用されている。

35) この案件は次のようなものである。トムソン卿（Lord Thomson）がまず現金を対価とする公開買付けを行った。これに対してヒュー・フレーザー卿（Sir Hugh Fraser）は、スコティッシュ・ユニバーサル・インベストメント社（Scottish and Universal Investments Limited. 以下「Suits」という）の株式と現金選択でより高値での公開買付けを行った。その後、Suitsは市場でアウトラム社の2人の大株主から買付価格よりも高値で秘密裏に株式を取得した。また、Suitsは50％を獲得する前に買付けについて確定宣言をした。結果として、Suitsは88％の株式を取得した。Johnston, *supra* note 23, at 31-32.

このシティコードには、義務的公開買付制度は導入されていなかった。もっとも、同制度の前身とでもいうべき次のようなルールがあった。つまり、会社を「効果的に（effectively）」支配するだけの株式を保有する取締役がその株式を売却することができるのは、買付者が他の株主に同等な買付申込みを行うことを約束した場合に限られるとされていた[37]。これは取締役の義務として位置づけられていたために、義務的公開買付制度と直接は関係がないが、その萌芽はみられる。

　シティコードが制定された直後に、パネルの権限が及ぶのか及ばないのかという問題を突きつける事例が発生した。それは公開買付けが行われている最中に、市場内での取引によって生じた[38]。問題のポイントは、ある行為がシティコードの一般原則の精神に違反するが、規則では明文でその行為を規制していない場合に、パネルの権限が及ぶか否かという問題であった。結論としては及ばないということになったが、パネルの自主規制団体としての限界が早くも浮き彫りになる形となった。

第3款　義務的公開買付制度の導入の経緯

第1項　問題事例の発生

　1970年代前半に問題となったのは、市場内買付けの問題である。シティ・ノートにおいては、上記のとおり、市場での取引について干渉すべきでないという原則があった。これは、資本市場は会社の価値と

---

36) 要するに、この時期に生じた問題は、別途買付けの問題だったといえる。公開買付けと同時に公開買付けよりも高い価格で行う市場内買付けによって生じる不平等取扱の問題は、1966年のパイ社（Pye）をめぐるフィリップ社（Philips）とソーン・エレクトリカル・インダストリーズ社（Thorn Electrical Industries）による買収合戦でも問題となった。*The Case for a British SEC*, THE ECONOMIST, 7.1.1967, 49; Johnston, *supra* note 23, at 32.

37) 規則10条。Johnston, *supra* note 23, at 43.

その株式の価値を決定するもっとも優れた利用可能な仕組みであるという信念に基づいていた[39]。このように市場内買付けには干渉すべきでないという考えは、シティコードにも引き継がれていたが、次の2つの問題が発生した。

1 別途買付けの問題

第1の問題は、公開買付けの対価として有価証券が利用される場合（いわゆるエクスチェンジ・テンダーオファー。以下「交換買付け」という）の別途買付けの問題である。つまり、買付者は、交換買付けを行

---

38) 事例はこうである。タバコメーカーのギャラハー社（Gallaher）の株式の36％をインペリアル・タバコ社（Imperial Tobacco）が、13％をアメリカン・タバコ社（American Tobacco）がそれぞれ保有していた。インペリアル・タバコ社はモルガン・グレンフェル社（Morgan Grenfell）を通じてギャラハー社の株式を1株20シリングで売却することを申し込んだ。これは一部のみ成立し、3分の1以上の株式が引受人の手元に残った。このときアメリカン・タバコ社は全く買わなかった。そこへ、アメリカのフィリップ・モリス社（Philip Morris）がギャラハー社の株式の50％に対して1株あたり25シリングで公開買付けを行った。これに対抗して、モルガン・グレンフェル社にアドバイスを受けたアメリカン・タバコ社は、ギャラハー社の株式の50％に対して1株あたり35シリングの公開買付けを行った。同時に、モルガン・グレンフェル社の指示に従ったブローカーが1,200万株を35シリングで特定の機関投資家から市場で買い付けた。要するに、他の株主はアメリカン・タバコ社による公開買付けに応募しても半分しか35シリングで買い取ってもらえないのに、特定の機関投資家だけがその持分の全てを35シリングで買い取ってもらったということである。パネルはこの取引が、公開買付けが合理的に計画された後は対象会社株主に対して公開買付けよりも有利な条件で買付けをしてはならないという当時の一般原則7条に違反するとした。これに対してモルガン・グレンフェル社および上記ブローカーは、当時の規則29条は市場での独立の取引は自由であり、一般原則7条は部分買付けの場合の市場での買付けについて明文では何も規定していないと主張して反対した。パネルは結局この主張を受け入れた。Johnston, *supra* note 23, at 45-46.

39) Johnston, *supra* note 23, at 66.

うと同時に、市場で現金を対価として別途買付けを行って、この別途買付けによって支配権を獲得する。残された少数派株主は、交換買付けに応じて、別途買付けで支払われた現金よりも低い価値しかないであろう買付者の有価証券を取得するか、または少数派株主として残存するかの究極の選択に迫られるのであった[40]。

2 短期間の支配の取得——義務的公開買付制度導入の直接の契機

　第2の問題は、市場内買付けによって短期間のうちに支配権を取得することが可能な状況になっているのに、それを念頭においた規定になっていなかったことである。これが義務的公開買付制度の導入の契機となった問題である。具体的には、ヴェネスタ・インターナショナル社（Venesta International）（以下「ヴェネスタ社」という）に対する買収の案件で問題となった。重要な案件なのでやや詳しく紹介しよう[41]。

　1971年10月、オザリド社（Ozalid）が、ヴェネスタ社に対して、1株あたり42ポンドでの公開買付けを開始した。つまり、買付者がオザリド社であり、対象会社がヴェネスタ社である。このオザリド社による買付けに競合する形で、同年11月、ノークロス社（Norcros）がヴェネスタ社に対して、1株あたり52ポンドでの競争的な公開買付けを開始した。対象会社であるヴェネスタ社の取締役会は、ノークロス社による競争買付けを支持した。このような状況下で、オザリド社で

- 40) The Panel on Take-overs and Mergers, Report on the Year ended 31st March 1971, 9（パネルのホームページ）; Johnston, *supra* note 23, at 68；龍田節「シティ・コードの改正」インベストメント25巻1＝2＝3号19頁、20頁以下（1972）。この当時、交換買付けの数が増加していて、1964年は過半数の公開買付けが現金で行われていたが、1970年には現金で行われる公開買付けは全体の23％だけだった。The Panel on Take-overs and Mergers, Report on the Year ended 31st March 1971, 3.
- 41) この案件をわが国に紹介するものとして、龍田・前掲注40）21頁、浜田道代「国際的な株式公開買付けを巡る法的諸問題」証券研究102巻73頁、80頁以下（1992）参照。

第2章　イギリス　53

もなく、ノークロス社でもなく、第三者が市場内買付けによって支配を獲得した。その第三者とはデイヴィッド・ローランド（David Rowland）である。ローランドは、コンソリデイテッド・シグナル社（Consolidated Signal）を通じて、同年11月2日ヴェネスタ社の株式100万株を1株あたり55ポンドで買い、その後も市場で1株あたり最高57ポンドで買い集め、同年12月17日50％超の株式を取得したと発表した。ローランドは、ヴェネスタ社に対する上記2つの公開買付けが不適切であると判断し、自らの投資を守るために支配を取得するために株式を買い集めたとしていた。このコンソリデイテッド・シグナル社による買付けは、他の2つの公開買付けを妨害する株式の取引ではないかという規則33条違反の疑惑が生じた。しかし、同条の違反は証明されなかった[42]。

　この案件に関して、パネルは、翌1972年1月6日、市場内買付けで支配権を取得した者に対してはいかなる義務をも課してはいないこと、もっとも、その市場内買付けの目的が他の公開買付けを妨害するものである場合には規則33条が適用されること、しかしその目的を解明・証明することが困難であることを指摘し、シティの作業部会にこの問

---

[42]　当時のシティコードの規則33条は、「買付者または対象会社の関係人（associate）が市場その他を通じて行う売買取引は、善意の買付申込みを目的不到達により消滅させる結果となり、もしくは買付申込みの成り行きに影響を及ぼすことがあるから、上記の関係人は事前にパネルと協議することが要請される。関係人がこれをしなかった場合には、自己の行為が買付者または対象会社の株主一般の利益を害するものでなかったことにつき、パネルを満足させるだけの用意がなければならない。」（龍田・前掲注23）45頁の訳を参考にした）としていた。

　対象会社であるヴェネスタ社は、パネルに対して、ローランドのコンソリデイテッド・シグナル社を通じた買付けが規則33条に違反すると主張した。しかし、パネルは、証明責任は同条違反を主張するヴェネスタ社にあり、同社はその証明に成功していないとしてその主張を認めなかった。Johnston, *supra* note 23, at 74; Christopher Marley, *Panel Says Mr Rowland's Venesta Share Buying Justified: Ruling Clarifies City Code*, THE TIMES 7.1.1972, 15.

題の検討を指示した[43]。

第2項　作業部会の声明と義務的公開買付制度の導入

そしてシティの作業部会は、1972年1月18日、次のような声明を出した。

「シティコードが初めて制定されて以来、資本市場の通常の作用による効果的支配の取得または会社の法的支配の取得までもが、シティコードの規定の適用をもたらす公開買付け、または合併にはあたらないという基本的な原則が存在していた。この考え方は、実際問題として、市場内買付によって短期間のうちに支配を取得することは不可能であり、せいぜい、株主が何が起こっているかを知ることができるくらい、そして各個人の投資に関して独自の意思決定を行うことができるくらい長期間行われるような例外的場合にのみ市場内買付けによる支配の取得が可能であるという仮定に基づいていた。この考え方は、公開買付けの状況について投資家の認識が増加したという背景および数日のうちに市場内買付によって効果的な支配を獲得することが可能であることが証明されたという事実の下では、もはや維持できない。そこで、シティコードを改正して、いかなる方法によって取得したかを問わず、40％以上の議決権を取得した者に対してパネルの規制を及ぼすようにする。」[44]

具体的には、40％以上の議決権を取得した者は、パネルが特に認める場合を除いて、合理的な期間内に他の株主に対して無条件の公開買付けを行わなければならず、この買付けの対価は現金または現金選択

---

43) Johnston, *supra* note 23, at 74-75; Marley, *supra* note 42, at 15; McLachlan, *More Power For Takeover Panel Executive Until Rules Tightened*, THE FINANCIAL TIMES 7.1.1972, 19; McLachlan, *City Takeover Panel's New Code, A Brand New Start for John Hull*, THE FINANCIAL TIMES 17.1.1972, 23; McLachlan, *City Code Widens Net on Take-Over Definition*, THE FINANCIAL TIMES 19.1.1972, 30.

44) THE TIMES 19.1.1972, 19; Johnston, *supra* note 23, at 75.

でなければならず、かつ、ここ1年間で支払った対価の最高価格以上の価格でなければならないこととした。これが規則29B条であり、1972年1月18日から規則29B条が効力を有するとされ、その旨の広告と規則29B条全文がタイムズ紙に掲載された[45]。

第3項　小括──理論先行でないこと

ここで注目すべきなのは、従来の市場内買付けへの不干渉の立場を明確に破棄し、義務的公開買付制度を導入することにした点である。そして、このように立場を変更して導入された義務的公開買付制度は、規則33条の潜脱の疑惑という事態に直面してこれに対応するために導入されたものであり、理論的な検討が先行して導入されたわけではない。わが国にはミスリーディングな記述もあるので注意が必要である[46]。

第4款　義務的公開買付制度の変遷

以上のような経緯で義務的公開買付制度が導入されたのであるが、これはまだ現在の義務的公開買付制度とはかなり異なっている。この後、何度か変容を受けて今日の姿になった。

まず、1972年改正によって、会社を効果的に支配する株式を少数者から買い付けた者は、他の株主に対して買付申込みをしなければならない（買付者の義務）という規則34条が導入された[47]。また、40％の株式を取得した者は、他の株主に対して公開買付けを行わなければならない、という規則29B条は、規則35条に移動された[48]。

しかし、次のような問題があった。すなわち、規則34条（前掲注47）参照）の「効果的な支配」という基準は、通常は30％として運用

---

45) THE TIMES 19.1.1972, 19; Goodrich-Clarke, *New Takeover Code Rule: Buyer Gaining 40 p c Stake Must Bid for Remainder*, THE TIMES 19.1.1972, 17; Johnston, *supra* note 23, at 75-76.

されていた[49]。その結果、規則34条の相対取引で取得する場合と、規則35条（前掲注48）参照）の手段を問わずに取得する場合とで、義務的公開買付けの発動の要件が異なり[50]、規則34条は30％、規則35条は

46) 田邊・前掲注8) 85頁、119頁は、全ての株主にそのプレミアムを得る機会を与えようというのが規則9条の制定理由であるとするが、ミスリーディングである。制定の経緯からは、コントロールプレミアムを分配するという意図は読み取れない。義務的公開買付制度の理論的な分析としてはコントロールプレミアムの分配という観点から分析することはもちろん可能だが、実際の制定理由は本文に述べたような事情によるものである。

同様に、家田崇「支配株式の取得方法」名古屋商科大学総合経営・経営情報論集46巻1号23頁、27頁、39頁（2001）は、多数決による合併に慎重な態度をとる会社法と整合性を図る上で厳しい規制が設計されたとするが、やはり、義務的公開買付けの導入にあたって合併に関する会社法との整合性が問題になっていたという事情は見あたらない。

理論先行によるものでないことは、義務的公開買付制度の規定がローランドの名前をとって「ローランド規則」（the Rowland rules）と呼ばれていたとされている（龍田・前掲注40) 21頁注(6)）ことからも明らかであろう。1973年のパネルの報告書にも、同制度は、「市場における現金での一連の買付によって効果的支配が獲得されるケースをカバーすることを第一にして設計された。」（The Panel on Take-overs and Mergers, Report on the Year ended 31st March 1973, 6）という記載がある。

47) 規則34条の要旨は次のとおりである。「……効果的な支配を伴う重要な持株を、限られた数の売主から買付けた者は、……残余の株主に対しても買付申し込みをしなければならない。効果的な支配の移転がすでに生じているときは、その後に行う一般買付申込は、一定数の応募があることを条件としてはならない。」（龍田・前掲注40) 35頁の訳である）。

48) Johnston, *supra* note 23, at 78-79. 1972年当時の義務的公開買付制度については、田邊・前掲注8) 88頁以下参照。

規則35条の要旨は次のとおりである。「長期間にわたる一連の取引によるか否かにかかわりなく、会社の株式資本に付された議決権……の40％を有する株式（共同行為者の取得する株式を合算する）を取得する者は、……対象会社の残余の持分株式資本の保有者に対し、相当の期間内に無条件の買付申込を行わなければならない。……。」（龍田・前掲注40) 35頁以下参照）。

49) The Panel on Take-overs and Mergers, Report on the Year ended 31st March 1973, Appendix.

40％という差があった。この規則34条と35条の不整合が明らかになった案件[51]に関して、パネルは、相対取引による場合と市場内買付けによる場合とで、取扱いの差があることは問題があるとした[52]。

そこで、1974年改正で規則34条と35条は一本化されて、新たに規則34条となった[53]。そして、義務的公開買付けの要件は、①30％以上の株式を取得した場合、②30％以上50％未満の株式を所有する者が1年間で1％以上買い増したとき、とされた[54]。この改正によって、現在の義務的公開買付制度の原型がほぼ固まった。この後もいくつか改正されてきたが、同制度の枠組みに大きな変化はない。

以上のような経緯で形成されてきた義務的公開買付けはイギリスでは受け入れられたとされている[55]。1992年から2005年までのパネルによる年次報告書の統計によれば、規則9条に基づく義務的公開買付けが1年間に10件前後行われている[56]。

第5款　小括

以上のとおり、義務的公開買付けは規則33条の潜脱が疑われる具体的な事例に対するパネルの規制という応酬によって形成されたルールである[57]。当時のルールでは、市場内買付けによる支配の取得は自由であったので、当該市場内買付けに関してパネルが関与することはできなかった。これに対応するために義務的公開買付制度が導入され[58]、パネルの権限が拡張された。このように、同制度が導入された経緯が、支配を取得した後にさらに株式を取得させることに主眼があったのではなく、支配の取得の方法を公開買付けによらせることを強制することに主眼があったことは重要である[59]。

要するに、イギリス独自の事情、つまり、パネルが自主規制団体であることに由来する面が大きい。したがって、義務的公開買付制度を導入した直接の理由は、わが国にはあてはまらない。むしろ、イギリ

---

50) Johnston, *supra* note 23, at 78-79.

51）ウェイバーン・エンジニアリング社（Weyburn Engineering）やグリーンコート・プロパティーズ社（Greencoate Properties）に対する買収の案件等である。

　ウェイバーン・エンジニアリング社に対する買収の案件の内容は次のとおりである。まず、買付者が29.75％を取得し、株主総会で取締役会の構成をかえようとしたが失敗した。その翌年、同買付者は持分を39.3％にまで増やし、さらに公開買付けを行った。この公開買付けが規則34条の義務的公開買付けなのか、あるいは任意的な公開買付けなのかが問題となった。当時のルールだと、義務的公開買付けだとすると無条件の公開買付けとなるが、任意的な買付けの場合には50％以上の取得を条件としなければならなかった（規則21条）。Johnston, *supra* note 23, at 94; *Krause*, a. a. O. (Fn. 24), S. 70；田邊・前掲注8）89頁以下参照。この案件の問題点は、29.75％の段階では株主総会で効果的支配をとれなかった場合に、39.3％になれば効果的支配を取得していたといえるかどうかである。結論として、パネルは、39.3％の議決権の取得は効果的支配の取得にあたるとして、上記の公開買付けを義務的公開買付けとして扱った。そのため、無条件の公開買付けとして行われ、その結果、買付者はその持分を44.8％にまで増やすことができた。しかし、この買付者は、その後、相対取引によって公開買付価格よりも高い価格で株式を取得した結果として、50％超の持分を取得した。パネルは、この義務的公開買付後の取得は自由であり、義務的公開買付けの後に再度の義務的公開買付けの義務は発生しない、とした。この案件では、効果的支配という概念の曖昧さの問題が明らかになった。Johnston, *supra* note 23, at 93参照。

　マーク・グレゴリー社（Marc Gregory）によるグリーンコート・プロパティーズ社に対する買収の案件では、マーク・グレゴリー社が、グリーンコート・プロパティー社の株式30％弱を相対取引で取得した後、市場内買付けで持分を32.5％にまで増やした。この30％を超える際の最後の取得の方法は市場内買付けであって、相対取引ではなかった。そのため、規則34条は適用されない。しかも40％を超えていないので規則35条も適用されない。したがって、公開買付けを義務づけることができない事案だった。しかし、30％の直前までは相対取引、最後は市場内買付けという方法が人為的な操作の疑いがあるとされ、結局、マーク・グレゴリー社の共同行為者が1.5％を相対取引で取得していたとして、規則34条が適用されて、公開買付けが義務づけられた。Johnston, *supra* note 23, at 94-95；田邊・前掲注8）90頁以下参照。この案件で問題になったのは、規則35条には「共同行為者」の取得について規定されていたが、規則34条には「共同行為者」の取得についての規定がなかったことにある。この案件に関して、パネルは、相対

スの義務的公開買付制度の形成の経緯から学ぶべき点は、市場内買付けには干渉しないという原則が実例に基づいて変更されたということである。つまり、ここでは、第１章で紹介したような自由かつ公開市場には介入しないという考えは絶対的なものとはいえないのではないかという示唆を得ることができる。

>取引による場合と市場内買付けによる場合とで取扱の差があり、これは不整合であるし、曖昧であるという問題を提起しているとした。Johnston, *supra* note 23, at 94.
>52）Johnston, *supra* note 23, at 95.
>53）田邊・前掲注8）91頁参照。パネル（The Panel on Take-overs and Mergers, Report on the Year ended 31st March, 1974, 9）は、この改正はある程度実験的なものでもあり、必要があればさらなる修正をいとわないとしていた。
>54）その他にも、義務的公開買付けの場合には、50％以上を取得するという条件を付さなければならなくなり、その他の条件を付けることは許されないこととなった。The Panel on Take-overs and Mergers, Report on the Year ended 31st March, 1974, 8; Johnston, *supra* note 23, at 96-97参照。
>55）*Lee*, Takeover Regulation in the United Kingdom, EWS 1990, 241, 243（1990）. ただし、D. D. Prentice, *Take-over Bids and the System of Self-regulation*, 1 Ox. J. Legal Stud. 406, 409（1981）は、義務的公開買付けによって市場による支配の移転が厳しく抑制されているとして批判的である。
>56）毎年度の報告書（Reports）（パネルのホームページ）によると、義務的公開買付けの件数は、1992年度から2005年度の順に、13、13、10、12、7、9、13、14、12、7、3、12、14、5件である。
>57）*Acquisition of 40 per cent or More of Voting Rights*, J. Bus. L. 1972, 47; *Krause*, a. a. O.（Fn. 24）, S. 74.
>58）ただし、買付者が市場で別途買付けを行うことによって、公開買付けの応募株主と市場内買付けでの売り主との間に不平等が生じるという問題があったが、義務的公開買付制度の導入はこの別途買付けの問題にも対応できるものである。
>59）*Kallmeyer*, Die Mängel des Übernahmekodex der Börsensachverständigenkommission, ZHR 151（1997）, 435, 442参照。

第4節　理論的分析

第1款　序説

　本節では、義務的公開買付制度の経緯から離れて、理論的に、同制度がどのような機能を果たしているかという視点から、①少数派株主の保護、②株主の売却圧力の解消、③会社法上の株主平等原則の現れ、④市場から遠い者の保護という観点からの議論を検討する。ただし、前節の検討で明らかになったように、同制度の導入は理論が先行して行われたものではないので、同制度を理論的に完全に統一的に説明することは無理である危険性もあることを、覚悟しておく必要がある。

　また、義務的公開買付制度に批判的な考え方、つまり、部分買付禁止と結びつく同制度はコストがかかって望ましくないという議論も検討する。

第2款　退出権による少数派株主の保護

第1項　退出権の機能

　企業買収によって買付者が支配を獲得する場合というのは、従来から存在していた支配者から買付者に支配が変動する場合、または、従来は支配株主が存在しなかったところに買付者が支配株主として登場する場合である。このような変動が起こった場合に、事後的に（ex post）少数派株主を保護する必要があり、そのための手段として義務的公開買付けがある。これによって少数派株主は会社から退出する権利（退出権）が確保されて保護される。このような理解が一般的である[60]。この観点は本稿の問題意識からすると特に重要である。

第2項　退出権が必要な理由

1　少数派株主の損害の危険

それでは、なぜ、このような退出権が必要なのだろうか。

支配者が初めて登場する場合に退出権による少数派株主の保護が必要な理由は、新たに支配者として登場する買付者の支配権の行使が他の株主にとって好ましくなかったり、損害を与えるかもしれないからである[61]、とされている。

他方、すでに支配株主が存在していて相対取引で支配株式が移転する場合（支配者の交代の場合）には、少数派株主はもともと少数派たる地位だったのであるから保護の必要がないようにも思われる[62]。しかし、新しい支配者の方がより支配権を濫用するおそれがあるとも考えられる[63]、とされている。つまり、支配者の登場の場合と交代の場合とでは少数派株主の保護の必要性の有無について差があるという理解[64]は採用されていない。

60）Paul L Davies, Regulation Of Takeovers 79（1976）〔hereinafter Davies, Regulation〕; Paul L Davies, *The Notion of Equality of Treatment in European Takeover Regulation, in* Takeovers in English and German Law 9, 23-26（Jennifer Payne ed., 2002）〔hereinafter Davies, *Equality*〕; Deborah A. DeMott, *Current Issues in Tender Offer Regulation: Lessons from the British*, 58 N. Y. U. L. Rev. 945, 992-994（1983）; Lee, *supra* note 55, at 243; Jennifer Payne, *Introduction, in* Takeovers in English and German Law 1, 2（Jennifer Payne ed., 2002）.

61）もっとも、ある特定の者が会社の支配を獲得したという事実自体から、将来の違法行為を予想することが正当化されるわけではない。しかし、少数派株主の保護の規定が欠けていたり、あるいは支配株主が法に違反したことを証明することが難しいことがあり、義務的公開買付制度は、将来支配株主が違法行為をするかもしれないと予測する少数派株主に効果的な救済を与えるものといえる。Davies, *Equality, supra* note 60, at 24.

62）Eddy Wymeersch, *The Mandatory Bid: A Critical View, in* European Takeovers: Law and Practice 351, 358（Klaus J. Hopt & Eddy Wymeersch eds., 1992）. 田邊・前掲注8）82頁以下も同旨。

63）Davies, *Equality, supra* note 60, at 25.

2　会社法上の救済手段の限界

そして、イギリスの会社法は、少数派株主の保護の適切な手段を欠いているということが強調されている[65]。まず、イギリスにおける株主代表訴訟は、Foss v Harbottle[66]ルールが存する関係上、制限的にのみ認められるにすぎない。また、「不公正な侵害行為（unfair prejudice）」の救済制度（1985年会社法459条）[67]は結合企業における従属会社の少数派株主の保護を念頭において立法された制度ではない。それゆえ、従属会社の少数派株主の利益の侵害を不公正であるとすることは難しく[68]、「少なくとも全ての場合で機能するわけではない」[69]とされている。さらに、1985年会社法430A条は、90％以上を保有す

---

64) 第1章第1節第1款第3項1(2)エ（本書18頁）参照。
65) Gower and Davies, *supra* note 11, at 730; Davies, *Regulation, supra* note 60, at 79; DeMott, *supra* note 60, at 992-994; Lee, *supra* note 55, at 243; Weinberg, Blank and Greystoke, Weinberg & Blank on take-overs and mergers, (4th ed., 1979), no. 3-902.
66) [1843] 2 Hare 461. Foss v Harbottle ルールとは、「(1)会社に対する不法行為に関する訴訟の原告は会社自身でなければならず、(2)不法行為者に対し会社が訴を提起することに関し株主が単純多数決でこれを否決した場合には、少数株主は会社にかわり不法行為者に対し派生訴訟を提起することはできない」（石山卓磨「英国における近時の派生訴訟事例について」獨協27号31頁、32頁（1988））というルールである。
67) 不公正な侵害行為の救済制度については、山本忠弘「少数派株主保護についての一考察」平山廣道ほか編『北沢正啓先生還暦記念：現代株式会社法の課題』546頁（有斐閣、1986）、川島いづみ「イギリス会社法における少数派株主保護制度――1980年法以降の判例法の発展」専法57号111頁（1992）、川島いづみ「少数派株主の保護と株主間の利害調整㈠〜（四・完）」専　法70号1頁（1997）、73号57頁（1998）、80号73頁（2000）、83号35頁（2001）等参照。
68) Prentice, *Groups of Companies: The English Experience, in* GROUPS OF COMPANIES IN EUROPEAN LAWS 117 (Klaus J. Hopt ed., 1982); Davies, *Equality, supra* note 60, at 25 n. 56；川島いづみ「結合企業における少数派株主保護とイギリス法上の不公正な侵害行為の救済制度」早法73巻3号259頁、274頁以下（1998）。

る株主が存在する場合に、少数派株主に対して退出権を与えている。これは、少数派株主の保護といえるが、しかし90％以前の段階では少数派株主の保護は与えられていない。

第3項　小括

　以上のように退出権による少数派株主の保護という視点で義務的公開買付制度を説明することは、少なくとも同制度の機能の説明としては成功している。

　しかし、義務的公開買付制度を退出権による少数派株主の保護を行うものと理解することの最大の問題点は、支配を取得した者の全てが少数派株主に損害を与えるわけではないのに、支配を取得した者が登場したにすぎない段階で少数派株主の保護を必要と考える点にある[70]。

　また、次のような批判もある。すなわち、例えば会社の目的の変更などの場合でも、支配株主による少数派株主への損害が起こりうる。しかし、このような場合は放置されている。そのため、株式を30％以上取得するという局面でのみ公開買付けが義務づけられるということに理由はあるのかという疑問が生ずる。むしろ、義務的公開買付制度は少数派株主の保護を目的としていないのではないか。しかも、買付者による30％の取得という段階、つまり、少数派株主に損害が発生す

---

69) Gower and Davies, *supra* note 11, at 730. ただし、Clark v. Cutland, [2004] 1 WLR 783 (CA) は、不公正な侵害行為の救済制度のもとで代表訴訟と同様に会社に対する賠償を認めた。これは不公正な侵害行為の救済制度を代表訴訟の代わりに利用することを認める方向に踏み出したものといえる。この判例を受けて不公正な侵害行為の救済制度と代表訴訟とを比較して検討するものとして、Jennifer Payne, *Sections 459-461 Companies Act 1985 in Flux: The Future of Shareholder Protection*, 64 CAMBRIDGE LAW JOURNAL 647 (2005) 参照。不公正な侵害行為の救済制度は、今後の判例の展開によっては少数派株主の保護の手段として充実していく可能性がある。

70) 田邊・前掲注8) 83頁も、支配株を取得しようとするものは支配権の悪用の意図を持った侵入者であるとの前提に立つことを批判している。

るかどうかわからない段階で退出権による少数派株主の保護を提供していながら、例えばより損害の発生の可能性が高まる3分の2の取得の段階では退出権を与えていないのは矛盾しているのではないか[71]、とされている。

このように、退出権による少数派株主の保護という視点には難点もある。

第3款　株主の売却圧力の解消

義務的公開買付制度を、対象会社の株主にかかる売却圧力を解消するという機能から説明する議論もある[72]。これは、ベブチャク（Bebchuk）の議論[73]を応用したデイビス（Davies）の見解[74]である。この観点も本稿の問題意識からすると特に重要である。

以下では、まず、公開買付けに内在する株主の売却圧力の問題について説明する。次に、市場内買付けや相対取引によって支配を取得した者に対して公開買付けを義務づける義務的公開買付制度がいかなる意味で売却圧力の解消として機能するかについて検討する。

第1項　公開買付けに内在する売却圧力の問題

1　売却圧力の問題の内容
(1)　デイビスの説明

まずデイビスの説明を紹介しよう。

対象会社の株主の売却圧力の問題は、集合行為（collective action）の問題から生じる。つまり、公開買付けの場合、株主による意思決定は独立に行われる。合併などとは違って、公開買付けの場合、対象会社の決定は不要であり、株主総会も行われない。それゆえ、株主に

---

71) Wymeersch, *supra* note 62, at 359.
72) わが国においては、公開買付けの強圧性という文脈で議論されているものである。

とって、他の株主がどのような意思決定を行うかについて信頼できる情報を獲得するのは困難である[75]。

そして、ここでいう売却圧力とは、「買付者の買収は望ましくない。失敗すべきだ。」と考える株主が、不本意ながらも買付けに応募せざるを得ない状況のことをいう。この点を詳しく説明しよう。

対象会社の株主は、公開買付けに直面すると、公開買付けの結果として次の3つの場合を想定して、不確実な状況下において意思決定を

---

73) Lucian Arye Bebchuk, *The Case for Facilitating Competing Tender Offers*, 95 HARV. L. REV. 1028 (1982); Lucian Arye Bebchuk, *The Case for Facilitating Competing Tender Offers: A Reply and Extension*, 35 STANF. L. REV. 23 (1982); Lucian Arye Bebchuk, *Toward Undistorted Choice and Equal Treatment in Corporate Takeovers*, 98 HARV. L. REV. 1693 (1985) [hereinafter Bebchuk, *Undistorted Choice*]; Lucian Arye Bebchuk, *The Case for Facilitating Competing Tender Offers: A Last (?) Reply*, 2 J. L. ECON. & ORG. 253 (1986); Lucian Arye Bebchuk, *The Pressure to Tender: An Analysis and A Proposed Remedy*, 12 DEL. J. CORP. L. 911 (1987); Lucian Arye Bebchuk, *The Pressure to Tender: An Analysis and a Proposed Remedy, in* KNIGHTS, RAIDERS AND TARGETS, The Impact of the Hostile Takeover 371 (John C. Coffee et al. eds., 1988); Lucian Arye Bebchuk, *The Sole Owner Standard for Takeover Policy*, 17 J. LEGAL STUD. 197 (1988) [hereinafter Bebchuk, *Sole Owner Standard*]; Lucian Arye Bebchuk, *Takeover Bids below the Expected Value of Minority Shares*, 24 JOURNAL OF FINANCIAL AND QUANTITATIVE ANALYSIS 171 (1989); Lucian Arye Bebchuk, *Takeover Bids vs. Proxy Fights in Contests for Corporate Control*, Harvard Olin Discussion Paper No 336 (2001), *available at* http://papers.ssrn.com/id=290584; Lucian Arye Bebchuk, *The Case Against Board Veto in Corporate Takeovers*, 69 U. CHI. L. REV. 973 (2002).

　ベブチャクの議論についてわが国に紹介するものとして、野田博「会社法の見地からの企業結合形成段階の法規制について（2・完）」商学討究42巻1号133頁、153頁以下（1991）、藤田友敬「情報、インセンティブ、法制度」成蹊43号354頁、345頁以下（1996）、田中亘「敵対的買収に対する防衛策についての覚書(1)」民商131巻4＝5号622頁、629頁以下（2005）参照。

74) Davies, *Equality, supra* note 60, at 14-18.
75) Davies, *Equality, supra* note 60, at 14-15.

行わなければならなくなる。想定される3つの場合とは、①公開買付けが失敗する場合、②公開買付けは株主の過半数が応募して成功し、当該株主も応募している場合、および③公開買付けは株主の過半数が応募して成功したが、当該株主は応募しなかった場合である[76]。

「買付者の買収は望ましくない。失敗すべきだ。」と考える株主は、①を望み、公開買付けに応募せずに会社に残存することを望む。しかし、①を望んで残存を選択したら、結果として③が実現してしまい、少数派株主として会社に残存することになってしまうおそれがある。そして、少数派株主として会社に残存することは、買付けに応募して買付価格を受領することよりも不利であると考える可能性がある[77]。そこで、③を免れるために、本当は①が一番望ましいと考えている場合であっても当該株主は買付けに応じざるを得ないことがある[78]。

(2) ベブチャクの説明

デイビスの見解のもととなったベブチャクは以上のことを経済学的視点から説明している。

ア　モデル

まず、想定する状況は、買付期間の終了間際の対象会社の株主の意思決定である。なぜならば、株主は、買付期間の最後の最後まで意思決定を行わないこともできるし、買付期間中は応募株主はいつでも応

---

[76] Davies, *Equality, supra* note 60, at 15-16.
[77] Bebchuk, *Undistorted Choice, supra* note 73, at 1711-13 は、公開買付けが成功する場合に、対象会社の少数派株主として残存することの価値が、独立価値（公開買付けが失敗して、対象会社が買付者から独立した存在であり続ける場合の価値）よりも低く、かつ、買付価格よりも低いのが一般的であるとする。というのも、例えば、親会社に有利なビジネスが行われることがあるからである。法がこれを禁止しているとしても、違法かどうかを決めるにはコストがかかるから、事実上実行されてしまうおそれがある。
[78] Davies, *Equality, supra* note 60, at 16.

募を撤回できるので、買付期間の最後の瞬間まで意思決定の機会があるからである[79]。

　また、次のような仮定をおく。第1に、各株主によって「独立価値」──公開買付けが失敗して、対象会社が買付者から独立した存在であり続ける場合、すなわち現経営陣による経営が行われる場合の価値──の評価は異なっているとする。第2に、他人の評価を知ることはできないとする。第3に、自分の意思決定が公開買付けの成否を左右することはないと考えるとする[80]。第4に、株主は自分にとってより有利な状況になるように意思決定を行うとする。第5に、独立価値は買付価格よりも高く、買付価格は少数派株主として残存する場合の価値よりも高いとする[81]。

イ　株主の推論

　以上を前提に、株主の推論過程をたどっていく。つまり、各株主の選択肢は応募か残存の2つであるから、いずれを選択するかを考える

---

[79] Bebchuk, *Undistorted Choice, supra* note 73, at 1719.
[80] これは要するに株式の所有構造が分散しているという仮定である。
[81] この仮定によって、「買付けの失敗を望む株主がいかに行動するか」に焦点を絞って検討することが可能となる。

　わが国では、部分買付けの後にその部分買付けよりも不利な条件で現金合併が行われるような二段階買付けには強圧性があるという文脈で議論されており、部分買付けを禁止すれば強圧性の問題が全て解消するようにも思われる。しかし、これは正しくない。たしかに、部分買付けによる二段階買付けは、少数派株主として残存することは独立価値よりも不利であるし、買付価格よりも不利でもあるという認識を株主に広く共有させる効果があるが、それ以上のものではない。部分買付けを禁止したとしても、少数派として残存することが不利だと考えることは十分にあり得るところ、そのように考える株主が多ければ依然として売却圧力は存在しているのである。売却圧力が部分買付けの場合に限定されないことについては、Bebchuk, *Undistorted Choice, supra* note 73, at 1737および田中・前掲注73）631頁参照。第5章でも説明する。

のである。以下では、第1に、公開買付けが成立すると考える場合（例えば70％の応募があると考える場合）と、第2に、失敗すると考える場合（例えば10％の応募しかないと考える場合）とに分けて考える。

(ア) 公開買付けが成功すると考える場合

第1の場合、株主は、「応募」を選択すれば買付価格を受け取る（図2-1の①）。「残存」を選択すれば、買付者による支配の下で少数派株主として残存することになる（図2-1の③）。そして、上記の仮定によれば、「応募」を選択して買付価格を受領する場合（図2-1の①）よりも、「残存」を選択して少数派株主として残存する場合（図2-1の③）の方が損をする。したがって、株主は「応募」を選択する。これは、株主が独立価値をどんなに高く評価している場合（図2-1の④を望む場合）——これは公開買付けが価値減少型の企業買収の場合のことである——であっても「応募」を選択するということを意味している。

(イ) 公開買付けが失敗すると考える場合

第2の場合、株主は、「応募」を選択すると独立価値または買付価格が実現し（図2-1の②）、「残存」を選択すると独立価値が実現する（図2-1の④）。図2-1の②の場合については、その公開買付けが条件付（例えば50％以上の応募がある場合に限り買い付けるという条件付）かどうかで場合を分けて考える。

まず、第1に、条件付の公開買付けの場合、買付者は何も買わないのであるから、独立価値が実現することになる。これは、結果としては図2-1の④と同じである。したがって、株主は「応募」を選択することも「残存」を選択することも無差別である。

第2に、無条件での公開買付けの場合、買付者は、支配の獲得に至らない数の応募しかない場合（例えば10％の応募しかない場合）であっても、応募分だけは買う。そのため、「応募」を選択した株主には買付価格が実現する。したがって、株主は、独立価値の方が買付価格よりも高いと評価すると仮定しているので「残存」を選択する[82]。

第2章 イギリス 69

[図2−1]

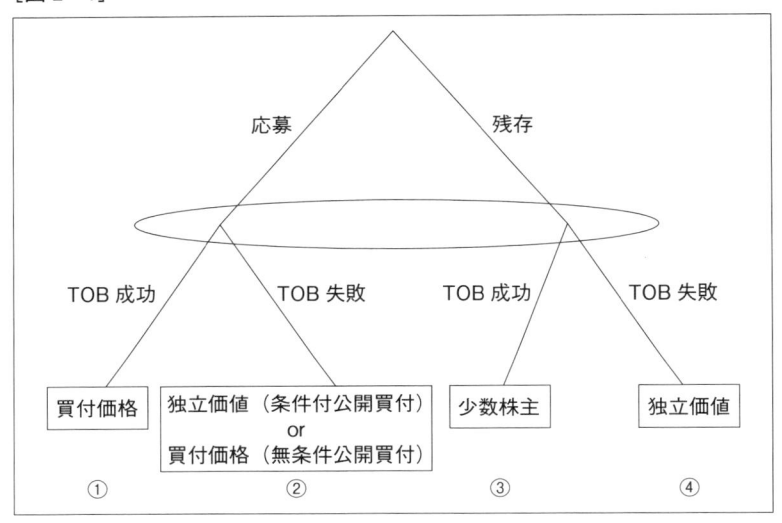

```
              応募              残存
         TOB成功  TOB失敗  TOB成功  TOB失敗
         ┌────┐┌──────────┐┌────┐┌────┐
         │買付価格││独立価値（条件付公開買付）││少数株主││独立価値│
         │    ││    or    ││    ││    │
         │    ││買付価格（無条件公開買付）││    ││    │
         └────┘└──────────┘└────┘└────┘
           ①       ②        ③     ④
```

ウ 小括

以上の議論を、公開買付けに応募するか残存するかの判断に直面している株主の視点で整理し直すと、次のようになる。

まず、公開買付けが成功すると考える株主は、少数派株主として残存する価値よりも公開買付けの買付価格の方が高いと判断する場合には、独立価値をどのように評価していようとも、「応募」を選択しないと損をしてしまう。それゆえ、「応募」を選択せざるを得なくなる。そして、これがまさに「売却圧力」[82]となるのである。この場合というのは、株主が売却圧力に屈して応募せざるを得ない状況（以下「悪

---

82) Bebchuk, *Undistorted Choice, supra* note 73, at 1719-23.
83) ベブチャクは「歪んだ選択（distorted choice）」と呼ぶ。これに対して、本稿が「売却圧力」と呼ぶ理由は、ここでの問題は売却圧力が存在するために意思決定が歪むことにあり、売却圧力こそが問題と考えられるからである。

い均衡」という）といえる。

　次に、公開買付けが失敗すると考える株主は、条件付公開買付けの場合は、「応募」も「残存」も無差別であるし、無条件公開買付けの場合は、残存することになる。そして、この場合には売却圧力の問題は起こらない（以下「良い均衡」という）。

　この2つの場合のうちいずれが実現するかについて、ベブチャクは、どちらもあり得るとする。そして、どちらもあり得る以上は、「悪い均衡」が起きる場合を念頭に入れておかなければならない[84]、とする。

(3) フォーカルポイント
ア 「良い均衡」がフォーカルポイントになるという批判

　これに対して、「良い均衡」がフォーカルポイント（focal point）[85]になるので、「悪い均衡」を念頭におくことはおかしいと次のように批判する見解がある[86]。すなわち、「悪い均衡」は、株主がそれが行われると期待する場合に起きる。しかし、株主がそのような期待を抱くことはほとんどあり得ない。なぜならば、「良い均衡」が株主全体にとって望ましい結果であり（パレート最適）、株主はこの「良い均衡」が起きると期待するからである。それゆえ、この「良い均衡」が

---

84) Bebchuk, *Sole Owner Standard, supra* note 73, at 224.
85) 松原望『意思決定の基礎』20頁（朝倉書店、2001）は、「人間の注意、注目がそこへ集中し、意思決定において一定程度の一致を生み出す点を『フォーカルポイント』focal point という」としている。フォーカルポイントという概念は、トーマス・シェリング（Thomas C. Schelling）によるものである。例えば、「ある正の数を書きなさい。もしもあなた方が同じ数を書けば、あなた方の勝ちです」といって正の数を被験者に書かせる実験を行ったところ、40％の人が「1」を書いたという結果が得られた。この場合「1」がフォーカルポイントになっているという（THOMAS C. SCHELLING, THE STRATEGY OF CONFLICT 54-58 (1960))。
86) Alan Schwartz, *The Fairness of Tender Offer Prices in Utilitarian Theory*, 17 J. LEGAL STUD. 165, 179-83 (1988).

株主の期待のフォーカルポイントを形成する、とする。

イ　反論

しかし、このフォーカルポイントによる批判は妥当でないと反論されている。なぜならば、「良い均衡」がフォーカルポイントとなり「悪い均衡」が起こらないということは、次のような理由から論証できないからである[87]、とされている。

(ア)　フォーカルポイントの考え自体の批判

まず、ベブチャクによれば、フォーカルポイントは、ある特定の均衡が実現するという根拠が不確かであり、合理的意思決定理論における確たる根拠がない。「悪い均衡」と「良い均衡」のいずれが起こりやすいかについて確実な予測を提供するシステマチックな理論は存在しない[88]、とする。

この点についてどう考えるべきなのかは、ゲーム理論において見解の一致があるわけではないようである。例えばシェリングは、表2－2のような利得行列の場合、両者にとって最も有利な結果である「平和、平和」という右下のセルがフォーカルポイントになって実現する、つまり、両当事者は「平和」戦略を採用するとする[89]。しかし、この考え方は「楽観的」[90]であるといわざるを得ないだろう。このシェリングの立場は、全てのゲーム理論家によって共有されているわけではない[91]。

---

87) Bebchuk, *Sole Owner Standard, supra* note 73, at 224-28.
88) Bebchuk, *Sole Owner Standard, supra* note 73, at 225.
89) Schelling, *supra* note 85, at 210. 表2－2のゲームのナッシュ均衡は「戦争、戦争」と「平和、平和」である。そのうち、より望ましい結果である「平和、平和」が実現するということである。
90) 文脈は全く異なるが、フォーカルポイントについては、藤田友敬＝松村敏弘「社会規範の法と経済——その理論的展望」ソフトロー研究1号59頁、76頁以下（2005）参照。

[表2-2]

	戦争	平和
戦争	0, 0	0.5, -0.5
平和	-0.5, 0.5	1, 1

(イ)「悪い均衡」がフォーカルポイントになる場合

　仮にフォーカルポイントの考えを受け入れるとしても、「良い均衡」ばかりが実現するとはいえない。

　例えば、買付価格Xが100万円、少数派株主として残存する価値Yが80万円、独立価値Vが105万円の場合を考えよう。この場合において、株主Aが他の株主の過半数の行動と違う行動をとる場合に被る損失を考える。もしもAが「残存」を選択したが、他の株主の過半数が「応募」を選択して公開買付けが成立する場合、Aは「残存」を選択することによって20万円を損する[92]。逆に、もしもAは「応募」を選択するが、他の株主の過半数が「残存」を選択して公開買付けが失敗した、ただし応募分は買い付けられるとしよう。すると、Aは「応募」を選択することによって5万円を損する[93]。ここで、株主にとっては、金銭的な損をする額が小さい方がより安全であるから望ましいと考えるとしよう。すると、5万円の損の方が20万円の損よりも望ましいと考えるとするので、「応募」を選択することの方が望ましいと

---

91) シェリングのノーベル経済学賞受賞の際の受賞理由書（Advanced information on the Bank of Sweden Prize in Economic Sciences in Memory of Alfred Nobelat 10 October 2005, p.8, *available at* http://nobelprize.org/economics/laureates/2005/ecoadv05.pdf）による。

92) なぜならば、「応募」を選択していれば100万円を取得できたのに、「残存」を選択して少数派株主となったから80万円の価値しか受領していないからである。

93) これは、独立価値の105万円と買付価格の100万円との差額分である。

いうことになる。これは、買付価格の方が独立価値よりも低い場合であるのに、「応募」を選択してしまうという「悪い均衡」が実現する場合である[94]。

このように、自分の行動が他の過半数の株主と違う行動をとることによって被る損害の額をなるべく少なくすることに注目して、「悪い均衡」の方が望ましいと考え、他の株主も同様に考えていると思えば、この「悪い均衡」こそがフォーカルポイントになることがある[95]。

ウ　小括

このように、「良い均衡」と「悪い均衡」のいずれが実現するかは不確実であり、それゆえに、「悪い均衡」、つまり売却圧力の問題が起こりうることを念頭におかなければならないというベブチャクの議論には説得力がある。

2　売却圧力の解消の重要性・必要性
(1)　法的説明

以上のように売却圧力の問題が存在するとして、それでは、なぜその解消が必要なのだろうか。売却圧力の解消の重要性・必要性について、デイビスは、法的観点から次のように説明する。

すなわち、対象会社の株主が売却圧力のかからない状況下で自由に意思決定を行った上で、買付申込みに応じることができるようにする

---

94) Bebchuk, *Sole Owner Standard, supra* note 73, at 226.
95) Bebchuk, *Sole Owner Standard, supra* note 73, at 226. もちろん、「良い均衡」がフォーカルポイントになる例もある。例えば、Vが105万円ではなく150万円の場合を考えよう。この場合、Aが応募を選択したが他の株主の過半数が残存を選択すると、50万円の損になる。すると、50万円の損よりも20万円の損の方がより安全であり、20万円の損の場合、つまり、残存が望ましいと考え、そして他の株主も同様に考えると思えば、皆が残存して公開買付けは失敗する、つまり「良い均衡」がフォーカルポイントになる。Bebchuk, *Sole Owner Standard, supra* note 73, at 226-27.

ことは、公開買付規制において重要である。なぜならば、公開買付け
には様々なタイプのものがあり、制度を悪用されることもあり、買付
者が対象会社の株主の利益にならない買付けを強制することが可能と
なるような制度は望ましくないからである。このような点を意識して
公開買付規制の制度設計を行うべきことは、例えばアメリカのように、
買付者と対象会社の株主との間に対象会社の取締役会が介入するシス
テムにおいても重要である。なぜならば、公開買付けを悪用するよう
な場合であっても、何らかの理由で取締役会が防衛策を発動しないと
決める場合があるからである。例えば、マネジメント・バイアウト
（MBO）のように、取締役自身に公開買付けへの応募を促進すること
に利益がある場合、売却圧力を取締役会が支持することすらあり得
る[96]、とされている[97]。

(2) 経済学的説明
ア 単独所有者基準

また、ベブチャクは、経済的効率性の観点から売却圧力の問題の解
消の必要性を次のように説明する。この説明には、単独所有者（sole
owner）の場合の類推が用いられている。それゆえに、単独所有者基
準と呼ばれることもある。

ある財の単独所有者が当該財を売却する場合というのは、代金を受
け取ることの方が当該財を所有することよりも効用が高い場合であ
る[98]。もちろん、これは単独所有者が合理的な経済人であることを前
提としているので、現実世界の全てを説明できるわけではない[99]。し
かし、この説明が単独所有者の財の効率的な分配の実現に最も近いと
いえる[100]、とする。そして、この単独所有者基準を公開買付けの場

---

96) Davies, *Equality, supra* note 60, at 14.
97) 敵対的な公開買付けの場合だけでなく、友好的な公開買付けの場合にも
売却圧力の解消の必要があるということは、敵対的買収に対する防衛策だ
けでは対処できない問題が存在することを示唆している。

合にあてはめて考える。つまり、売却圧力の問題を解消して、各株主が単独所有者のように行動できるようにすべきだ、言い換えれば、株主が買付価格よりも独立価値の方が高いと判断する場合に株主が「残存」を選択することが可能となることを保障する制度にすべきだ、ということである[101]。

イ　効率的市場仮説からの疑問への解答

以上の議論に対しては、効率的市場仮説の観点からの批判が考えられる。つまり、プレミアム付の買付価格（市場価格よりも高い価格）での公開買付けを拒否することの方が、株主にとって有利であると株主が合理的に判断することがあり得るのかという批判である。というのも、効率的市場仮説によれば、市場の価格はすでに独立価値を反映しており、プレミアム付の買付価格での公開買付けというのは、定義上、市場価格よりも高い価格での買収提案である。市場価格が独立価値に等しいのであるから、株主が買付価格よりも独立価値の方が高いと判断することはあり得ないのではないかと考えられるからである[102]。

しかし、ベブチャクによれば、この批判はあたらない。効率的市場仮説を前提としても、市場価格が独立価値を反映しているというときの市場価格というのは、公開買付開始前の市場価格のことである。しかし、株主が公開買付けに応募するか否かを意思決定する時点での独

---

98) この説明の背景には、このような場合、単独所有者も買主もパレート改善するので望ましいし、逆に、もしも代金を受け取ることよりも当該財を所有することの方が効用が高いのに売却しなければならないとすると、単独所有者にとってパレート改悪であって非効率的な資源配分が実現してしまうという発想があると思われる。

99) 例えば、当該物を所有する価値を過大評価したり過小評価することはある。

100) Bebchuk, *Undistorted Choice, supra* note 73, at 1701.

101) 以上の説明は、Bebchuk, *Undistorted Choice, supra* note 73, at 1765による。

102) Bebchuk, *Undistorted Choice, supra* note 73, at 1766-67.

立価値の評価と、公開買付開始前の独立価値の評価とが一致している保障は全くない。公開買付けが始まると、現在の経営陣の側から新たな情報が出てくるのが通常である。例えば、将来の事業計画や、資本構造の変化などについての発表が考えられる。これらの情報をもとに株主は独立価値を判断する。つまり、独立価値の評価は公開買付けが始まる前の市場価格とは異なっている。したがって、独立価値の方がプレミアム付の買付価格よりも高いと株主が合理的に判断することは十分あり得る[103]、とされている[104]。

3　規則31.4条の延長期間による売却圧力の解消
(1) 賛成の意思表示と株式の売却との分離

以上のような売却圧力は、買収の賛否の意思表示と株式の売却とを分離すれば解消可能である。その1つの方法として、過半数の株主が応募したことが明らかになった後も、短期間、買付期間を延長させる制度が考えられる。この制度によって、「本当は公開買付けの成功に

---

[103] Bebchuk, *Undistorted Choice, supra* note 73, at 1768. 田中・前掲注73) 630頁も同旨。

[104] 家田・前掲注46) 35頁以下は、対象会社株主が現経営陣の下の株価を、買付価格を上回る価格で評価していたとしても、その評価については保護する必要性は少なく、対象会社の経営陣がMBOで対抗しない限り独立価値が買付者の買付価格を上回ることはないとする。しかし、これは妥当ではない。そもそも経営陣の評価が正しく、株主の評価が間違っているとは限らない。経営陣は、買付者の設定する価格が独立価値よりも低いと考える場合にMBOを行う義務を負っているわけでもないし、コストもかかるからこの場合に必ずMBOを実行できるわけでもない。この見解は、売却圧力の解消として部分買付の禁止をいう中東正文「日本における公開買付の現状と課題」浜田道代＝虞建新編『日中企業法制金融法制の展開』49頁、55頁（名古屋大学法政国際教育協力研究センター、2002）への反論として主張されている。しかし、そもそも売却圧力の解消は部分買付けの禁止を導くものではないし、ベブチャクは部分買付けを容認する（Bebchuk, *Undistorted Choice, supra* note 73, at 1761-62）。

反対であるが、かといって残存を選択してしまうと、他の過半数の株主が応募して自分だけ少数派株主として残存することになるおそれがあるので応募を選択せざるを得ない」という状況は解消される[105]。なぜならば、公開買付けに反対の株主はとりあえず「残存」を選択しておき、もしも他の過半数の株主が「応募」を選択して公開買付けが成立した場合には、その後の延長期間に応募して会社から脱退すればよいからである。こうすれば、自分だけ少数派株主として残存することをおそれる必要性がなくなる。

(2) 規則31.4条

そして、現にシティコードにはそのような仕組みが存在している。規則31.4条である。同条によれば、買付けが確定した場合または確定を宣言した場合——要するに50％以上の応募があった場合——、買付期間を14日間延長しなければならない。

ただし、同条は売却圧力の問題の解決としては不完全である。なぜならば、同条は、最初から確定的な買付けをする場合には、あらかじめ延長をしない旨を買付書類の中で明確に述べておけば延長期間を設けなくてよいとしているからである[106]。

このように、同条は売却圧力の解消として有効な制度を提供しているものの、売却圧力の解消という視点からすると完全とはいえない[107]。これは、そもそもシティコードの起草者が売却圧力の解消という観点を念頭においていなかったからだろうと考えられる[108]。

---

105) Davies, *Equality, supra* note 60, at 16.
106) 規則31.4条第2文。
107) Bebchuk, *Undistorted Choice, supra* note 73, at 1797-98.
108) Bebchuk, *Undistorted Choice, supra* note 73, at 1797. 買付けの確定宣言後に延長期間を設けるという仕組みは、シティ・ノートのときからのものである（第2章第3節第2款第1項（本書47頁）参照）。

第2項　市場内買付け・相対取引の売却圧力と義務的公開買付制度

次に、市場内買付け・相対取引による買収の場合の売却圧力の問題を考える。なお、ここでいう相対取引とは、支配株式の相対取引だけではなく、複数の株主との間で相対取引を行って株式を買い集めることも含んだ意味である。

1　売却圧力の存在

次のような場合を考えてみよう。買付者の戦略として、例えば、市場内買付けや相対取引によって50％を取得するまでは買い注文を出し続けるが、50％を取得したら一切買い増しを行わないし、公開買付けを行う予定もないという発表をするとしよう[109]。すると、現在の市場価格は急騰するかもしれないが、50％を超えた後は株価は急落するだろう、と合理的な株主は考えるだろうし、あるいは買付者側がそのようなことを発表するかもしれない。株主は、この買付けが失敗して当該会社に残存した場合に実現する独立価値の方が、市場価格よりも高いと考えている場合であっても、売却圧力によって売却せざるを得なくなってしまう。

2　解消手段

このような売却圧力の問題を解消する手段として、規則5条と規則9条の義務的公開買付制度があると理解することができる。すなわち、規則5条によれば、ある30％以上の株式を市場内買付け・相対取引によって取得することは原則として禁止されており、30％以上の株式を取得するには公開買付けによらなければならない。規則9条によれば

---

[109] Davies, *Equality, supra* note 60, at 18をもとにした。以下の説明も、基本的に同論文による。

第2章　イギリス　79

30％以上の株式を取得した場合には全株式について公開買付けを行うことが義務づけられている。そして、イギリスの公開買付けの場合には、上記のとおり、規則31.4条によって、基本的には売却圧力の問題は解決されている。

ただし、友好的な公開買付けの前置きとして30％以上の株式を取得する場合には市場内買付けでの取得が許されており[110]、この点は売却圧力の問題が発生する危険があるようにもみえる。しかし、市場内買付けによる30％以上の議決権の取得とその後の義務的公開買付けを併せて考えれば、その危険は否定されるとみることもできる。なぜならば、市場内買付けが規則31.4条の最初の買付期間に対応し、その後に行われる義務的公開買付けが延長期間に対応する、というように買付期間の延長が強制される公開買付けとパラレルな仕組みになっていると分析することができるからである。

第3項　小括

以上のとおり、イギリスの義務的公開買付制度は、売却圧力の問題の解消という観点から説明が可能である。そして、売却圧力の問題を解消することは、法的観点からも経済的効率性の観点からも正当化可能である。

しかし、例外として一定の場合には買付期間の延長を不要とする制度は、売却圧力の問題を解消するという観点から説明することはできない。そのため、売却圧力の観点からイギリスの制度を全部説明できるわけではない。ここに売却圧力の問題の解消という観点の限界がある。

110）第2章第2節第1款第3項（本書44頁）参照。

第4款　株主平等原則の現れ

第1項　株主平等原則とコントロールプレミアム

　義務的公開買付制度は、シティコードの一般原則一条の株主平等取扱の現れだとされている[111]。それゆえ、コントロールプレミアムを分配するための制度として義務的公開買付制度を捉えて、その分配は株主平等原則の現れだという考え方があり得る[112]。そして、このような考え方が成り立ちうるか否かは、会社の支配権が会社に帰属するのか支配株主に帰属するのかによって左右される、という形で議論がなされている[113]。つまり、会社の支配権が会社に帰属すべき財産だ

---

[111] Lord Alexander of Weedon, Q. C., *Takeovers: The Regulatory Scene*, 1990 J. Bus. L. 203, 204；田邊・前掲注8) 92頁。

[112] Lee, *supra* note 55, at 243; T. Peter Lee, *Takeover Regulation in the United Kingdom, in* European Takeovers: Law and Practice 351, 357 (Klaus J. Hopt & Eddy Wymeersch eds., 1992).

[113] この議論の枠組みは、アメリカのバーリーによって説かれた会社財産理論（支配権は会社の財産であり、その支配権の売却の対価たるコントロールプレミアムは会社に帰属する、という理論）に従うものといえる。Adolf A. Berle & Gardiner C. Means, The Modern Corporation and Private Property 244 (1933); Adolf A. Berle, "*Control*" *in Corporate Law*, 58 Colum. L. Rev. 1212, 1220-22 (1958); Adolf A. Berle, *The Price of Power: Sale of Corporate Control*, 50 Cornell L. Q. 628, 628-29, 637-40 (1965). しかし、バーリーのこの議論は少なくともわが国においては支持されていない。長浜洋一「支配株式譲渡人の責任」早法44巻1＝2号75頁、85頁以下 (1968)、三枝一雄「支配株主と信認義務――支配権濫用抑制のための一つの理論」法論44巻2＝3号137頁、157頁以下 (1970)、前田雅弘「支配株式の譲渡と株式売却の機会均等㈠」論叢115巻4号64頁、80頁以下 (1984)、戸川成弘「アメリカにおける支配株式の売却――売却プレミアムの帰属を中心として」名法106号275頁、307頁以下 (1985)、佐藤誠「支配株式譲渡と株式売却機会の均等ルール――その会社法理への内在化の試み」法政61巻1号107頁、115頁以下 (1994) 参照。

とすると、コントロールプレミアムを支配株主だけが享受することは許されないことになり、義務的公開買付制度はこのコントロールプレミアムを分配するためのものと位置づけられるのである。他方で、会社の支配権が支配株主に帰属すべき財産だとすると、そのように位置づけることはできなくなる[114]。

第2項　会社支配権の帰属

それでは、イギリス法において会社支配権は会社に帰属すべき財産であると考えられてきたのだろうか[115]。

公開買付けの局面でこの問題について判断した判例はない[116]。

その他の局面における判例では、会社支配権は支配株主に属すると考えられている[117]。例えば、株式の評価が問題になった判例[118]では、支配株式は支配権があることを考慮して評価すべきだとされた。要するに、会社支配権は支配株主に属するということである。また、1985年会社法430C条3項によれば、強制買取（compulsory acquisition）の際に、株主はその強制買取の価格が適当だったか否かについて裁判所に不服申立てをすることができるところ、裁判所は、やはり会社支配権は支配株主に属するという考えを採用していると解されている。なぜならば、市場の株価は1株あたりの株式の価値を示しているにすぎず、支配権を評価していないこと、および強制買取を行う者は支配権を獲得するのだからその分を市場の株価に上乗せすべきである、と強制買取される少数派株主が主張しても裁判所はこれを認めたことはな

---

114) J. H. FARRAR ET AL., FARRAR'S COMPANY LAW 635 (3d ed. 1991).
115) 以下の記述は、Davies, *Regulation, supra* note 60, at 82-83; Farrar, *supra* note 114, at 635-37による。
116) Tridimas, *supra* note 13, at 31 n. 54; Farrar, *supra* note 114, at 636.
117) Tridimas, *supra* note 13, at 31 n. 54.
118) Dean v. Prince [1953] Ch. 590; revsd. on other grounds [1954] Ch. 409, [1954] 1 All E. R. 749, C.A.

いからである[119]。

第3項　株主平等原則

さらに、会社法上の株主平等原則はプレミアムの分配を要求するほど強いものではなく、イギリス法において取締役は株主を公平に（fairly）扱う義務を負っているが、必ずしも同様に（equally）扱う義務を負っているわけではない[120]、という指摘もなされている。

第4項　小括

以上の検討によると、コントロールプレミアムの分配から義務的公開買付制度を説明するとすれば、シティコードが判例法を反映させたのではなく[121]、創設的にプレミアムの分配を定めたとみることになる[122]。もちろん、理論的根拠はともかく、義務的公開買付制度はコントロールプレミアムの分配という機能を果たしているとみることはできる。しかし、学説は、コントロールプレミアムの分配という機能は重視していないように思われる。むしろ、支配の移転後に残存株主が会社から退出できるという意味での少数派株主の保護から義務的公開買付制度を理解・説明するのが普通[123]である[124]。

---

119) Re Press Caps Ltd [1949] Ch. 434, [1949] 1 All ER 1013; [1949] WN 196, CA; Re Grierson, Oldham and Adams Ltd [1968] Ch. 17, [1968] 1 All ER 192, [1967] 1 WLR 385.
120) Davies, *Equality, supra* note 60, at 13.
121) *Krause*, a. a. O. (Fn. 24), S. 84.
122) 田邊・前掲注8) 94頁注18) は、会社法上の株主平等原則とシティコードの一般原則1条の平等原則とを区別し、コントロールプレミアムの分配を基礎付けるのは後者のシティコードの平等原則だとする。そうだとすると、シティコードの一般原則一条がコントロールプレミアムの分配という要請を創設したものと分析することとなるであろう。
123) Davies, *Equality, supra* note 60, at 13は、義務的公開買付制度を少数派株主保護との関連で議論するのが普通である、とする。

第 5 款　市場に近くない者の保護

第 1 項　市場に近い者と近くない者

次に、市場内買付けによって支配を獲得した者も義務的公開買付制度の対象とされることに着目する議論を紹介する。市場に近くない者（典型的には個人投資家）は、市場に近い者（典型的には機関投資家）に比べて、同じ条件でなされる買付行為に対して反応する能力において不利な立場にあるかもしれない[125]、という議論である。

第 2 項　公開市場と実質的不平等

この議論に対しては、次のような批判が考えられる。すなわち、買付者が市場内買付けで株式を取得する場合、市場に近い者と近くない者との間に不平等はない、なぜならば市場内買付けは公開市場で行われるからである、という批判である[126]。

たしかに、全投資家は公開市場で取引をすることができる。しかし、市場に近くない者と近い者との平等という議論の主眼は、次のようなところにある。つまり、公開市場には誰もがアクセスできるではないかという批判は、買付者がある程度長い期間買付けを行い、しかもその間同じ条件で買い付けるという場合にのみ説得力がある。しかし、

---

124) なお、イギリスの義務的公開買付制度のような最高価格ルールは比較法的に普遍的なものとまではいえない。オーストリアでは、6か月以内の株価の平均以上、かつ、12か月以内に支払った最高価格の85％以上であればよい（ÜbG § 26 Abs. 1）。スイスでは、公開買付けを行う時点での株価以上または支払った価格の75％以上であればよい（Bundesgesetz über die Börsen und den Effektenhandel vom 24. März 1995, § 32 Abs. 4）。Davies, *Equality, supra* note 60, at 28参照。

125) 以下の議論は、Davies, *Equality, supra* note 60, at 18-20による。

126) 第 1 章でみたとおり、わが国でも同様に、市場の公開性を重視する議論がある。

そのような場合というのは現実には考えにくい。現実には、市場に近い者は市場内買付けにおいて有利な条件を受領することができる地位にある。これに対して市場に近くない者はそのような条件を受領することは実際には不可能である。そこで、市場内買付けによって支配を取得した者に公開買付けを義務づけ、かつ、その公開買付けにおいて価格規制を設けることで、市場内買付けで市場に近い者にのみ有利な条件で買付けを行ってその後の公開買付けでは不利な条件で買付けを行うことを禁止し、もって市場に近くない者と市場に近い者との平等を確保し、市場に近くない者を保護することが可能となるといえる。これと同じことは、シティコード規則5条ならびに買付者が市場内買付けで買い付ける際のスピードを規制するSARs1条および2条にもあてはまり、これらの規定によっても市場に近くない者が保護されているといえる[127]。

第3項　小括

このように、市場に近い者と近くない者とを区別し、市場に近くない者を保護するという観点は、義務的公開買付制度を公開市場における実質的な不平等を解消し、実質的な平等を実現するための機能があると理解するものである。この理解は、現実を直視し、実質的な平等を実現しようという発想に基づいているといえる。

しかし、コントロールプレミアムの分配と同様に、なぜ平等取扱が必要なのか、理論的な根拠は明らかとはいえない。

第6款　義務的公開買付制度のコスト

最後に、義務的公開買付制度のコストについて検討する[128]。

部分買付禁止と結びつく義務的公開買付制度の下では、30％の株式

---

127) Davies, *Equality, supra* note 60, at 19-20.
128) 以下の議論は、Davies, *Equality, supra* note 60, at 26-28による。

第2章　イギリス　85

を取得した者が買付株式数を発行済株式総数の例えば60％の取得を上限にして公開買付けを行うことは禁じられている。また、支配株主が保有する例えば40％の株式を相対取引で取得しても他の全株式に対して公開買付けを行わなければならないことになる。そのため、買付者にとって十分な資金が必要となるので、支配の取得を抑制してしまうおそれがある[129]。それゆえ、部分買付けが自由に認められる方が、買収する側にとってみれば買収しやすいと考えるのは合理的である[130]。

しかし、このように義務的公開買付制度には買収の抑止的効果がある[131]から望ましくない制度であると評価するのは早計である。

たしかに、企業買収には経営陣に対する規律効果があり、かつ、会社資源のより効率的な活用を促すので望ましいとする支配権市場の考え方によれば、一見、企業買収の数を減らす効果のある制度は望ましくないようにも思われる。しかし、部分買付けの禁止によって減少する企業買収の中には、部分買付けによくある、より効率的な資源の活用をもたらさずに単に私的利益を引き出すだけの買付者による買収も含まれている。支配権市場の考え方からしても、このような企業買収が抑制されても構わないのではないかと指摘されている[132]。

また、支配株式の相対取引に関しては、少なくともイギリスにおいては深刻な問題ではない。なぜならば、株式の所有構造が分散しており、30％以上の支配株主が存在する会社の数は大陸諸国に比べるとかなり少ない[133]からである[134]。また、義務的公開買付制度の経済分析によれば、企業価値を上昇させるような相対取引を抑制する効果があるが、逆に、企業価値を減少させるような相対取引を抑制するという

---

129) 田邊・前掲注8) 92頁以下。
130) Davies, *Equality, supra* note 60, at 26.
131) Prentice, *supra* note 55, at 409.
132) Davies, *Equality, supra* note 60, at 26. しかも、部分買付けは、パネルの同意と買付者以外の株主の50％以上の同意等の要件を満たす必要があるが、全面的に禁止されているわけではない。規則36条参照。

メリットもあるとされている[135]。
　したがって、義務的公開買付制度に企業買収の抑止効果があるからといって、マイナスに評価すべきだとは限らないと思われる。

133) Marc Goergen & Luc Renneboog, *Strong Managers and Passive Institutional Investors in the UK, in* THE CONTROL OF CORPORATE EUROPE 259, 268 (Fabrizio Barca & Marco Becht eds., 2001) によれば、イギリスの1992年の上場会社のサンプル200社のうち、30％以上を保有する支配株主が存在した会社は18社であった。他方、Marco Becht & Ekkehart Böhmer, *Ownership and Voting Power in Germany, in* THE CONTROL OF CORPORATE EUROPE 128, 140 (Fabrizio Barca & Marco Becht eds., 2001) によれば、ドイツの1997年の上場会社において、25％以上の支配株式を保有する支配株主が存在する会社は82.5％だった。
134) Davies, *Equality, supra* note 60, at 29.
135) Mike Burkart & Fausto Panunzi, *Mandatory Bids, Squeeze-Out, Sell-Out and the Dynamics of the Tender Offer Process, in* REFORMING COMPANY AND TAKEOVER LAW IN EUROPE 737-65 (Guido Ferrarini et al. eds., 2004).

第3章　ドイツ

第1節　本章の目的と構成

　本章では、ドイツの公開買付規制である有価証券取得及び買収法（Wertpapiererwerbs- und Übernahmegesetz 以下「買収法」という）[1]の定める義務的公開買付け（Pflichtangebot）[2]の理論的位置づけについての学説の議論を主に考察する。ドイツにおいては、伝統的に、市場メカニズムによって大会社の経営の規律をするという考えはあまりなく、銀行や共同決定法の枠組みなどにその規律は委ねられていた[3]。そのため、アメリカやイギリスと比較すると、ドイツでは公開買付けが活発に行われてきたわけではない[4]。買収法が施行されたのが2002年1月からであるから、ドイツにおいて公開買付けが法による規制の対象

---

[1] 対象会社が発行し、組織された市場で取引が許可されている有価証券の取得のための買付けに買収法が適用される（買収法1条）。「対象会社」とは、ドイツ国内に本拠を置く株式会社または株式合資会社（Kommanditgesellschaft）をいう（買収法2条3項）。また、「組織された市場」とは、ドイツ国内の取引所における公的取引（antliche Handel）または規制市場および欧州経済地域の他の諸国における投資サービス指令（93/22/EWG, Abl. EG Nr. L 141 S.27.）にいう規制市場をいう（買収法2条7項）。

[2] Pflichtangebot は「義務的申込み」と訳されることも多いが、何を申し込むのかというと買付けの申込みであり、その買付けは公開買付けであるから、本稿では、「義務的公開買付け」と訳すこととする。

[3] Theodor Baums, *The Regulation of Takeovers under German Law*, [2004] EBLR 1453, 1453.

[4] ドイツにおける公開買付けの実例については、江口眞樹子「ドイツにおける株式公開買付の展開」際商19巻6号688頁、693頁以下（1991）。

とされたのはつい最近のことである[5]。それゆえ、本章での検討は、事例を中心とした検討ではなく、学説・理論を中心とした検討となる。

　以下では、第2節で義務的公開買付制度の概要を紹介した後、第3節でその理論的位置付けをめぐる議論を検討する。

第2節　義務的公開買付制度の概要

第1款　目的

　立法理由書によれば、義務的公開買付制度の目的は、公開買付けによらずに対象会社の支配が獲得された場合に、少数派株主にその保有する持分を相当な価格で売却する機会を与えることによって、買収法一般の目的の実現に役立たせることにある[6]。

第2款　義務の発生要件

　義務的公開買付けの義務が発生する要件は、議決権の30％以上にあたる株式を取得して「支配」[7]を獲得した場合である[8]。例えば、市場

---

5) ドイツの企業買収規制の歴史については、Begr. RegE, WpÜG, BT-Drucks. 14/7034, S. 27；江口・前掲注4) 691頁以下、野田輝久「EUとドイツにおける株式公開買付規制」青法40巻2号55頁、60頁（1998）、佐藤文彦「ドイツ有価証券取得及び支配獲得法（WpÜG）と敵対的企業買収における将来の局外株主の利益保護」獨協58号69頁、74頁以下（2002）、早川勝「ドイツ株式公開買付規制の新展開——ドイツ有価証券取得および買収に関する法律の制定」同法54巻1号344頁、345頁以下（2002）、ジークフリート・キュンペル（遠藤喜佳＝藤嶋肇翻訳）「ドイツの企業買収法について」比較法雑誌37巻4号37頁、39頁以下（2004）等参照。
6) Begr. RegE WpÜG, BT-Drucks. 14/7034, S. 30.
7) 買収法39条、29条2項。
8) 買収法35条2項。

内買付けによって30％以上の持分を取得した場合には、義務的公開買付けを行わなければならない。

ただし、次の２つの場合には、義務的公開買付けの義務が免除される。第１は、公開買付け（Übernahmeangebot）[9]によって30％以上の議決権を取得して支配を取得した場合[10]である。第２は、第三者がより多くの議決権を持っていたり、過去の株主総会の実績からして、その持分では当該対象会社を支配できない場合である[11]。この２つの場合のいずれかに該当する場合、買付者の申立によって[12]、連邦監督庁が義務的公開買付けを免除できる[13]。

この免除の要件を満たしていないのに、義務的公開買付けを怠った場合の効果は、買付価格に５％の利子を付けること[14]、および、買付者の取得している持分に関する権利が喪失することである[15]。後者の効果で重要なのは、議決権行使が禁止されることである。

第３款　手続

買付者は、公開買付文書（Angebotsunterlage）において対象会社の将来の営業活動（Geschäftstätigkeit）に関する買付者の企図（Absicht）

---

9) 買収法第４章。支配獲得前に、買付者が自発的に（freiwillig）支配獲得を目的に行う公開買付けのことである。
10) 買収法35条３項。
11)「公開買付文書の内容、買収申入と義務的買付申入における反対給付及び買付申入の公表義務と表明義務の免除に関する命令（Verordnung über den Inhalt der Angebotsunterlage, die Gegenleistung bei Übernahmeangeboten und Pflichtangeboten und die Befreiung von der Verpflichtung zur Veröffentlichung und zur Abgabe eines Angebots（WpÜG-Angebotsverordnung））」（以下「買付申入令」という）９条。
12) 買付申入令８条。
13) 買収法37条。
14) 買収法38条。
15) 買収法59条。

に関する事項等を表明する必要がある[16]。

　応募期間は、4週間以上10週間以内に設定しなければならない[17]。買収法16条2項は、自発的に公開買付けを行う場合には、イギリスと同様、公開買付けに応募した株式の割合が公表された後、さらに2週間応募期間が延長されることを定めている。しかし、義務的公開買付けの場合には同項が準用されないので[18]、応募された株式の割合が公表された後の2週間の延長応募期間は設けられない。この点については、後に論じる。

　また、義務的公開買付けの場合には部分買付けは許されず、全株式に対する買付申入を行わなければならない[19]。

　買付価格は、公開買付前3か月以内に支払った最高価格以上でなければならない。別途買付けを行うことも可能である。別途買付けを行った場合は、その別途買付けの価格の方が公開買付価格よりも高ければ、公開買付けの買付価格をその別途買付けで支払った価格以上に引き上げなければならない[20]。

　以上が買収法の義務的公開買付制度の概要である。

第4款　買収法制定前の義務的公開買付制度

　次に、このような義務的公開買付制度が導入されるに至った経緯をごく簡単に確認する。なぜならば、コンツェルン法との関係について、買収法制定以前と買収法とでは違いがあり、同制度の位置づけを検討

---

16) 買収法39条、11条2項3文2号。
17) 買収法39条、16条1項。
18) 買収法39条。
19) 買収法39条、32条。
20) 買収法39条、31条、買付申入令8条。なお、EU 企業買収指令では、12か月ないし6か月以内とされているので、改正の必要がある。*Mülbert*, Umsetzungsfragen der Übernahmerichtlinie – erheblicher Änderungsbedarf bei den heutigen Vorschriften des WpÜG, NZG 2004, 633, 641 f.

する前提として理解しておく必要があるからである。

第1項　公開買付ガイドライン

ドイツにおいては、買収法が制定される以前は、公開買付けに関する法律はなく、法的拘束力のないガイドラインが存在するにすぎなかった。最初に登場したのは、連邦大蔵省の証券取引所専門委員会による1979年の公開買付ガイドライン[21]である。しかし、これには義務的公開買付制度は存在しなかった。しかも、このガイドラインはほとんど遵守されることなく終わった[22]。

第2項　公開買付規準

公開買付ガイドラインは、1995年に連邦大蔵省の証券取引所専門家委員会が作成した公開買付規準（Übernahmekodex）[23]にとってかわられた。公開買付ガイドラインが長い間批判されていたのに、1995年まで改定されなかったのは、実例による検証が乏しかったことに最大の原因があるとされている。そして、この時期に公開買付規準が作成されたのは、ドイツの経済と資本市場の良き評判と競争力を保障するために国際基準に従う必要性に迫られたからである[24]。そして、この公開買付規準にも法的拘束力はなかった[25]。

さて、この公開買付規準には義務的公開買付制度が導入されていた。その内容は、買付者が対象会社の株式の50％を市場内または市場外で

---

21) Leitsätze für öffentliche freiwillige Kauf- und Umtauschangebote bzw Aufforderungen zur Abgabe derartiger Angebote in amtlich notierten oder im geregelten Freiverkehr gehandelten Aktien bzw Erwerbsrechten, abgedruckt in *Baumbach/Hopt*, Komm. z. HGB, 29 Aufl., 1995, S. 1398 ff. このガイドラインについては、江口・前掲注4）691頁以下、福島洋尚「ドイツにおける株式公開買付に対する会社法上の防衛措置」青法40巻3＝4号131頁、138頁（1999）参照。

22) *Schuster/Zschocke*, Übernahmerecht S. 4 f.（2002）; *Pötzsch* in Assmann/Pötzsch/Uwe H. Schneider（Hrasg.）, WpÜG, 2005, Einl. Rz. 18.

取得し、その後18か月以内に対象会社と買付者のいずれも企業契約、編入、合併その他の組織変更に関する決議を行わなかった場合には、買付者は3か月以内に全株式に対して公開買付けを行わなければならない、というものだった[26]。

　この義務的公開買付制度は多くの批判[27]を浴びた。そこで、1998年の公開買付規準の改正[28]で次のように変更された。すなわち、公開買付けの義務の発生要件を、従来は50％の取得としていたのを、「支配」を獲得したときとした[29]。

23) Abgedruckt in AG 1995, 572. 1995年の公開買付規準の義務的公開買付制度については次の文献参照。*Assmann*, Verhaltensregeln für freiwillige öffentliche Übernahmeangebote, Der Übernahmekodex der Börsensachverständigenkommission, AG 1995, 563, 569 ff.; *Kallmezer*, Der Übernahmekodex der Börsensachverständigenkommission, AG 1996, 169, 170; *ders.*, Die Mängel des Übernahmekodex der Börsensachverständigenkommission, ZHR 161 (1997), 435, 436 ff.; *Schuster*, Neue Regeln für Übernahmen, Die Bank 1995, 609, 611 ff.; *Thoma*, Der neue Übernahmekodex der Börsensachverständigenkommission, ZIP 1996, 1725, 1726 ff.; *Weisgerber*, Der Übernahmekodex in der Praxis, ZHR 161 (1997), 421, 426 ff.; 野田・前掲注5) 70頁、福島洋尚「会社支配の争奪とドイツ株式会社法」南山20巻3＝4号395頁、417頁以下 (1997)。

24) *Schuster/Zschocke*, a. a. O. (Fn. 22), S. 4. f.

25) これは、イギリスのシティコードに従ったからである。*Schuster/Zschocke*, a. a. O. (Fn. 22), S. 6 f.

26) 1995年公開買付規準16条（翻訳に関しては基本的に野田・前掲注5) 70頁による）。義務的公開買付制度が導入された背景には、ほとんど全ての欧州諸国に義務的公開買付が存在する以上、国際的調和の観点から、金融市場としてのドイツの競争能力の保持に必要だったからだとされている。*Presser*, Öffentliche Übernahmeangebote und Unternehmenskontrolle in Deutschland unter besonderer Berücksichtigung des Minderheitenschutzes und unter Einbeziehung der europäischen Übernahmerichtlinie, Diss., 2005, S. 243. この点については、さらに、*Otto*, Die Verteilung der Kontrollprämie bei Übernahme von Aktiengesellschaften und die Funktion des Höchststimmrechts, AG 1994, 167, 172参照。

27) *Thoma*, a. a. O. (Fn. 23), S. 1726 ff. 参照。

しかし、この公開買付規準も公開会社の約 4 分の 3 が従うにとどまった[30]。そして、1999年に証券取引所専門委員会は、法律で公開買付けに関する規制を定めるべきだと勧告した[31]。さらに、ヴォーダフォン社によるマンネスマン社の買収の成功というドイツを揺るがす事態が生じたこともあり、買収法の制定にむけての取り組みがなされるに至った[32]。

第 3 項　小括

以上の公開買付規準の義務的公開買付制度と買収法のそれとを比べると、かなり要件が違っている。例えば、1998年公開買付規準においては企業契約を締結すれば義務的公開買付けを行う必要がないというように、コンツェルン法を優先し、公開買付規準は第二次的なものというべき関係にあった[33]。これに対し、買収法においてはコンツェルン法を優先するという発想はない。そして、買収法の最初の試案

---

28) Börsensachverständigenkommission beim Bundesministerium der Finanzen, Übernahmekodex; abgedruckt in AG 1998, 133. 1998年の公開買付規準の義務的公開買付制度については次の文献参照。*Riehmer/Schröder*, Praktische Aspekte bei der Planung, Durchführung und Abwicklung eines Übernahmeangebots, Übernahmekodex und Referentenentwurf des deutschen Wertpapiererwerbs- und Übernamegesetzes, BB 2001, Beilage 5, S. 1, 9 ff.; 野田・前掲注5) 70頁以下。

29) 16条。詳しくは、野田・前掲注5) 70頁以下参照。

30) Baums, *supra* note 3, at 1454. 上場会社1,016社のうち755社が従っていたとされている。*Hirte* in KK-WpÜG, Einl. Rz. 44 Fn. 76 (2003). また、BMW 社とフォルクスワーゲン社の2大企業も従わなかったとされている。*Schuster/Zschocke*, a. a. O. (Fn. 22), S. 10 f. ただし、実際に行われた買付けの93％は公開買付基準に従って行われたとされており、かなり普及していたことを看過すべきではない。*Schuster /Zschocke*, a. a. O. (Fn. 22), S. 12 f.

31) *Schuster/Zschocke*, a. a. O. (Fn. 22), S. 12 f.; Begr. RegE WpÜG, BT-Drucks. 14/7034, S. 27.

32) *Schuster/Zschocke*, a. a. O. (Fn. 22), S. 12 ff.

33) 野田・前掲注5) 71頁。

(Diskussionsentwurf)[34]の段階（2000年6月29日）ですでにコンツェルン法を優先するという発想はとられておらず、現在の買収法の義務的公開買付制度とほぼ同じ内容が提案されていた。要するに、公開買付規準と買収法とは、義務的公開買付制度が存在しているという点では共通しているが、その内容の連続性は弱いといえる。

第3節　現在の義務的公開買付制度の理論的位置づけ

本節では現在の義務的公開買付制度の位置づけを中心に検討する。同制度の理解としては、コンツェルン法的観点からの理解、コントロールプレミアムの分配に関する観点からの理解、資本市場の機能能力（Funktionsfäigkeit）の保護という観点からの理解があり、これらを紹介する。さらに、売却圧力の解消という観点に対する買収法の態度を検討する。

第1款　コンツェルン法的観点

第1項　コンツェルン形成規制としての義務的公開買付制度

1　少数派株主の保護

ドイツ株式法はコンツェルンにおける少数派株主の保護を規定している。そのため、義務的公開買付制度の導入の是非をめぐっては、コンツェルン法との関係という視点から活発な議論が行われてきた[35]。

---

34) Abgedruckt in NZG 2000, 844 ff. 試案の翻訳として、早川勝「ドイツ株式公開買付法試案（試訳）」同志社大学ワールドワイドビジネスレビュー2巻1号116頁以下（2001）がある。

第3章　ドイツ　95

この議論の延長線上に、買収法の義務的公開買付制度をコンツェルン法的な観点から理解する見解が有力に存在する[36]。この見解は、義務的公開買付制度を予防的なコンツェルン形成規制（präventive Konzerneingangskontrolle）と認識している[37]。

　すなわち、義務的公開買付制度がもしもなかったとしよう。すると、コンツェルン化される対象会社の株主は少数派株主として残存するか、通常相場が下落する市場で持分を売却するしかなかった。しかし、義務的公開買付制度によって、このような事態から逃れることが可能となった。この意味で同制度は、会社法上の少数派株主の保護として理解することができるのである[38]。

2　コンツェルン法との接点

　ここで、コンツェルン法と義務的公開買付制度の接点について説明する。

　義務的公開買付制度によれば、新たに支配株主（30％以上の議決権を取得した者）が登場した場合に、少数派株主は自己の株式を当該支配株主に売却して会社から退出することができる。この退出権（Austrittsrecht）については、株式法のコンツェルン法にも類似の規定がある。すなわち、支配契約（Beherrschungsvertrag）または利益供与契約（Gewinnabführungsvertrag）を締結した契約コンツェルン（Ver-

---

35) Baums, *supra* note 3, at 1456. また、野田・前掲注5) 72頁以下は、1998年までの議論状況を検討している。

36) 例えば、*Ekkenga/Hofschroer*, Das Wertpapiererwerbs- und Übernahmegesetz (Teil II), DStR 2002, 768, 771; *Ekkenga/Schulz* in Ehricke/Ekkenga/Oechsler, § 35 Rz. 5 (2003); *Harbarth*, Kontrollerlangung und Pflichtangebot, ZIP 2002, 322; *Hommelhof/Witt* in Haarmann/Riehmer/Schüppen, Vor §§ 35 bis 39 Rz. 31 (2002).

37) *Krause/Pötszsch* in Assmann/Pötzsche/Uwe H. Schneider (Hrsg.), WpÜG, 2005, § 35 Rz. 31参照。

38) Ibid.

tragskonzern）においては、株式法305条によって、局外株主（außenstehenden Aktinoäre）は相当な代償（Abfindung）を受ける権利がある[39]。つまり、契約コンツェルン化した時点で少数派株主（局外株主）に退出権が与えられるのである。

このように、義務的公開買付制度は退出権を与えるという意味でコンツェルン法と類似の機能を果たす点で、コンツェルン法との接点がある。コンツェルン法と義務的公開買付制度を簡単に対比すると、コンツェルン法の規制はコンツェルン化した後に株主の保護を実現するという意味で事後（ex post）の保護規制であり、義務的公開買付制度はコンツェルン化する入り口の段階で株主の保護を実現するという意味で事前（ex ante）の保護規制である[40]ということができる。

なお、買収法制定以前には、以上の議論とは反対に、コンツェルン法は少数派株主のための保護システムを提供しており、義務的公開買付制度の形式によるコンツェルン形成規制は不要であるという見解[41]があった。しかし、この見解はすでに克服されたとされている[42]。なぜならば、コンツェルン法では、義務的公開買付制度によってもたらされるコンツェルン化される入り口の段階での保護、つまりコンツェ

---

39) この代償請求権は、契約コンツェルンの株式法305条が特別の事実上のコンツェルン（qualifiziert faktisch Konzern）の場合に類推適用されたり、さらに有限会社コンツェルン（GmbH-Konzern）の場合に二重に類推適用（doppelten Analogie）されたりしている。*Hopt*, Konzernrecht und Kapitalmarktrecht in Deutschland, in: *Hommelhoff/Hopt/Lutter*（Hrsg.），Konzernrecht und Kapitalmarktrecht, 2001, S. 31, 66 f.
40) *Houben*, Die Gestaltung des Pflichtangebots unter dem Aspekt des Minderheitenschutzes und der effizienten Allokation der Unternehmenskontrolle, WM 2000, 1873, 1875.
41) *Altmeppen*, Neutralitätspflicht und Pflichtangebot nach dem neuen Übernahmerecht, ZIP 2001, 1073, 1082 f.; *Kallmeyer*, Die Mängel des Übernahmekodex der Börsensachverständigenkommission, ZHR 161 (1997), 435, 436 ff.
42) *Berding*, Gesellschafts- und kapitalmarktrechtliche Grundsätze im Übernahmerecht, WM 2002, 1149, 1157.

ルン形成保護が欠落しているからである[43]。また、少なくとも同制度によって、いずれにしても少数派株主の保護に役立つのであるから、同制度は望ましいものであるともされている[44]。

3 小括

このように、義務的公開買付制度とコンツェルン法がいずれも退出権を与えるという意味で類似した機能を果たしているので、同制度をコンツェルン法的に理解する観点からは両者の関係がどのような関係にあると理解するかがポイントになる。現在は、両者が補完し合う関係にあるという理解がされているが、この理解に到達するまでは、上記のような義務的公開買付制度不要論もかなり有力であった。そこで、両者の関係について、次に検討しよう。

第2項　義務的公開買付制度とコンツェルン法の関係

義務的公開買付制度とコンツェルン法との関係の議論は、第4章で検討するEUの企業買収指令案との関係で整理すると分かりやすい[45]。そこで、指令案の時期による区分に応じて、次の3つの段階に区別してみていく。

1 コンツェルン形成保護の代替性

第1の段階は、1989年指令案や1990年指令案の義務的公開買付制度についてである。これらの指令案による義務的公開買付制度の内容については第4章で紹介するが、ここでは、買収法の義務的公開買付制度とほぼ同じ内容であること、その趣旨は株主の平等取扱と少数派株主の保護にあったことを理解しておくことで十分である。

---

43) *Berding*, a. a. O. (Fn. 42), S. 1157.
44) *Meyer*, in: *Geibel/Süssmann*, § 35 WpÜG Rn. 3 (2002).
45) 以下の学説の整理は、主に *Fleischer*, Schnittmengen des WpÜG mit benachbarten Rechtsmaterien – eine Problemskizze, NZG 2002, 545, 547 f. による。

さて、この指令案の義務的公開買付制度がドイツのコンツェルン法の規制と調和するか否かという問題が議論の対象となった[46]。その背景には、義務的公開買付制度がドイツのコンツェルン法にとってかわってしまうのではないかという心配が存在していた[47]。すなわち、義務的公開買付制度によるコンツェルン形成保護の様々な点が、株式法311条以下の保護メカニズムと交代して、ドイツのコンツェルン法は永久に取って代わられてしまうという心配である[48]。

2　コンツェルン形成保護との等価値性

　第2の段階は、1996年指令案と1997年指令案による義務的公開買付制度の代替手段の容認に関してである。これについても第4章で紹介

---

[46]　*Hommelhoff/Kleindiek*, Takeover-Richtlinie und eurpäisches Konzernrecht, AG 1990, 106, 109 ff.（この論文については、野田博「会社法の見地からの企業結合形成段階の法規制について（2・完）」商学討究42巻1号133頁、146頁以下（1992）が詳しく検討している。）

[47]　*Fleischer*, a. a. O.（Fn. 45）, S. 548は、比喩的に、義務的公開買付制度によるコンツェルン法の「敵対的買収」の心配だとしている。

[48]　*Hommelhoff*, Konzerneingangs-Shutz durch Takeover-Recht?, in: FS Semler, 1993, S. 455, 462, 464. 具体的には次のようにいわれていた。義務的公開買付制度は、あとになってトロイの木馬だったことが判明するだろう。いつのまにか、結合企業（verbunde Unternehmen）法の砦を粉砕する力が働くかもしれない（467頁）、と。

　　要するに、コンツェルン形成後の株主保護について、ドイツのコンツェルン法においては事実上のコンツェルンと契約コンツェルンとを区別するという体系になっているのに、そのような区別をしない義務的公開買付制度をコンツェルン法に組み入れることはできないという意見である（*Presser*, a. a. O.（Fn. 26）, S. 230による指摘である）。コンツェルン法体系と矛盾することを理由として義務的公開買付制度に反対するものとして、*Schindler*, Das Austrittsrecht in Kapitalgesellschaften: eine rechtsvergleichende Untersuchung zum Austrittsrecht als Mittel des Individual- und Minderheitenschutzes im deutschen und französischen Kapitalgesellschaftsrecht, Diss., 1999, S. 392 f. 参照。

するが、ここでは、義務的公開買付制度の導入は各加盟国の選択に委ねられ、義務的公開買付制度以外の手段によって少数派株主の保護の適切な手段が存在すれば義務的公開買付制度を導入しなくてもよいこととされていたことを理解しておくことで十分である。そして、この代替手段としてはドイツのコンツェルン法が念頭におかれていた。つまり、ドイツにはコンツェルン法があるので義務的公開買付制度を導入する必要はないという方向に進んでいたのである。

　しかし、コンツェルン法が少数派株主の保護の手段としての義務的公開買付制度の代替手段になるのかが問題となった[49]。コンツェルン法が義務的公開買付制度と同等なものといえるかが疑問視されたのである[50]。例えば、株式法311条以下は「企業」概念と結びついた規定であって、企業以外の私人はカバーしていないのに対し、義務的公開買付制度は私人が支配を取得した場合でも適用されるという違いが指摘されていた[51]。

3　コンツェルン形成保護の補完性

　第3の段階は、2000年の「共通の立場（common position）」（第4章参照）の指令案の義務的公開買付制度に関してである。ここで、義務

---

49) *Roos*, Der neue Vorschlag für eine EG-Übernahme-Richtlinie, WM 1996, 2177, 2184; *Schuster*, Der neue Vorschlag für eine EG-Takeover-Richtlinie und seine Auswirkungen auf den Übernahmekodez, EuZW 1997, 237, 239.

50) *Habersack/Mayer*, Der neue Vorschlag 1997 einer Takeover-Richtlinie – Überlegungen zur Umsetzung in das nationale Recht, ZIP 1997, 2141, 2143 f.; *Hopt*, Europäisches und deutsches Übernahmerecht, ZHR 161（1997）, 368, 387 f.

51) *Baums*, Notwendigkeit und Grundzüge einer gesetzlichen Übernahmeregelung, in: von Rosen/Seifert（Hrsg.）, Die Übernahme börsennotierter Unternehmen, 1999, S. 165, 171. 他にも、事実上のコンツェルン規制が不十分であるといった議論がなされていたことについては、野田・前掲注5）74頁参照。

的公開買付制度の導入が再び義務化された。その内容は買収法の義務的公開買付制度とほぼ同じ内容であり、その趣旨は少数派株主保護とされていた。

　この段階では、コンツェルン法と義務的公開買付制度は代替的なものではなく、相互に補完し合うものだという議論が有力になった。コンツェルン法上の保護の必要性は、義務的公開買付けに応募しなかった少数派株主（局外株主）を将来の財産的な損害から保護すべきことにある。義務的公開買付けに応募しないことは、将来の財産的な損害から救済される権利の放棄を意味するわけではない。つまり、義務的公開買付制度が導入されても、なおコンツェルン法は必要だということである[52]。また、義務的公開買付制度は、コンツェルン特殊の財産の移転を考慮しているわけではなく、現在の多数派株主（支配株主）が今後も多数派の地位を占めたままであろうという意味での継続性に対する投資家の信頼および投資判断の基礎をも保護するものであり[53]、コンツェルン法と違う役割をも果たすものである。

第3項　コンツェルン法的位置づけの意義

1　ロイルの議論

　最後に、義務的公開買付制度についてコンツェルン法的な理解をすることの意義について考える。ここでは、買収法制定以前の見解であるが、義務的公開買付制度をコンツェルン法的に位置づけることの意義を知る上で有益なので、ロイル（Reul）[54]の見解を紹介する。

　ロイルは、コンツェルン法上の予防的保護を、従属会社が自立性

---

52) *Schön*, Mindestharmonisierung im europäischen Gesellschaftsrecht, ZHR 160（1996), 221, 242; *Wackerbarth*, Von golden shares und poison pills: Waffengleichheit bei internationalen Übernahmeangeboten, WM 2001, 1741, 1745 f.

53) *Kleindiek*, Funktion und Geltungsanspruch des Pflichtangebots nach dem WpÜG, ZGR 2002, 546, 560.

(Selbständigkeit）を喪失する場合にのみ保障されるべきものという通説的な理解[55]ではなく、支配株主の交代の場合にも保障されるべきものであると解する。なぜならば、新しい支配株主の利益に沿うように会社が運営されて企業構造（Unternehmensstruktur）の重大な変更の危険がもたらされる可能性は、従来から支配者が存在してその支配者が交代する場合と、従来は独立していた会社に支配株主が初めて登場して会社の自立性を失う場合とで違いはないからであるとする[56]。このように解することによって、支配株式を相対取引で譲渡した場合にも、買付者が公開買付けを行う義務を負うことを説明することができる。このようにして、ロイルは、義務的公開買付制度をコンツェルン法と連続性あるものとして位置づける。

　ロイルがコンツェルン法的な位置づけを主張することの背景には、非上場会社の企業買収の場合にも義務的公開買付制度と同様の少数派株主の保護をもたらすことが必要だと考えていることがあると思われる[57]。というのも、ロイルは、非上場会社の株主は公開会社の株主と比べて保護の必要性が少ないわけではなく、むしろ、閉鎖会社の株式は市場で取引されていないのであるから、株主は支配者の交代の際に退出権が与えられることを頼りにしている[58]、としているからである。

54) *Reul*, Der Pflicht zur Gleichbehandlung der Aktionäre bei privaten Kontrolltransaktionen, Eine juristische und ökonomische Analyse, Diss., 1991, S. 293 f, 303 f.
55) *Wiedemann*, Die Unternehmensgruppe im Privatrecht, 1988, S. 69.
56) *Reul*, a. a. O. (Fn. 54), S. 294.
57) ロイルと同じような視点から、Eddy Wymeersch, *The Mandatory Bid: A Critical View, in* EUROPEAN TAKEOVERS: LAW AND PRACTICE 351, 365（Klaus J. Hopt & Eddy Wymeersch eds., 1992）は、少数派株主の保護のためとされている義務的公開買付制度一般について、「少数派の投資家を守ることを主たる目的とするルールの利益をなぜ閉鎖会社の株主は享受できないのか」という疑問を提起している。
58) *Reul*, a. a. O. (Fn. 54), S. 304.

2 批判

しかし、このロイルの議論は、コンツェルン法上の問題について、次のように批判されている[59]。

すなわち、会社法的にみれば、ある一定の多数派の地位が初めて獲得された場合にのみコンツェルン保護が発動する。つまり、少数派株主の保護は、少数派になること自体から与えられるのであって、支配株主の人格は関係ない。そうだとすると、支配株式の譲渡の場合には、支配株主の人格が入れ替わるだけであるから、少数派株主の保護の必要性はない[60]。しかし、義務的公開買付けは、30％を超える持分の変動がある場合、つまり、支配株主の人格の変化（支配株主の交代）でもその義務が発生してしまう。したがって、少数派株主の保護という視点からは、義務的公開買付制度をコンツェルン法的に積極的に位置づけることはできない。会社の支配者が企業の政策（Unternehmenspolitik）を変えることは、会社にとって損害をもたらさないのであれば、そして、局外株主が不当に損害を被る場合でないのであれば、基本的に自由に行うことができる（株式法76条1項）。会社法は、企業の政策の変更から株主を保護するものではなく、会社利益に対する違反から株主を保護するものである[61]と批判されている。

この批判が妥当だとすると、買収法における義務的公開買付制度に

---

59) *Heiser*, Interessenkonflikte in der Aktiengesellschaft und ihre Lösung am Beispiel des Zwangsangebots, Das Spannungsfeld zwischen Unternehmer- und Anlegerinteressen —ein Vorschlag zur Harmonisierung von Aktien- und Kapitalmarktrecht, Diss., 1999, S. 58.

60) *Grunewald*, Der geänderte Vorschlag einer 13. EG-Richtlinie betreffend Übernahmeangebote, WM 1991, 1361, 1362; *Heiser*, a. a. O.（Fn. 59）, S. 55 f; *Mülbert*, Aktiengesellschaft, Unternehmensgruppe und Kapitalmarkt, Die Aktionärsrechte bei Bildung und Umbildung einer Unternehmensgruppe Zwischen Verbands- und Anlegerschtzrecht, Habil., 1995, S. 84; *Wiedemann*, a. a. O.（Fn.55）, S. 69 f.

61) *Heiser*, a. a. O.（Fn. 59）, S. 58.

おいては、支配株式の譲渡（支配株主の交代）の場合でも公開買付けが義務づけられるので、同制度をコンツェルン法的に位置づけることはおかしいということになるだろう。

第4項　小括

このように、義務的公開買付制度をコンツェルン法的に理解するには難点もあるが、コンツェルン法における少数派株主の保護を補完するという機能を義務的公開買付制度が果たしているということは否定できない。それゆえ、コンツェルン法的位置づけが現在でも有力に主張されているものと思われる。

このドイツのコンツェルン法的観点からの議論において特徴的なのは、対象会社に従来から支配株主がいるかどうかで状況が異なるという問題意識である。これは、要するに、支配株主が従来から存在した会社の株主保護は不要だが、新たに支配株主が登場する場合には少数派株主の保護が必要だという議論である。

もちろん、現在の買収法においては、従来から支配株主が存在する場合と、新たに支配株主が登場する場合とを区別せずに義務的公開買付制度が適用されるので、この議論は買収法の解釈論としては成り立たない。しかし、この議論は、対象会社株主の保護のあり方を対象とする本稿にとって興味深い議論である[62]。

ところが、このような区別はドイツのコンツェルン法との整合性を重視するならば重要であろうが、現在の買収法の義務的公開買付制度の説明としては成立しないし、少数派株主の保護という機能を重視して考えると、むしろ妥当でないように思われる。支配者の交代の場合は、たしかに、少数派株主はもともと少数派株主の地位にあり、支配者の交代後も少数派株主の地位のままで変わりはない。しかし、支配者の交代によって、少数派株主としての地位が、旧支配者の下におけ

---

62) 第1章第1節第1款第3項1(2)エ（本書18頁）参照。

るときよりも実質的に悪化するおそれもある。それゆえ、少数派株主の保護という要請を否定しさることまではできないように思われる。少数派株主が不利益を被るかどうかは、支配者がどのように他の少数派株主を扱うかによって左右されるのであって、支配者の交代の場合と同様に、事前にはわからない。つまり、支配者の交代の場合と登場の場合との違いは、少数派株主から見ると程度の差にすぎないのである。そうであるがゆえに、現在の買収法はこれを区別せずに義務的公開買付制度による株主保護を行っていると解することができるように思われる。したがって、支配株主の交代と登場を区別するという考え方は、参考にすべきでないと思われる。

第2款 コントロールプレミアムに対する少数派株主の参加

次に、コントロールプレミアムの分配という視点を検討する。ここでは、支配株式の買主が公開買付けを義務づけられる根拠として、株主平等取扱を拡張する見解および誠実義務の観点からコントロールプレミアムの分配が必要だからだと理解する見解を取り上げる[63]。

第1項 株主平等取扱の拡張

買収法が制定される以前に、義務的公開買付制度の趣旨として説かれていたのが株主平等取扱だとされている。この考えの基礎にあるのは、支配獲得後には株式の相場が下落し、それゆえ、支配株式の売主（旧支配株主）と他の株主との間に不平等が生じるという考えである。この考えが顕著に現れるのが、コントロールプレミアムを全株主が受領することができなければならないという発想である[64]。

ところが、株主平等取扱を定める株式法53a条は、会社と株主の関係の規律をするにすぎないから、会社の行為が介在しない企業買収の局面で株主平等取扱をいうには、同条の適用を株主と株主の関係にまで拡張しなければならない。そして、その拡張の根拠として持ち出さ

れるのが、支配株主に突然直面する少数派株主の損失を補償すべきという考えである[65]。この考えの背景には、コントロールプレミアムの支払いは、買付者による外部化可能性（少数派株主に損害を与えて自分だけ利益を得ること）に対する対価の支払いでもあると評価できるという発想があると思われる[66]。

63) 他にも、例えば、*Reul*, a. a. O. (Fn. 54), S. 238 ff. は、経済分析によって、義務的公開買付制度の機能として、少数派株主に損害を与えるという外部性の存在する支配株式の移転を抑止するという側面を強調している。しかし、第1章で述べたとおり、義務的公開買付制度には望ましい取引をも抑止するという効果もあり、実証データがない限りはこの点についてどう考えるべきかは結論が出ないので（第1章注95）参照)、本稿では取り上げない。*Schindler*, a. a. O. (Fn. 48), S. 388 f. も、ロイルによる義務的公開買付制度の経済分析について、経済分析によれば望ましいという結論と望ましくない結論の両方があり得るところ（このことは *Hopt*, a. a. O. (Fn. 50), S. 386 も指摘する）、いずれの結論にも実証データによる裏付けがない点を指摘して批判している。

　また、前田雅弘「支配株式の譲渡と株式売却の機会均等㈠」論叢115巻4号64頁、82頁以下（1984）は、支配株式の売主がコントロールプレミアムを吐き出す、あるいは、賠償するというような売主側に着目したドイツの議論について検討している。その結論としては、「ドイツ法上、プレミアムの提供を求めることは、法的根拠を欠くのみならず、実際上も適切とはいえないことになる。」(88頁) としている。前田論文以後の注目すべき見解として、支配株主を受託者としてみる *Grundmann*, Der Treuhandvertrag, insbesondere die werbende Treuhand, Habil., 1997, S. 478 ff. がある（これを批判するものとして、*Heiser*, a. a. O. (Fn. 59), S. 69 f. がある）。しかし、売主側の義務に着目する議論が仮に法的根拠があったり、実際上も適切だったとしても、そこから買付者に義務を課す義務的公開買付制度の根拠を導くことはできないので（売主側の義務と買付者側の義務を区別して分析するという発想は、*Mülbert*, a. a. O. (Fn. 60), S. 83 f. による）、本稿では取り上げない。

64) 以上は、*Meyer*, in: *Geibel/Süßmann*, § 35 WpÜG Rn. 7 (2002) による指摘である。

65) *Benner-Heinacher*, Mindeststandards für Übernahmeregeln in Deutschland, DB 1997, 2521, 2523.

しかし、この見解は、次の３点で批判されている。
　第１に、支配株主は他の株主の財産権を制限しているのではなく、正当に議決権を行使しているにすぎない。少数派株主が直面するのは、少数派株主の地位に内在する危険にすぎないと批判されている[67]。つまり、少数派株主が不利な立場にあるのは当然のことであるということである。
　第２に、少数派株主が損害を被る可能性があることによってコントロールプレミアムの平等分配が正当化されるとすると、外部化可能性を正当化するに等しいことになってしまうと批判されている[68]。つまり、支配株主は、コントロールプレミアムを提供すれば、少数派株主に不利な行為を自由に行うことができてしまうことになるということである。
　第３に、コントロールプレミアムは、外部化可能性に対する対価とは限らない。シナジー効果に対する対価としてコントロールプレミアムが支払われる場合もある。この場合であってもコントロールプレミアムを分配する義務が生じるから、外部化可能性をコントロールプレミアム分配の根拠にすることはできないという批判である[69]。
　ただし、ミュールベルト（Mülbert）[70]は、この第３の批判説の前提としている解釈、すなわち、従属会社の局外株主は株式法311条以下

---

66) *Heiser*, a. a. O.（Fn. 59), S. 71参照。*Herkenroth*, Konzernierungsprozesse im Schnittfeld von Konzernrecht und Übernahmerecht, Rechtsvergleichende Untersuchungen der Allokationseffizienz unterschiedlicher Spielregeln von Unternehmenübernahmen, 1994, S. 38, Fn. 50は、コントロールプレミアムの支払は、支配者の権限の譲渡に対する賄賂ではなく、支配株式の正しく形成された市場価格の実現にすぎないという見解（*Lutter*, Die Treupflicht des Aktionärs, Bemerkungen zur Linotype-Entscheidung des BGH, ZHR 153（1989), 446, 462）に対して、一方（支配株式の正しく形成された市場価格）が他方（賄賂）を排除するわけではないとする。
67) *Bülow* in KK-WpÜG, § 35 Rn. 7（2003).
68) *Heiser*, a. a. O.（Fn. 59), S. 71 f.

の規定によって企業結合によるシナジー効果を享受する権利がないという解釈に反対しており、支配企業は一方的に従属企業のシナジー効果を独占することはできず、株式法311条以下に従って従属企業に補償しなければならないとする。このミュールベルトの見解のように、シナジー効果を支配株主が独占できないという解釈をとれば、シナジー効果の対価は株式法311条に従って支払われるので、コントロールプレミアムをシナジー取得の対価とみることはもはやできないことになる。

　しかし、従属会社が一定の対価を取得できるというミュールベルトの見解は、株式法311条の理解に反すると批判されている。つまり、株式法311条による補償義務を発生させる「不利益」は、支配企業のために従属企業が収入機会を実現しないこと、および、従属企業が獲得可能な利益に参加しないことだと理解されなければならない。そうだとすると、支配企業が取得するシナジー効果は、もともと子会社が取得することのできる利益ではないので、株式法311条にいう従属会社の不利益に該当しないシナジーは支配企業の当然の権利であり、シナジーの取得に関して従属企業に対価を払う必要はない。それゆえ、コントロールプレミアムは支配株式を売却した旧支配株主だけが受領できるものである[71]、と批判されている。

第2項　株主前の誠実義務

　ミュールベルトは、義務的公開買付制度をコントロールプレミアム

---

69) *Heiser*, a. a. O. (Fn. 59), S. 71 f.; *Baums*, Übernahmeregeln in der Europäischen Gemeinschaft, ZIP 1989, 1376, 1379; *Hommelhoff/Kleindiek*, a. a. O. (Fn. 46), S. 108; *Lutter*, a. a. O. (Fn. 66), S. 462（このルッターの議論については、小松卓也「株主の誠実義務による結合企業規整に関する一考察」六甲台論集法学政治学編47巻3号103頁、122頁注（83）（2001）参照）.

70) *Mülbert*, a. a. O. (Fn. 60), S. 470.

71) *Heiser*, a. a. O. (Fn. 59), S. 71 f.

の分配のためのものと理解することに疑問を提起している。つまり、同制度は、コントロールプレミアムの支払いを契機に義務づけられるのではなく、支配の獲得が要件となっており、このような仕組みでは、コントロールプレミアムは支払われたが支配の取得の要件は満たさなかったという場合が放置されることになる[72]。支配株式の取引の場面でのコントロールプレミアムの分配という議論は、対象会社の従属状態の形成の予防的な保護の一部をくりぬいたにすぎない。コントロールプレミアムの分配を買付者側の義務という観点から理解することがどの程度可能かという議論をするのであれば、誠実義務の観点から議論しなければならない[73]、とする。このミュールベルトの見解は、対象会社の従属状態の形成という大きな視点から考えるべきだという主張だと解される。

そして、現に、支配株主の他の株主に対する誠実義務の観点から義務的公開買付制度を説明する見解[74]がある。ドイツにおいて、今日でも株主間の誠実義務の根拠をめぐっては議論が分かれているが[75]、誠実義務が認められ得ることはもはや問題ではない。義務的公開買付制度にとって重要なのは、株主になる前でも誠実義務が課されるのかである。そして、ヴェーバー(Weber)は、株主前の誠実義務(vormitgliedschaftlicher Treupflicht)を肯定し、ここに買付者が公開買付けの義務を負う根拠を求めた[76]。そして、このヴェーバーの見解を援用して、株主前の誠実義務によって買収法の義務的公開買付制度を

72) *Mülbert*, a. a. O. (Fn. 60), S. 84.
73) *Mülbert*, a. a. O. (Fn. 60), S. 85.
74) *Berding*, a. a. O. (Fn. 42), S. 1152, 1156 f.
75) ドイツにおける株主の誠実義務の法的根拠をめぐる議論については、潘阿憲『会社持分支配権濫用の法理』242頁以下（信山社、2000）［初出は志林95巻1号（1997）、2号（1997）、4号（1998）］参照。
76) *Weber*, Vormitgliedschaftliche Treubindungen, Begründung, Reichweite und Vorauswirkung gesellschaftsrechtlicher Treupflichten, Habil., 1999, S. 328 ff.

説明する見解もある[77]。

　しかし、このように株主前の誠実義務を肯定する見解は少数説にとどまっている。例えばルッター(Lutter)は、買付者は当該買付けが完了するまでは社員でないのだから、買付者が誠実義務を負うことはないとしている[78]。このルッターの見解からすると、義務的公開買付制度を買付者の誠実義務の観点から説明することは不可能である。

第3項　小括

　以上のように、コントロールプレミアムの分配を理論的に正当化する見解があるが、しかし買付者がコントロールプレミアムを他の全株主に対しても提供する義務を負うことの理由としては不十分であると批判されている[79]。義務的公開買付制度は結果としてコントロールプレミアムの分配が実現することはあるが、ミュールベルトが指摘していたように[80]、コントロールプレミアムの分配を直接の目的としているものとはいえない。

　本款の検討の結果で示唆的なこととして、コントロールプレミアムの分配を積極的に主張する見解は、いずれも、少数派株主保護のためにコントロールプレミアムの分配の必要性を考えており、少数派株主保護のために意欲的な法律構成を主張していたと解される、という点を指摘することができる。つまり、「平等」を実現すること自体に主眼があるのではなく、「平等」を実現することによって少数派株主保護が実現できるというように「少数派株主保護」に主眼があったと解

---

77) *Berding*, a. a. O. (Fn. 42), S. 1149 ff.
78) *Lutter*, a. a. O. (Fn. 66), S. 460.
79) *Heiser*, a. a. O. (Fn. 59), S. 73. コントロールプレミアムの分配という議論に反対するものとして、他に、*Kallmeyer*, a. a. O. (Fn. 41), S. 435 ff; *Hommelhof/Witt* in Haarmann/Riehmer/Schüppen, Vor §§ 35 bis 39 Rz. 27 (2002) 等がある。
80) 第3章第3節第2款第2項（本書108頁）参照。

すことができるのである。

第3款　資本市場の機能能力の保護

第1項　投資家の信頼

次に、義務的公開買付制度を資本市場法的観点から考えて、次のように、投資家としての株主の視点から作られたと説明する見解を検討する[81]。すなわち、投資家の投資判断の前提が変化した場合には、新たな投資判断を経済的な損失無しに行うことを保障することを義務的公開買付制度は目指している。そして、義務的公開買付制度が適用になる場合、つまり、従来は支配株主がいなかった会社に支配株主が登場する場合、および、支配株主が交代する場合は、いずれの場合とも投資判断の前提に重大な変化が生じる場合である。それゆえ、法が義務的公開買付制度によって退出権を与えている[82]、と理解するのである。

要するに、義務的公開買付制度は、少数派株主の個人の利益を保護することを目指しているというよりも、少数派株主の利益を保護することによって資本市場の機能能力の保護を目指していると解するのである[83]。言い換えれば、各株主の利益というミクロ的な視点よりも、市場の機能能力の保護というマクロ的な視点を重視するのである。つまり、義務的公開買付制度によって退出権が与えられるという意味で少数派株主の保護がなされることで、投資家の市場に対する信用を促進し、投資活動を強化する刺激となる[84]。それゆえ、義務的公開買付制度には、資本市場法の資本集積機能（Kapitalaufbringung）を促進す

---

81) この観点を強調するものとして、*Heiser*, a. a. O.（Fn. 59）, S. 58 ff., 350 ff.; *Meyer*, in: *Geibel/Süssmann*, §35 WpÜG Rn. 5, 7 ff（2002）.
82) *Kleindiek*, a. a. O.（Fn. 53）, S. 558. クラインディーク（Kleindiek）は、このように投資判断の前提の変化という視点でイギリスの義務的公開買付制度を説明することもできるとする。

る効果があるということである[85]。投資家は、株式市場に対する長期的な信頼をしている場合のみ、その資本を市場に上場する会社に投資し、もって株式会社の資本集積機能が実現する[86]。これは、効率的かつ機能能力のある市場に資することである。そして、資本市場法の主な規制の目的は、効率的かつ機能能力のある市場に対する公益の保護にあるとされており[87]、結局、義務的公開買付制度は資本市場法の目的にかなうということになるのである。

　以上のような次第で、義務的公開買付制度は、コンツェルン法的な位置付けとは別に、資本市場法上の投資家保護の要素として位置づけることができる[88]とされている。そして、義務的公開買付制度によって資本市場に対する投資家の信頼を保護することによって、ドイツの金融市場としての競争能力が確保できるとされている[89]。このように位置づけることによって、義務的公開買付制度の適用範囲に含まれる対象会社が上場会社に限られることを説得的に説明することができる。

83) 同旨の議論をするものとして、*Houben*, a. a. O.（Fn. 40）, S. 1877; *Krause, Das* Obligatorische Übernahmeangebot, Eine juristische und ökonomische Analyse, Diss., 1996, S. 156 ff.; *Keiner*, Binnenmarktrechtliche Grenzen des Übernahmerechts, Zum Einfluss der Grundfreiheiten auf das Kapitalmarkt- und Gesellschaftsrecht, ZHR 168（2004）, 542, 566; *Mülbert*, a. a. O.（Fn. 60）, S. 459 ff.; *Reul*, a. a. O.（Fn. 54）, S. 241 ff.; *Seibt/Heiser*, Analyse der EU-Übernahmerichtlinie und Hinweise für eine Reform des deutschen Übernahmerechts, ZGR 2005, 200, 215; *Weber-Rey/Schütz*, Zum Verhältnis von Übernahmerecht und Umwandlungsrecht, AG 2001, 325, 328.
84) *Kleindiek*, a. a. O.（Fn.53）, 560.
85) *Heiser*, a. a. O.（Fn. 59）, S. 59.
86) *Heiser*, a. a. O.（Fn. 59）, S. 15 ff.
87) *Dimke/Heiser*, Neutralitätspflicht, Übernahmegesetz und Richtlinienvorschlag, NZG 2001, 241, 246; *Schwark*, Gesellschaftrecht und Kapitalmarktrecht, FS Stimpel, 1985, S. 1087, 1091.

第2項　批判

　これに対して、義務的公開買付制度を投資家保護として位置づけることに反対する見解[90]もある。この見解によると、義務的公開買付制度は、むしろ、資本市場の機能能力を保持するという資本市場法の目的に反するとする。というのも、資本市場は需要と供給によって成り立つものであり、その需要と供給は当然ながら自由意思によるものでなければならないのに、義務的公開買付制度による買付けは明らかに自由意思による需要ではないからである。例えば市場内買付けによって買付者が支配を取得する場合を考える。この場合、通常は株価が上昇し、対象会社の株主はこの間に市場で売却することが可能である。もちろん、買付けが終了すれば相場は急落するだろう。しかし、投資家保護というのは、相場が上下するリスクを取り除くということを意味するわけではない[91]、とする。

第3項　小括

　以上のように、市場の機能能力の保護という観点は義務的公開買付制度を支持する方向にも反対する方向にもつながりうるものであるといえる。ただし、いずれにしても市場の機能能力の保障という方向を目指すべきだという同一の観点から論じられているのが注目される。

---

88) 義務的公開買付制度を資本市場法上のものと位置づけるものとして、Forum Europaeum Konzernrecht, ZGR 1998, 672, 727; *Hopt*, Europäisches Kapitalmarktrecht –Rückblick und Ausblick–, in: Grundmann (Hrsg.), Systembildung und Systemlücken in Kerngebieten des Europäischen Privatrechts, 2000, S. 307, 317; *Habersack*, Der Finanzplatz deutschland und die Rechte der Aktionäre, ZIP 2001, 1230, 1235; *Habersack*, in: Emmerich/Habersack, Aktien- und GmbH-Konzernrecht, Vor § 311 AktG Rdn. 10 (2001).
89) *Meyer*, in: *Geibel/Süssmann*, § 35 WpÜG Rn. 8 (2002).
90) *Kallmeyer*, a. a. O. (Fn. 41), S. 440.
91) *Kallmeyer*, a. a. O. (Fn. 41), S. 441.

第4款　売却圧力の問題に対する態度

最後に、義務的公開買付制度において売却圧力の問題がどのように考えられているのかを検討する。この点の検討の前提として、任意に行われる公開買付けに関する買収法の売却圧力の問題への態度の検討から開始する。

第1項　買収法16条2項と売却圧力の解消

買収法は、任意に行われる公開買付けの売却圧力の問題については、これを解決しようとしている。つまり、買収法16条2項[92]は、2週間の延長期間の設定を強制している。これが売却圧力の解消に役立つことは第2章で述べたとおりである。すなわち、同項によって、株主は、公開買付けが成功して自分だけが少数派株主として取り残されてしまうという心配をせずに、当該公開買付けに応募するか否かを自由に判断することができる[93]。

しかし、買収法16条2項は売却圧力の解消にとって完全ではない。なぜならば、公開買付けが支配の取得に至らない場合であっても、延長期間を設けることになるからである。例えば、公開買付けの条件に最低応募株式数についての条件がない場合、大株主が当初の買付期間中には応募せずにいて、その後の延長期間中に応じてしまうと支配が移転するが、延長期間後のさらなる延長期間を強制する規定は存在しない。そのため、結局、少数派株主にとっては延長期間中に支配が移転することをおそれて延長期間までに応募せざるを得ないこともある。

---

92) 買収法16条2項の翻訳は次のとおりである。「公開買付に応募しなかった対象会社の株主は、公開買付において、買収法23条1項2号で掲げた公表後2週間以内に（さらなる応募期間）公開買付に応募することができる。前文の規定は、買付者が公開買付を株式の最低割合の取得を条件とし、かつ、この最低割合が応募期間の経過後に達成されなかった場合には、適用しない。」（早川・前掲注5）367頁による訳に依拠した。）

売却圧力の問題が通常の公開買付期間中から延長期間へとスライドしたにすぎないというわけである。それゆえ、公開買付けが成功して支配が移転する場合にのみ買収法16条2項を適用すべきだという見解[94]もある。

第2項　義務的公開買付けの場合

これに対して、義務的公開買付けの場合、この延長期間の設定を定める買収法16条2項の適用が排除されている[95]。

立法理由書によると、義務的公開買付けの場合に同項を準用しないことについて、義務的公開買付けの場合は、すでに支配の取得が行われているので、対象会社株主はすでに支配の取得が分かっているため、株主に対して買収法16条1項にいう買付期間を超えてさらなる応募期間を与える必要はない[96]とされている。つまり、義務的公開買付けの場合は、すでに対象会社の支配が獲得され、その他の株主は局外者になっており、売却圧力の問題は生じないと考えられていると思われ

---

93) *Seiler* in Assmann/Pötzsche/Uwe H. Schneider (Hrsg.), WpÜG, 2005, §16 Rz. 28. 買収法16条2項は、ゲーム理論でいうところの「囚人のジレンマ」状況を解消するためのものとして理解されている。ここでいう囚人のジレンマは、本文の売却圧力と中身は同じである。囚人のジレンマの解消として買収法16条2項を解説するものとしては、*Geibel* in Geibel/Süssmann, §16 WpÜG Rn. 24 ff. (2002); *Hasselbach* in KK-WpÜG §16, Rn. 32 (2003); *Mühle*, Das Wertpapiererwerbs- und Übernahmegesetz, im Schnittfeld zwischen Gesellschafts- und Kapitalmarktrecht unter besonderer Berücksichtigung des ökonomischen Rahmenbezugs, Diss., S. 250f. (2002) 等がある。

94) *Giebel* in Giebel/Sussmann, §16 Rn. 33 (2002); *Seiler* in Assmann/Pötzsche/Uwe H. Schneider (Hrsg.), WpÜG, 2005, §16 Rz. 31, 34 f.; *Steinmeyer/Häger* §16 Rn. 5.

95) 買収法39条は16条2項の準用を排除している。*Hasselbach* in KK-WpÜG §16, Rn. 33 (2003); *Seiler* in Assmann/Pötzsche/Uwe H. Schneider (Hrsg.), WpÜG, 2005, §16 Rz. 32; *Giebel* in Giebel/Sussmann, §16 Rn. 29; Johannes Adolff et al, PUBLIC COMPANY TAKEOVERS IN GERMANY 244 (2002).

96) Begr. RegE, WpÜG, BT-Drucks. 14/7034, S. 61f.

る[97]。わかりやすくいえば、買付者が10％の持分を100％に増やそうとする公開買付けの場合には売却圧力の問題が存在するのでこれを解消する必要があるが、40％の持分を100％に増やそうとする公開買付けの場合には売却圧力の問題は存在しないという考えである[98]。このような買収法の態度は、30％以上の議決権を取得すれば支配の移転が確定し、その後に行われる義務的公開買付けは、対象会社の株主に退出権を与えることにこそ意味があるという発想だと解される。

ただし、この発想は、売却圧力の問題の視点からも、あらかじめ支配獲得を目指していることを公表した上で市場内買付けや市場外での相対取引によって、例えば40％の議決権を取得しようとする場合の売却圧力の問題を解消するものとして正当化することもできないわけではない。なぜならば、市場内買付けとその後の義務的公開買付けを併せて考えれば、市場内買付けが最初の買付期間に対応し、その後に行われる義務的公開買付けが延長期間に対応する、というように買付期間の延長が強制される買収法16条2項の適用される公開買付けとパラレルな仕組みになっている分析することができるからである。

第5款　小括——会社法と資本市場法の区別

本節の最後に、ドイツの議論の特徴について簡単にコメントしておこう。ドイツにおいて特徴的なこととして、会社法と資本市場法とを区別して議論が行われることが多い。つまり、会社法的位置づけとしてコンツェルン形成保護、資本市場法的位置づけとして市場の機能能力の保護、というように会社法と資本市場法とを区別して議論されるのが通例である。

これは思考の整理としては便利であるが、同じ問題を分断的に考え

---

97) 佐藤・前掲注5) 100頁以下参照。
98) ただし、立法論として、義務的公開買付けの場合にも延長期間の適用を認めるべきだとするものもある。*Hasselbach* in KK-WpÜG § 16, Rn. 33 (2003).

てしまうおそれがある。というのも、資本市場法の論理は、株主の保護によって投資家の市場への信頼を確保し、もって市場の機能能力を保障するというものであった。要するに資本市場法的位置づけの出発点は株主保護であり、これは会社法的位置づけと共通のものであるからである。つまり、ここでいう会社法的位置づけと資本市場法的位置づけとは、1つの問題を、個々の株主の保護というミクロ的視点からとらえるか（会社法的）、市場の機能能力の保障というマクロ的視点からとらえるか（資本市場法的）が違うにすぎないのである。もちろん、会社法固有の論理、資本市場法固有の論理があることは当然であり、両面から検討することは有益であるが、公開買付規制の分野において両者は重要な部分が重なっており、両者を截然と区別して考えることはあまり有益な発想とはいえないように思われる。公開買付けにおける対象会社株主の保護という本稿の問題については、会社法・市場法の両面からの検討が必要であると考えておけば十分であろう。

第 4 章　EU 企業買収指令

第 1 節　本章の目的と構成

　EUにおいて、指令（Directive）の名宛人は原則として域内の会社や個人ではなく各加盟国である[1]。そのため、企業買収指令[2]は、国内法化されることによって初めてその意義を有する。そうではあるが、各加盟国法と切り離して、本指令の義務的公開買付制度の機能を分析することによって、同制度の少数派株主の保護機能についての理解を深めておくことは、本稿の問題にとって有益である。また、各加盟国は本指令を2006年5月20日までに国内法化しなければならず[3]、イギリス、ドイツの理解には本指令を理解しておくことも必要となる[4]。

　そこで、本章では義務的公開買付制度が少数派株主の保護として位置づけられるに至った経緯を検討し、企業買収指令における同制度の

---

1) EC条約249条。
2) 本指令の全体については、北村雅史「EUにおける公開買付規制」商事1732号4頁（2005）、末岡晶子「EU企業買収指令における敵対的買収防衛策の位置づけとTOB規制」商事1733号34頁（2005）、野田輝久「株式公開買付規制の方向性 ——EU第13指令を素材として」神院35巻1号1頁（2005）、早川勝「株式公開買付に関するEU第13指令における企業買収対抗措置について」同志社大学ワールド・ワイド・ビジネス・レビュー7巻1号20頁（2005）参照。
3) 企業買収指令21条。
4) *Hopt*, Grundsatz- und Praxisprobleme nach dem Wertpapiererwerbs- und Übernahmegesetz, ZHR 166（2002）, 383, 387も、ドイツの買収法を理解するには、本指令の背景が必要だとする。

少数派株主の保護の意義を明らかにする。

以下では、まず、第2節で、義務的公開買付制度に関する規制を簡単に概観する。次に、第3節で、義務的公開買付制度の位置づけに関する規定の変遷を中心に、本指令の成立経緯を検討する[5]。

第2節　企業買収指令の義務的公開買付制度の概要

義務的公開買付制度を規定する企業買収指令5条の表題は、「少数派株主の保護、義務的公開買付及び相当な価格（fair price; angemessener Preis; prix équitable）」となっている。この表題の文言から直ちにわかるとおり、本指令は少数派株主を保護する手段として義務的公開買付制度を位置づけている。そして、同条の概要は、会社の支配を取得した者は、少数派株主の保護の手段として他の全株主の全株式に対して相当な価格で買い付けるという申込をしなければならない、というものである。以下、項別にその内容を概観する。

1項は、「支配を根拠づける持分」を取得した者は、残りの持分について少数派株主の保護を目的として全ての株式に対して公開買付けを行わなければならないとする[6]。

2項は、公開買付けを任意に行った結果として支配を取得した者に、義務的公開買付けを義務づけて再度公開買付けを行わせる、などという二度手間の義務は課さないというものである[7]。

3項は、支配取得の定義を各加盟国に委ねたものである[8]。

---

5) 本指令全体の成立経緯については、*Beckmann*, Übernahmeangebote in Europa, 1995, S. 16 ff., 27 ff.; Vanessa Edwards, *The Directive on Takeover Bids – Not Worth the Paper It's Written On?*, 1 EUR. CO. & FIN. L. REV. 416 (2004); Andrea Guaccero, *Recent Developments in European Takeover and Corporate Law*, 12 CARDOZO J. INT'L & COMP. L. 91 (2004); 野田・前掲注2) 3頁以下、早川・前掲注2) 21頁以下参照。

4項は、義務的公開買付けの買付価格は、義務的公開買付前に支払った最高価格以上でなければならないとする。また、加盟国の監督当局に修正権を認めて柔軟な対応も認めている[9]。
　5項は、義務的公開買付けの対価は、原則として現金でも有価証券

> 6) 1項の訳は次のとおりである（訳については、2項以下も含めて、早川・前掲注2）34頁以下参照）。
> 　「自然人又は法人が、単独又は共同行為者と共同での取得の結果、その者がその有価証券を使って既に保有している持分及び共同行為者の持分を合算して、直接的又は間接的に、この会社の議決権について定められた支配を根拠づける持分を取得する1条1項にいう会社の有価証券を保有する場合、加盟国は、当該会社の少数派株主の保護を目的として、その者に対して、買付申込の表明義務を課すことを保障しなければならない。この買付申込は、遅滞なく、全ての有価証券所持人に対してその全ての有価証券について4項にいう相当な価格を提示してされなければならない。」
> 7) 2項の訳は次のとおりである。
> 　「前項の買付申込の表明義務は、本指令に一致して、全ての所持人に対してその全ての有価証券に提示される任意的な買付申込に基づいて支配が獲得される場合には、適用されない。」
> 8) 3項の訳は次のとおりである。
> 　「1項にいう支配を根拠づける議決権の持分割合及びこの持分の計算方法は、会社がその本拠をおく加盟国の規則によって決定されなければならない。」
> 9) 4項の訳は次のとおりである。
> 　「買付者又は共同行為者と共同する買付者によって、加盟国によって定められる、1項に従った有価証券に対する買付申込の6か月ないし12か月前の期間において支払われた最高価格を相当な価格とみなす。買付者又は共同行為者と共同する買付者が、買付申込の公表後、公開買付期間終了までに、申込価格よりも高い価格で有価証券を取得する場合、買付者は、少なくともこのように取得された有価証券のために支払われた最高価格にまでその申込価格を高くしなければならない。
> 　3条1項の一般原則が守られる限り、加盟国はその監督当局に対して前段にいう価格を、完全に定められた前提条件の下、明らかに定められた基準に従って修正する権限を与えることができる。
> 　相当な価格の修正についての監督当局の各決定は、理由があるものであり、かつ、公表されなければならない。」

でも構わないが、非上場の有価証券を用いる場合には現金給付を提供しなければならないとする。対価はなるべく流動性のあるものにすべきであるという発想といえる[10]。

　6項は、加盟国が本指令の水準以上に少数派株主を保護することを認める[11]。

　以上が5条の義務的公開買付制度の概要である。わが国と違って企業買収指令が市場内買付けによって支配を取得した場合にも公開買付けを義務づけている根拠を条文から探るとすれば、それは義務的公開買付制度が少数派株主の保護として位置づけられていることにあると思われる。つまり、少数派株主の保護の観点からすると、買付者が市場内買付けによって支配を取得したのか、相対取引によって支配を取得したのかは関係がないということである。そして、全株式に対する公開買付けを実施することが少数派株主の保護にかなうという発想も本指令の前提としているところと考えられる。

　また、本指令にいう少数派株主保護の意味としては次の2つが考え

---

10) 5項の訳は次のとおりである。
　「買付者は、対価として有価証券、現金又は両者の組み合わせを提供することができる。
　買付者によって提供された対価が、規制市場での取引が許可された流動性のある有価証券から構成されていない場合、各自の選択に従って現金給付を含めなければならない。
　各場合において、買付者又は共同行為者と共同する買付者は、その時点で4項に従って加盟国によって定められた期間から公開買付期間終了までの期間内に、現金を対価として対象会社の議決権の少なくとも5％の有価証券を取得する場合、買付者は、少なくとも各自の選択によって現金給付を提供しなければならない。
　加盟国は、全ての場合に少なくとも各自の選択で現金給付による申込がなされなければならないと定めることができる。」

11) 6項の訳は次のとおりである。
　「1項の保護に加えて、加盟国は有価証券所持人の利益の保護のさらなる手段を定めることができる。但し、この手段が買付申込の標準的な行動を妨げない場合に限る。」

られる。第1は、支配者が変動した場合に退出権を与えるという意味での少数派株主保護である。第2は、コントロールプレミアムの分配という意味での少数派株主保護である。ただし、以下でみる成立の経緯からすると第1の退出権の方にウェイトがある。

第3節　義務的公開買付制度に関する規制の変遷

第1款　序説

　本節では、義務的公開買付制度が少数派株主の保護として位置づけられるに至った経緯について検討するために、同制度に関する指令案の変遷を検討する。ここで、企業買収指令の成立経緯の概要を簡単に述べると、当初は義務的公開買付制度をめぐる反対が強かったが、後に同制度については導入することで意見が一致し、争点は、「相当な価格」の定義の仕方に移った。また、平時の防衛策や有事の対抗策をめぐって域内の平等や、域外国の会社との平等、特にアメリカの会社との平等をめぐって議論が紛糾した。この間に義務的公開買付制度に関する規制案は何度も変遷したのである。この変遷から、義務的公開買付制度を少数派株主の保護と位置づけることの意義を知ることが本節の目的である。

　以下では、欧州委員会（The European Commission）の提案の提出時期に応じて、4つの時期に区分して検討する。

　その前提として、以下の検討で必要な範囲に限って指令の立法手続を紹介しておこう。本指令は EC 条約44条2項(g)号に基づくものであるので、EC 条約251条の共同決定手続および経済社会評議会（The Economic and Social Committee）への諮問が必要となる[12]。EC 条約251

---

12) EC 条約44条1項。

条の共同決定手続の流れは次のとおりである[13]。

［図表3-1］

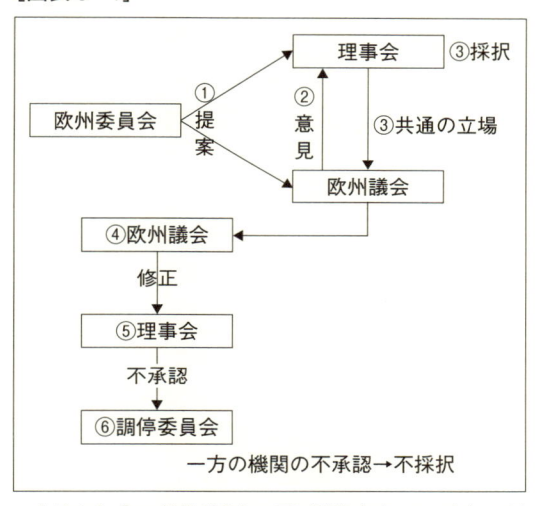

```
                    理事会  ③採択
              ①   ↗  ↑
  欧州委員会   提  ②  ③共通の立場
              案   意
                   見
                 ↘  ↓
                   欧州議会

              ④欧州議会
                 │
                 修正
                 ↓
              ⑤理事会
                 │
                 不承認
                 ↓
              ⑥調停委員会
          一方の機関の不承認→不採択
```

※庄司克宏『EU法基礎篇』57頁（岩波書店、2003年）の図表をもとに企業買収指令の実際の展開に基づいて作成

①欧州委員会は欧州議会（The European Parliament）および理事会（The Council）に提案を提出する。本稿ではこの欧州委員会の提案を軸に検討を進める。

②欧州議会は理事会に意見を送付する。本指令に関して欧州議会は毎回修正提案を提出した。

③理事会は欧州議会の意見の全ての修正案を承認する場合、その修正のとおりに当該案を採択することができる。本指令が最後に成立したのはこれによる。しかし、理事会が全てを承認しない場合、要する

---

13) 共同決定手続についての以下の説明は、庄司克宏『EU法基礎篇』55頁以下（岩波書店、2003）による。

第4章　EU企業買収指令

に一部承認の場合または全部不承認の場合は、理事会は「共通の立場（Common Position）」を採択し、これを欧州議会に送付する。

④欧州議会は「共通の立場」の送付を受けてから3か月以内に承認するか、または、決定を行わない場合、当該提案は「共通の立場」に従って採択されたものとみなされる。しかし、本指令のように、欧州議会が「共通の立場」に対する修正案を提出する場合、理事会および欧州委員会に送付される。

⑤理事会が欧州議会のこの修正提案を全部承認する場合はその修正案のとおりに「共通の立場」の形で採択されたものとみなさなければならない。しかし、本指令のように、理事会が全ての修正案を承認するわけではない場合、理事会議長が欧州議会議長と合意の上、調停委員会（the Conciliation Committee）が招集される。

⑥調停委員会は理事会と欧州議会からの同数で構成され、共同案を承認する場合、理事会と欧州議会の両機関の承認があれば、当該共同案に従って当該提案を採択することになる。しかし、本指令に関しては欧州議会が273対273と賛否同数になって共同案を承認しなかったことがあった。承認されなければ不採択となって終了する。

それでは、具体的な内容を検討していこう。

第2款　Ⅰ期（1989年以前）

第1項　ペニントン報告書

1　義務的公開買付制度
(1)　折衷的な義務的公開買付制度

EUにおいて最初に公開買付規制の統合を検討したのは、1974年のペニントン報告書[14]である。

ペニントン報告書の補遺（Appendix）の公開買付けに関する指令の草案の7条において、義務的公開買付制度が提案されていた。その内容は、当時のイギリス、フランス、ベルギーの制度を折衷したもので

あった。すなわち、公開買付けが義務づけられる者として、①40％の議決権を取得した者（事実上の支配権を取得するから。イギリス型）、②12か月以内に20％以上の議決権を取得した者（部分買付けまたは相対取引によって会社の支配権を取得する意思が表れたといえるから。ベルギー型）、③50％以上の議決権を取得することになる株式譲渡契約を締結した者（支配権の取得の意思を明らかにしたといえるから。フランス型）の3類型が掲げられていた。

(2) 平等取扱・退出の機会

ペニントン報告書は、当時のイギリス、フランス、ベルギーの同制度の目的について、対象会社の少数派株主が相対取引または市場内買付けの際に、その持分を売却した株主と平等に取り扱われることを保障すること、および、支配株式が一人の株主のところに集中した場合に残存株主が売却できるようにすることにあるとしていた[15]。ペニントン報告書は、この3国の制度を折衷する制度を提案していたのであるから、株主平等取扱と株主に退出の機会を保障することがその制度趣旨だと解される。つまり、退出権を与えるという意味の少数派株主

14) Robert R. Pennington, Report on Takeover and Other Bids, Doc. XI/56/74-E （以下「ペニントン報告書」という）．さらに、Addendum to Document XI/56/74, Doc. XI/97/75-E で2A条が追加されている（これらの資料の入手には、EUの域内市場総局（Internal Market Directorate-General）のご協力を頂いた）。日本の文献でペニントン報告書を紹介するものとして、早川勝「企業結合に関するヨーロッパ会社法と株式公開買付規制の調整」ジュリ1104号54頁、58頁（1997）、野田輝久「EUとドイツにおける株式公開買付規制」青法40巻2号55頁、58頁（1998）参照。詳しくは、Behrens, Rechtspolitische Grundsatzfragen zu einer Europäischen Regelung für Übernahmeangebote, ZGR 1975, 433; Bess, Eine europäische Regelung für Übernahmeangebote, AG 1976, 169 ff., 206 ff.; Krause, Das Obligatorische Übernahmeangebot, Eine juristische und ökonomische Analyse, Diss., 1996, S. 29 ff. 参照。

15) ペニントン報告書72頁。

の保護の発想が、このペニントン報告書の段階から存在していたのである[16]。

2　ペニントン報告書の顛末

もっとも、欧州委員会はペニントン報告書に従って指令案を提出しなかった。そのため、Ⅱ期以降の指令案の公式理由書等では同報告書について全く言及されていない。さらに、同報告書について例えばドイツの反応は批判的であったし、他の国も余り興味を示さなかった[17]。結局、同報告書は日の目を見ずに終わった。

第2項　域内市場白書

本指令の制定に向けて具体的に作業を前進する契機となったのは、1985年の域内市場白書[18]である。そこで初めて、欧州委員会は、公開買付けに関する指令を提案する意図を正式に公表した[19]。もっとも、

- 16) わが国のように市場内買付けによれば自由に支配を取得して良いという発想はみられない。
- 17) *Krause*, a. a. O. (Fn. 14), S. 31.
- 18) Completing the Internal Market: White Paper from the Commission to the European Council (Milan, 28-29 June 1985) COM (85) 310, June 1985. 岸上慎太郎＝田中友義編著『「EC1992年」ハンドブック』117頁（ジャパンタイムズ、1989）が翻訳している。
- 19) 域内市場白書の139段落における次の記述が企業買収指令の必要性を説いている。
  「しかしながら、企業における株式所有の構造を立て直すために公衆に対する株式の申込のようなある手続のよりよい利用をするという場合がある。というのも、この領域における現行の規則は、国によってかなり異なっているからである。このような活動はより魅力的なものにされなければならない。これは、最低限の保証、特に関係者に対して与えられる情報に関するものによって達成されうる。他方、そのような活動を監視するための手続を工夫することと、監督権限を与えられた監督当局に権限を委譲することは加盟国の自由であり得る。提案は1987年に提出され、必要な決定は1989年までに行われるべきである。」

具体的な内容については言及がない。

第3項　小括

このように、ペニントン報告書は、指令の成立に向けて直接的には使われることはなかった。しかし、公開買付けの規制のモデルとしてイギリスの制度を基本的に採用し、義務的公開買付制度が必要不可欠な規定だという考えがヨーロッパに広まった原因はこのペニントン報告書に始まる各指令案にあるとされている[20]。

第3款　Ⅱ期（1989年～1996年）

第1項　1989年指令案

1　欧州委員会の指令案

1989年1月19日、欧州委員会は、初めて公開買付けに関する指令案（以下「1989年指令案」という）[21]を提出した。

1989年指令案の義務的公開買付制度の内容は、3分の1以上の議決権割合を取得する者は、対象会社の全株式について買付けをしなければならないというものだった。要するに、企業買収指令の出発点においては3分の1と具体的な数値が規定されていたのである。これが成立した指令との最大の違いである。また、価格に関する規制が規定されていないことも、成立した指令との違いである。

1989年指令案の義務的公開買付制度の趣旨は、前文および公式理由書[22]によれば、株主の平等取扱にある。すなわち、支配を取得しよ

---

20) *Baum*, Funktionale Elemente und Komplementaritäten des britischen Übernahmerechts, RIW 2003, 421.

21) Proposal for a Thirteenth Council Directive on Company Law Connecting Takeover and Other General Bids, 1989 OJ C 64, 14.3.1989, p.8. 1989年指令案については、野田博「会社法の見地からの企業結合形成段階の法規制について（2・完）」商学討究42巻1号133頁、145頁以下（1991）参照。

うとする者は、平等取扱の観点から、全株主に対して公開買付けを行うことが義務づけられる、とされていた。そして、少数派株主の保護および投機的な部分買付けを防止するために、その買付けは全株式に対する買付けでなければならない（部分買付けの禁止）、とされていた。

このように、全株式に対する公開買付けを行うことが義務づけられる根拠が平等取扱とされていて、少数派株主の保護は、買付けを義務づけることの根拠というよりも、部分買付けの禁止の根拠とされていた。このことからすると、義務的公開買付制度の位置づけは、成立した企業買収指令の立場と若干異なっている。

2　経済社会評議会の賛成と欧州議会の修正提案

1989年指令案に対する経済社会評議会の意見[23]は、同指令案におおむね賛成であった。義務的公開買付制度に関して、支配取得の3分の1という議決権割合を基準とすることについては、監督当局に免除権を与える[24]ことを前提とすれば妥当であるという意見だった[25]。

欧州議会は修正提案[26]の採択をした。しかし、義務的公開買付制度に関して特に注目すべきものはない。

- 22) Explanatory memorandum, Bulletin of the European Communities Supplement 3/89, at 8.
- 23) Opinion on the proposal for a thirteenth Council Directive on company law concerning takeover and other bids, OJ C 298, 27.11.1989, p.56.
- 24) 1989年指令案4条3項の規定は、「監督当局は、その決定の理由を明らかにし、全株主の平等取扱を保証するのに必要な全手段を採用するのであれば、1項の規定の免除を与えることができる。」としていた。
- 25) 部分買付けに関する意見も参考になる。つまり、全株式を買い付けることを義務づけるのではなく、3分の2以上の買付けを義務づければよい、という意見であった。その理由は、全株式の買付けを義務づけると買付者の予算的に困難が生じて公開買付けを阻害してしまうおそれがあるし、また、上場企業の非上場化を促進することになってしまうし、さらに、投機的な部分買付けのおそれに関しては、経営陣の同意を得ずに行う公開買付けに限って全株式の買付けを義務づければ足りる、というものだった。

第2項　1990年指令案

　欧州委員会は、1990年に、経済社会評議会の意見および欧州議会の修正提案を考慮に入れて修正した指令案（以下「1990年指令案」という）[27]を提出した[28]。義務的公開買付けの修正としては、1989年指令案では「取得しようとする者（Any person aiming to acquire）」という要件だったのが、1990年指令案では「所有する者（Any person ('the acquirer') who……holds」という要件に変更された。これは、取得の意思という主観的な要件から、客観的な要件へ変更されたことを意味する[29]。他には、どのような場合に義務的公開買付けを免除するかを明確化した[30]。

　1990年指令案は、公開買付けの分野における「詳細な調和（detailed harmonization）」の達成に向けた意欲的なものだった。しかし、同指令案は、加盟国からの強い反対にあった[31]。加盟国から反対された理由の1つに、義務的公開買付制度が全株式に対する買付けを義務づけていたことがあった[32]。

---

26) Proposal from the Commission for a thirteenth Council directive on company law concerning takeover and other general bids, OJ C 38, 19.2.1990, p. 41.

27) Amended proposal for a thirteenth Council Directive on company law, concerning takeover and other general bids, OJ C 240, 26.9.1990, p. 7.

28) 欧州委員会は、理事会が議決しない限り、いつでも自由に自己の提案を修正または撤回することができる（EC条約250条2項）。

29) *Presser*, Öffentliche Übernahmeangebote und Unternehmenskontrolle in Deutschland unter besonderer Berücksichtigung des Minderheitenschutzes und unter Einbeziehung der europäischen Übernahmerichtlinie, Diss., 2005, S. 229.

30) 1990年指令案5条2c項。例えば、すでに支配者がいる場合には義務的公開買付けを免除する規定を加盟国が規定することを認めるなど（同項(f)号）、柔軟な制度が提案された。

31) Proposal for a Directive of the European Parliament and of the Council on takeover bids, OJ C 45 E, 25.2.2003, p. 1.

結局、同指令案は、1996年に欧州委員会によって撤回された。

第3項　小括

以上のとおり、Ⅱ期の指令案の義務的公開買付制度は、平等取扱に主眼があった。少数派株主の保護は、部分買付けの禁止の根拠とされていた。

第4款　Ⅲ期（1996年～2002年）

第1項　1996年指令案

1　指令案の内容
(1)　**詳細な調和から枠組み指令へ**

1996年、欧州委員会は、理事会および欧州議会に対して、新たな指令案（以下「1996年指令案」という）[33]を提出した。1996年指令案は枠組み指令（framework directive）であり、一般原則を定めるにすぎないものであって、Ⅱ期の指令案のような「詳細な調和」は目標とされなかった[34]。1996年指令案は、欧州全体の公開買付規制の一般原則を定めて、各加盟国に国内法化の際に指令の解釈に実質的な自由を与えた。

(2)　**少数派株主の保護の一手段**

そして、Ⅱ期の指令案と比較すると、義務的公開買付制度に対する考え方・位置づけが変化している。すなわち、1996年指令案では、同制度は少数派株主の保護手段の1つとして位置づけられており、株主

---

32) その他の反対は、買付期間中の対象会社の取締役会の中立義務、公開買付けに関する規制を法律によることに対するものだった。Explanatory Memorandum, COM（95）655 final-, point 2.

33) Proposal for a 13th European Parliament and Council Directive on company law concerning takeover bids, OJ C 162, 6.6.1996, p. 5.

34) Proposal, *supra* note 31, OJ C 45 E, 25.2.2003, at 1.

の平等取扱という視点は後退した[35]。

　同指令案の前文によれば、加盟国は少数派株主を保護するために必要な手段を講じなければならないところ、その保護手段は義務的公開買付けでもよいし、義務的公開買付けと同等以上の手段でもよいとされた。つまり、同制度の導入を加盟国に一律に義務づけることをやめたのである[36]。

　この背景には、平等取扱の原則から同制度が導かれると位置づけてしまうと代替手段を認めにくくなってしまい、指令の成立に向けての障害となってしまうという政治的な考慮があったものと思われる。実際、公式理由書[37]は、少数派株主の保護の手段が義務的公開買付けに限られないという規定は同制度の導入に反対した加盟国が指令の採択に賛成できるようにするために必要だ[38]とする。

　また、10条1項で、価格について、対象会社の利益の保護にふさわしい価格にしなければならないとされた。この価格規制は1996年指令案において初めて導入されたものであり、かつ、これが株主保護の観点から導入された。

(3) 部分買付けの容認

　また、1996年指令案における義務的公開買付けの内容も、Ⅱ期の指令案とはかなり違っている。まず、公開買付けが義務づけられる支配取得の議決権割合の具体的数値規定がなくなった。そして、必ずしも全株式に対する買付けを義務づけるものではなく、「重要な部分

---

35) *Schindler*, Das Austrittsrecht in Kapitalgesellschaften: eine rechtsvergleichende Untersuchung zum Austrittsrecht als Mittel des Individual- und Minderheitenschutzes im deutschen und franzosischen kapitalgesellschaftsrecht, Diss., 1999 S. 385.
36) 1996年指令案3条。
37) Explanatory Memorandum, *supra* note 32, COM (95) 655 final-, at 3.
38) Explanatory Memorandum, *supra* note 32, COM (95) 655 final-, at 5.

(substantial part)」に対して買付けを義務づけるというものでもよいとされた[39]。つまり、支配を取得した後に部分買付けを義務づけるという制度でもよい[40]とされたのである。しかも、「重要な部分」の定義も各加盟国に委ねられていた。

2　経済社会評議会の意見と欧州議会の修正提案
(1)　経済社会評議会の意見

経済社会評議会の意見[41]は、基本的に1996年指令案に賛成だった。義務的公開買付制度については、次のような意見を述べた。すなわち、少数派株主の保護の発動要件たる支配の議決権割合を規定しないと、加盟国間の相違を助長してしまう。また、義務的公開買付けは全株式に対する買付けを義務づける制度にすべきだが、加盟国の合意を得られそうにないから同指令案を是認せざるを得ない。ただし、75％以上の株式に対して買付けを義務づけるというように、75％基準を導入すべきである。

(2)　欧州議会の修正提案

欧州議会は修正提案[42]を採択し、義務的公開買付けの位置づけに関しては基本的に1996年指令案を支持した。同指令案3条の少数派株主の保護の手段としての義務的公開買付けとその代替案の容認については、ドイツのコンツェルン法が代替策として容認されることになる

---

39) 1996年指令案10条。
40) 部分買付けを容認するという点は、1989年指令案に対する経済社会評議会の意見と連続性を有する。
41) Opinion of the Economic and Social Committee on the 'Proposal for a 13th European Parliament and Council Directive on company law concerning takeover bids, OJ C 295, 7.10.1996, p. 1.
42) Proposal for a 13th European Parliament and Council Directive on company law concerning takeover bids (COM (95) 0655-C4-0107/96-95/0341 (COD)), OJ C 222, 21.7.1997, p. 20.

ので、これで加盟国の合意が形成されるはずだと期待した[43]。また、支配の議決権割合を加盟国の自由に委ねることも、以前はこの割合をめぐって合意を形成できなかったことを思えば合意形成に向けての前進だと評価した。

また、全株式に対する義務的公開買付けについては、支配の変動を歓迎しない残存株主に会社からの退出権を与える趣旨であり、平等取扱の実現にかなうとして積極的に評価した。「重要な部分」の株式の買付けを義務づける義務的公開買付けについては、比例按分方式を採用し、かつ、投機的な部分買付けでないのであればよく、70％以上の株式に対して買付を義務づけるという70％基準を導入すべきだという意見だった。

第2項　1997年指令案以降

1　1997年指令案の内容

1997年、欧州委員会は修正した指令案（以下「1997年指令案」という）[44]を提出した。

義務的公開買付制度については、「重要な部分」としていたものを70％以上に変更した。また、10条1項で、価格について、株主の平等

---

43) ドイツ株式法291条以下、311条以下が代替策となるかについては議論が分かれていた。肯定するものとして、*Kallmeyer*, Die Mängel des Übernahmekodex der Börsensachverständigenkommission, ZHR 161（1997), 435, 444 f.; *Neye*, Der neue Vorschlag der Kommission für eine dreizehnte Richtlinie über Übernahmeangebote, DB 1996, 1121, 1125; *Shindler*, Das Austrittsrecht in Kapitalgesellschaften, Diss., 1999, S. 384 ff.　否定するものとしては、*Habersack*, EuGesR, Rdnr. 349, 351 f.（1999); *Habersack/Mayer*, Der neue Vorschlag 1997 einer Takeover-Richtlinie – Überlegungen zur Umsetzung in das nationale Recht, ZIP 1997, 2143, 2143 f.; *Hopt*, Europäisches und deutsches Übernahmerecht, ZHR 161（1997), 368, 387 f.

44) Amended proposal for a 13th European Parliament and Council Directive on company law concerning takeover bids, OJ C 378, 13.12.1997, p. 10.

取扱を保障する価格で行わなければならないとされた。平等取扱（コントロールプレミアムの分配）の観点が出てきた点が注目される。

2 「共通の立場」

2000年、理事会は全会一致で「共通の立場」[45]を採択した。

ここでは、義務的公開買付制度の導入を代替策によって免除するという仕組みをやめた[46]。前文5項において義務的公開買付制度を少数派株主の保護として位置づけている点は1997年指令案と同様であるが、加盟国は少数派株主の保護の手段として同制度を導入しなければならず、移行期間中[47]のみ代替策を認めることとした[48]。

また、「重要な部分」への買付けでよいという規定は削除され、全部買付義務が復活した。

価格については、5条1項で、「相当な価格」にしなければならないとされた。これが、成立した指令へと引き継がれている。1997年指令案の「株主の平等取扱を保障する価格」という表現が「相当な価格」という表現へ修正されていることからすると、1997年指令案のコントロールプレミアムの分配という位置付けが後退していることがうかがわれる。

3 欧州議会の修正提案（第二読会）

2000年12月、欧州議会は第二読会において多くの修正を提案[49]した。前文5項にあった、移行期間中は義務的公開買付けの代替案でよい、という文章を削除した。しかし、5条3項の移行期間を1年間認

---

45) Common Position (EC) No 1/2001, OJ C 23, 24.1.2001, p. 1.
46) 前文5項、5条3項。
47) 移行期間は1年間である（5条3項）。
48) この時点で同制度の導入自体についての反対は、ドイツも含めてなかった。*Hommelhof/Witt* in Haarmann/Riehmer/Schüppen, WpÜG, Vor §§ 35 bis 39 Rn. 16 (2002).

めるという規定は残したため、前文5項と5条3項とが整合的でなくなった。また、義務的公開買付けの買付価格について、従来は「相当な価格」でなければならないとのみ規定されていたところ、このとき初めてその「相当な価格」について定義規定をおいた。

4 理事会の一部承認

しかし、理事会は、欧州議会の修正提案を一部承認しかしなかった[50]。前文5項と5条3項の不整合については承認しなかった。また、「相当な価格」の定義についても承認されなかった。なぜならば、それ以前の議論において加盟国間で合意が形成されなかったために、各加盟国の監督当局の裁量に委ねるという趣旨であえて定義規定をおかなかったのに、欧州議会はこの欧州委員会のアプローチを否定しているが、しかし、欧州議会のアプローチが正当であるという理由は何もないからであるとされている。

5 調停委員会の共同案

そこで、調停委員会（the Conciliation Committee）が始まった。もっとも、義務的公開買付制度を導入すること自体は争点ではなかった[51]。最終的には、2001年6月5日、調停委員会が共同案[52]を承認した。

---

49) European Parliament legislative resolution on the Council common position for adopting a directive of the European Parliament and of the Council on company law concerning takeover bids (8129/1/2000-C5-0327/2000-1995/0341 (COD)), OJ C 232, 17.8.2001, p. 168.

50) Commission Opinion pursuant to Article 251 (2)(c) of the EC Treaty on the European Parliament's amendments to the Council's common position regarding the proposal for a Directive of the European Parliament and the Council on Company Law Concerning Takeover Bids, COM (2001) 77 final.

51) この時点での争点は、取締役の中立義務だった。Report of The High Level Group of Company Law Experts on Issues Related to Takeover Bids, at 15 (2002).

義務的公開買付制度に関しては、代替手段を移行期間として1年間認めた（5条3項）。また、「相当な価格」の定義をおかなかった。

6　欧州議会の不承認

2001年7月4日、この共同案についての欧州議会の議決は273対273と同数となったために承認されず、失敗に終わった[53]。この失敗は、義務的公開買付制度に原因があるわけではなく、防衛策や労働者の保護などの問題が失敗の理由だった[54]。

第3項　ハイレベル委員会

1　欧州委員会の反応

欧州委員会は、上記の「共通の立場」の基本的な原則に関しては妥協せずに、欧州議会の関心にも合う形で新たな指令案を提案することに決めた[55]。そこで、欧州委員会は、2001年9月4日、ハイレベル会社法専門家委員会（a Group of High-Level Company Law Experts）（以下

---

52) European Parliament and Council Directive on Company Law Concerning Takeover Bids: Joint Text Approved by the Conciliation Committee on 6 June 2001, PE-CONS 3629/1/01 Rev 1.〔ハイレベル委員会の報告書の Annex 6 所収。〕

53) OJ C 65 E, 14.3.2002, p. 112; Guaccero, *supra* note 5, at 91. 欧州議会で可決されなかったことについて、EU域内市場委員（EU Internal Market Commissioner）のフリッツ・ボルケシュタイン（Frits Bolkestein）は次のような談話を発表した。「欧州議会が可決できなかったことにとても落胆した。20年間の作業が今日の決議によって無駄となった。この結果は、2005年までに欧州資本市場を統合し、2010年までに最も競争力のある経済にするという目標が遠ざかった。目先の利益によって欧州全体の利益の実現が妨げられたのは悲劇だ。」Commission regrets rejection of Takeovers Directive by the European Parliament, IP/01/943, Brussels, July 4, 2001.

54) Proposal, *supra* note 31, OJ C 45 E, 25.2.2003, at 1; Christian Kirchner & Richard W. Painter, *Takeover Defenses Under Delaware Law, the Proposed Thirteenth EU Directive and the New German Takeover Law: Comparison and Recommendations for Reform*, 50 Am. J. Comp. L. 451, 460 (2002).

「ハイレベル委員会」という）を立ち上げた[56]。

2 ハイレベル委員会の報告書

　ハイレベル委員会の報告書の主な論点の3つのうちの1つに、義務的公開買付けの買付価格に関する規制、すなわち少数派株主に対して支払われるべき「相当な価格」の定義があった[57]。そして、ハイレベル委員会は、支配の獲得以前の期間に払った最高の価格にするという提案をした（同報告書49頁）。

　ハイレベル委員会は、「相当な価格」の要件が少数派株主の適切な保護のために最も重要であると位置づけていた。すなわち、もしも相当でない価格による義務的公開買付けがなされるとすると、少数派株主が相当な価格でその株式を売却する機会が奪われるという意味で保護されないというだけでなく、相当な価格の要件がなければ、株主が相当でないと考える価格での任意的な部分買付けの際に、売却圧力が

55）欧州委員会がこのような判断をするに至った経緯は次のとおりである。まず、欧州議会で否決されたけれども、リスボン欧州理事会は、金融サービス行動計画（Financial Services Action Plan, COM（1999）232, 11.5.1999）の一部を形成する本指令を2005年までの欧州金融市場の統合に関する優先課題と位置づけた。欧州産業連盟（UNICE）もこの立場を支持した。欧州産業連盟は、特に国際的な公開買付けに関する共通の枠組みの必要性を繰り返し強調した。欧州議会自身、本指令はこの分野において有用であるし、重要であると認識していた。このような状況下で、欧州委員会は、金融サービス行動計画の一部として国際的な公開買付けに関する欧州の枠組みを提供することが必要不可欠であると考えた。すなわち、国際的な公開買付けは、欧州の企業の発展および再編に貢献し得るし、国際的な競争に耐え、単一金融市場を発展させるのに鍵となる条件であり得る。国際的な公開買付けは、様々に異なった国家の規則に従っており、2以上の加盟国をまたぐ公開買付けを行う場合に様々な問題が生じている。これらの不確実性は、EU域内において好ましくないし、望ましくもない、と。

56）IP/01/1237.

57）他の2つは、①EUの域内において、株主の平等取扱に関する平等な活動領域の存在を保障する方法、②締め出し（squeeze out）権である。

かかってしまうかもしれないとした。

第4項　小括

以上のとおり、Ⅲ期の指令案の義務的公開買付制度の特徴は、政治的な事情もあるにせよ、少数派株主の保護の手段として位置づけられ、その後もこの位置づけが定着し、平等取扱という位置づけが後退していったことであるといえる。

第5款　Ⅳ期（2002年以降）

第1項　2002年指令案の内容

欧州委員会は、ハイレベル委員会の報告書の勧告を広く取り入れて指令案を準備し[58]、2002年、指令案（以下「2002年指令案」という）[59]を提出した。義務的公開買付制度を少数派株主の保護のためのものであると条文上明確にしたのは、同指令案が初めてである。また、移行期間中は同制度の代替手段を認めるという規定も削除され、同制度の導入を義務づけることにしたのが注目される。しかし、「支配」の定義はおかれなかった。

2002年指令案は、ハイレベル委員会の報告書に従って、義務的公開買付けの買付価格に関する「相当な価格」の定義を規定した[60]。その趣旨は、次のとおりである。すなわち、義務的公開買付制度の目的は、買収の結果として上場企業の支配を獲得する者が現れる都度、少数派

---

58) Proposal for a Directive of the European Parliament and of the Council on takeover bids, COM (2002) 534 final– 2002/0240 (COD), submitted by the Commission on 2 October 2002, at 2.
59) Proposal, *supra* note 31, OJ C 45 E, 25.2.2003, at 2.
60) 5条4項によれば、買付前の6〜12か月間に買付者または共同行為者が対象会社株式を取得する際に支払った価格の最高価格が「相当な価格」とされ、ただし、状況によっては監督当局がその価格以外の価格を「相当な価格」として決定する権限を与えることが認められる。

株主が保護されることを保障することにある。この目的のために、「相当な価格」で全株式を取得する買付申込をすることを買付者に義務づけ、少数派株主の保護のための適切な手段とするというものである[61]。

第2項　経済社会評議会の意見

経済社会評議会の意見[62]は、義務的公開買付けの発動要件たる支配の取得の定義としての議決権割合は、30％以上40％以下でなければならない、という意見だった。

第3項　欧州議会の修正提案

そして、欧州議会は、2003年12月、修正提案を採択した[63]。義務的公開買付けに関しては、特に注目すべき修正点はない。

2004年3月30日、理事会が欧州議会の修正提案を承認した[64]。同年4月21日、欧州議会と理事会の署名がされて本指令が成立した[65]。

第4項　小括

以上のように、Ⅳ期においては、基本的にハイレベル委員会報告書に従っており、少数派株主の保護という義務的公開買付制度の位置づけには変化が見られない。

第6款　成立経緯のまとめ

以上のとおり、義務的公開買付制度をめぐって、当初はそもそも導

---

61) Proposal, *supra* note 58, COM (2002) 534 final-, at 7.
62) Opinion of the European Economic and Social Committee on the 'Proposal for a Directive of the European Parliament and of the Council on takeover bids, OJ C 208, 3.9.2003, p. 55.
63) P5_TA (2003) 0571.
64) PRES/2004/76/.
65) OJ L 142, 30.4.2004, p.12.

入すべきか否かが争われたが、後に導入すること自体は争点ではなくなり、「相当な価格」の定義が争われてきた。義務的公開買付制度の位置づけは、平等取扱としての面が後退し、少数派株主の保護のための手段であるという位置づけがなされるに至った。

以上の検討から、次の2点が指摘できる。

第1は、少数派株主の保護と部分買付けの考え方についてである。1989年指令案のところで述べたように[66]、部分買付けの禁止は少数派株主の保護という観点から導かれるものといえるし、成立した企業買収指令は義務的公開買付けを少数派株主保護の手段と位置づけており、なおかつ部分買付けを認めていない。そうすると、一見、部分買付けを禁止する場合にのみ少数派株主の保護という議論が可能であるようにも思われる。しかし、1996年指令案においては、少数派株主の保護という観点を前面に出して義務的公開買付制度を位置づけていたにもかかわらず、部分買付けを容認していた。このことからすると、背景には政治的なものがあるとしても、少数派株主の保護と部分買付けの禁止との結びつきは絶対的なものとまではいえないように思われる。

第2は、「相当な価格」、つまり義務的公開買付けの買付価格の規制がもつ効果である。本指令は、買付前に支払った価格のうちの最高価格でなければならないとしたので、支配権取得前に特定の株主から高値で買い付けて、義務的公開買付けを安値で行うということはできない。ハイレベル委員会の報告書では、この「相当な価格」に関する規定が少数派株主の保護の観点からは最も重要であると位置づけられていた[67]。このように、買付価格の規制は少数は株主の保護にとって重要であるという点が注目される。

---

66) 第4章第3節第3款第1項（本書127頁）参照。
67) コントロールプレミアムの分配という視点ではないことが注目される。

第5章　総括と結論

第1節　本章の目的と構成

　本章では、前章までの考察から得られた示唆を基礎として、わが国の公開買付規制における「対象会社株主の保護」のあり方に関する考え方を提示し、立法論を検討することを目的とする。
　そこで、以下では、比較法的考察によって得られた示唆を総括する（第2節）。次に、わが国にそれを導入すべきか否かを検討し、必要に応じて立法論の検討をする（第3節）。

第2節　比較法的考察の総括

　わが国においては、第1章でみたとおり、売却圧力の問題と、コントロールプレミアムの分配による退出権の問題が未解決の問題の主たるものであった。
　そして、前章までの比較法的考察によると、売却圧力の問題については、イギリスおよびドイツにおいては、買付期間の延長という方法で不完全ながらも対応されていた。コントロールプレミアムの分配による退出権については、コントロールプレミアムの分配だけを取り出すと、既存の法体系と整合的に位置づけるには困難があったが、他方では、退出権は既存の法体系による少数派株主の保護を補うものとして位置づけるのが有力であった。EUの企業買収指令における義務的公開買付制度の位置づけについて、平等取扱という側面が後退し、少

数派株主の保護という側面が前面に出ていったという指令案の変遷は、政治的な事情があったにせよ、イギリスおよびドイツの議論と同じ方向に進んだものといえる。

以下では、この2点を中心に他の視点も含めて比較法的考察をまとめ、さらに相互の関係についても検討する。検討の順序は、売却圧力（第1款）、退出権による少数派株主の保護（第2款）、コントロールプレミアムの分配（第3款）、市場に近くない者の保護（第4款）、市場の機能能力の保障（第5款）、売却圧力と退出権の関係（第6款）という順序とする。

第1款　売却圧力

第1項　公開買付けの場合の売却圧力

公開買付けの場合に売却圧力が問題となることは第2章で詳しく検討したとおりである。売却圧力とは、「買付者の買収は望ましくない。失敗すべきだ。」と考える株主が、他の株主が応募して公開買付けが成立してしまって自分が少数派株主として残存することをおそれて、不本意ながらも次善の選択として買付けに応募せざるを得ない状況のことである。

そして、イギリスおよびドイツには、公開買付けを行う場合、買付けが成功することが確定した場合に当初の買付期間をさらに延長しなければならないという規制があり、これによって公開買付けの場合の売却圧力を基本的に解消していると分析することができた。

ただし、買付期間の延長による売却圧力の解消という観点には、次のような欠点があった。すなわち、イギリスでは、事前に延長期間の適用を排除すると通知すれば適用を排除できる[1]。ドイツでは、最初の買付期間の公開買付けの応募株式の数では支配が移転しない場合で

---

1) 第2章第4節第3款第1項3(2)（本書78頁）参照。

あっても、延長期間が設定される[2]。これらの欠点は、期間延長に関する現行法の解釈としては売却圧力の観点だけで説明することは困難であることを示すものであるが、それ以上のものではない。つまり、理論的に売却圧力の解消が必要ないということまでをも意味しているわけではない。少なくとも、売却圧力の解消は不必要であるという主張はみられなかった。

第2項 市場内買付け・相対取引による買付けの場合の売却圧力

1 売却圧力の存在

買付者が秘密裏に市場内買付け・相対取引による買付けを行う場合、その買付けが行われている期間中に株式を売却した株主は、単に自分の意思──株価が高くなっているので売却するといった判断──で売却したにすぎないといえる。この場合は売却圧力の問題は生じない。

他方、買付者が公表してこれを行う場合、株主に売却の圧力が生じる[3]。たいていの場合、市場内買付けが行われれば株価は上昇し、買付けが予告なく終了して株価が下落する。株主は株価が下落する前に早く株式を売却してしまおうというインセンティヴをもつことになる[4]。また、市場外での相対取引の場合は、買付者が対象会社株主に対して「早く売却しないと締め切りになる」などと伝えれば、やはり売却圧力の問題が生じる。

---

2) 第3章第3節第4款第1項（本書114頁）参照。
3) Note, *The Developing Meaning of "Tender Offer" under the Securities Exchange Act of 1934*, 86 HARV. L. REV. 1250, 1279 (1973).
4) Richard A. Booth, *The Problem with Federal Tender Offer Law*, 77 CALIF. L. REV. 707, 723 (1989).

第5章 総括と結論

2　売却圧力の解消
(1)　イギリスの場合

　この売却圧力について、イギリスにおいては多くの部分が解決される。つまり、30％以上の株式を取得するには市場内買付けや相対取引によることはできず、公開買付けによらなければならないという義務的公開買付制度が存在し、公開買付けの売却圧力の問題は基本的に解消されている。また、30％以上の議決権の取得の後には義務的公開買付けが行われるので、最初の市場内買付けが最初の買付期間、次に行われる義務的公開買付けが延長期間に対応するものとみることもでき、この仕組みによって市場内買付けの売却圧力の問題は解消されているともいえる。

　しかし、市場内買付け・相対取引で例えば25％の株式を取得すれば、事実上の支配を獲得することができる場合、買付者は25％の株式の取得で満足してしまうし、公開買付けを行う義務もないため、25％の取得時の売却圧力の問題に対して義務的公開買付制度は無力である。この欠点は、義務的公開買付けの要件が30％の議決権の取得というように形式的な数値基準によっていることに由来するものである[5]。

---

5) オーストリアは、柔軟な制度で対応している。まず、30％以上の株式を取得した者は支配を取得したものと推定されて公開買付けを義務づけられる一方で、その推定は他に支配者が存在することなどを立証することで覆すことができる。また、20％以上30％以下の株式を取得し、かつ、直前3期の株主総会の行使議決権の過半数にあたる場合には支配を取得したものと推定されて公開買付けを義務づけられる一方で、10％以上の株式を保有する株主がいる場合などにはその推定が覆る（§ 22 V ÜbG, 1. Verordnung der Übernahmekommission vom 9. März 1999 zum Übernahmegesetz § 3)。このように推定と反証という制度によれば、本文で述べた困難をかなりの部分克服することができる。しかし、義務的公開買付けの要件を満たしたか否かの予測可能性が低下するという欠点を内包する。

(2) ドイツの場合

　ドイツにおいては、上記のイギリスの場合と同様に、30％以上の議決権の取得の後には義務的公開買付けが行われるので、最初の市場内買付けが最初の買付期間、次に行われる義務的公開買付けが延長期間だとみることができ、この仕組みによって市場内買付けの売却圧力の問題は解消されているといえる[6]。しかし、30％以下で支配を獲得できるような場合の売却圧力の問題に対する対応は存在しない。

第 2 款　退出権による少数派株主の保護

第 1 項　退出権による少数派株主の保護は必要か

1　義務的公開買付制度による少数派株主の保護

　イギリスにおいては、退出権による少数派株主保護の機能から義務的公開買付制度を理解する見解が一般的だった。イギリス法においては少数派株主の保護の手段が不十分であり、少なくともそれらの手段が全ての場合に機能するわけではないという指摘がなされていた[7]。また、ドイツでは、支配の移転が起こった後に少数派株主が会社から退出することができるという意味でコンツェルン形成保護として義務的公開買付制度を理解する見解が有力であった[8]。さらに、EU 企業買収指令においても、少数派株主の保護のために義務的公開買付制度が設けられていた[9]。

2　問題点の検討

　しかし、少数派株主保護という観点には問題点も考えられる。第 1 に、公開買付規制の適用範囲が基本的に上場会社に限定されているが、

6）第 3 章第 3 節第 4 款第 2 項（本書115頁）参照。
7）第 2 章第 4 節第 2 款第 2 項 2（本書62頁）参照。
8）第 3 章第 3 節第 1 款（本書95頁）参照。
9）第 4 章参照。

第 5 章　総括と結論　　145

閉鎖会社（非上場会社）の企業買収の場合に少数派株主の保護の手段が提供されないのは、理由のあることなのかという問題である[10]。第2に、新支配者が少数派株主に対して損害を与えるおそれがあるといっても、これはおそれにすぎず、新支配者が損害を必ず与えるわけでもないという問題である[11]。

しかし、第1の点については、適用の対象となる会社が上場会社に限定されているとしても、少数派株主の保護という観点は十分成立しうるように思われる。なぜならば、上場会社では株式を市場で買い集めさえすれば対象会社の支配を獲得することができる。そのため、上場会社においてこそ対象会社の少数派株主を害するような支配の変動が起こりやすいと考えることもできるからである。閉鎖会社には少数派株主の保護がないというのであれば、むしろ、閉鎖会社にも少数派株主の保護の手段を提供するような理論や法改正などの法創造の検討がなされるべきであるともいえる。

また、第2の点については、賛成・反対どちらの考えも論理的には十分成り立ちうる。たしかに、新支配者が損害を必ずしも与えるわけではない。しかし、新支配者が損害を与える場合に事後的な救済では足りないという考えも十分に成り立ちうる。これは、各国法における少数派株主の地位や企業結合法制のあり方によって結論は異なりうるものである。どちらが正しくどちらが間違っているという議論ではないと思われる。

第2項　支配者の交代と登場の区別は必要か

ドイツにおいては、新たに支配株主が登場する場合には少数派株主の保護が必要であるが、従来から支配株主が存在するような会社の場合に、支配株主が交代することは、少数派株主の保護の必要性をもた

---

10) 第3章第3節第1款第3項1（本書101頁）のロイルの議論を参照。
11) 第2章第4節第2款第3項（本書64頁）参照。

らすわけではない、という議論もあった[12]。

しかし、第3章で述べたとおり[13]、対象会社株主の保護という視点から見ると、このような区別は妥当でない。なぜならば、対象会社株主の保護という視点から見ると、少数派株主の不利益の危険は、新たに支配株主が登場する場合と支配株主が交代する場合とでは程度の差しかないからである。したがって、支配者の交代と登場の場合を区別なく検討すべきである。

第3項 「部分買付け」と「少数派株主の保護」の関係

退出権による少数派株主の保護は、部分買付けの禁止と結びついている。なぜならば、部分買付けを認めたのでは持分の一部は会社に残存せざるを得ず、会社から「退出」するということはできないからである。

もっとも、EU企業買収指令の1996年指令案および1997年指令案においては、第4章で検討したとおり[14]、「重要な部分」または「70％以上」の部分買付けであっても少数派株主の保護になるとされていた。これには政治的な妥協が背景に存在してはいたが、理論的にも、部分買付けを認めるならば少数派株主保護とはいえない、とまではいえないだろう。ただし、部分買付けを全くの自由にするならば、これを少数派株主の保護というのは困難であろう。

いずれにしても、少数派株主保護という観点からは、部分買付けを認めない方がその趣旨により合致する。したがって、部分買付けを認めるか否かは少数派株主の保護、あるいはコンツェルン形成保護の論点と密接な関係を有すると整理することができる。

---

12) 第3章第3節第1款第3項2（本書103頁）参照。
13) 第3章第3節第1款第4項（本書104頁）参照。
14) 第4章第3節第4款（本書130頁）参照。

第4項　買付価格の規制と退出権

　また、第4章でみたとおり[15]、少数派株主の保護という観点からは、義務的公開買付けの買付価格規制が重要である。そして、EU企業買収指令では、基本的に、支配を取得するまでに支払った価格のうち、最高価格以上で公開買付けを行わなければならないという価格規制が設けられている。これは、イギリスやドイツもほぼ同様であった。

　このことから考えると、義務的公開買付制度を退出権の提供と理解するにあたっては、価格規制の存在も重要である。

第3款　コントロールプレミアムの分配

第1項　価格規制

　上記のように、義務的公開買付制度には価格規制がある。この価格規制によって、例えば市場外での相対取引によって支配株主に対してだけコントロールプレミアムを上乗せした価格を支払うことはできず、全株主に対して同じ価格を提供しなければならないことになる。この意味で、コントロールプレミアムの平等な分配を多くの場合に実現することができる[16]。そして、これらの価格規制は、少なくともわが国の強制的公開買付制度よりもコントロールプレミアムの分配を実現で

---

15) 第4章第3節第4款第3項2（本書137頁）参照。
16) ここで「多くの場合」としたのは、コントロールプレミアムの支払があったのに、平等な分配が実現しない場合として、次の場合が考えられるからである。例えば20％の株式を取得することによって事実上対象会社を支配することができる場合で、かつ、支配株主からコントロールプレミアムを上乗せした価格で取得した場合である。コントロールプレミアムの支払が義務的公開買付けの要件とはされていないので、このような場合であっても公開買付けを行う義務はない。したがって、買付者が任意に公開買付けを行わない限り、コントロールプレミアムの分配は実現しない。第3章第3節第2款第2項（本書108頁）のミュールベルトの議論参照。

きる範囲が広いといえる。なぜならば、わが国の強制的公開買付制度には買付価格に関する規制が存在しないからである。

第2項　少数派株主の保護の観点

しかし、イギリスおよびドイツにおいて、コントロールプレミアムの分配を要請する理論的な根拠があるかというと、十分に説得的な根拠がないのは第2章および第3章で検討したとおりである[17]。

すなわち、イギリスにおいては、コントロールプレミアムを分配すべきだという議論が盛んに行われてきたわけではなく、義務的公開買付制度の導入の結果としてコントロールプレミアムの分配が実現しているにすぎないという状況だった。ドイツにおいては、買付者がコントロールプレミアムの分配を行う義務が課される根拠として、株主の平等取扱や誠実義務という観点が主張されていたが、十分な説得力があったわけではなかった。しかも、これらの主張の実質的根拠は少数派株主の保護にあると思われ、株主の平等取扱や誠実義務はその実現のための法律構成にすぎない。そうだとすると、コントロールプレミアムの分配を導く実質的根拠があるとすれば、それは少数派株主の保護であり、要するに退出権である。

第3項　売却圧力の観点

また、売却圧力の解消の観点からは、コントロールプレミアムの分配を実現する価格規制を積極的に位置づけることも可能である。なぜならば、価格規制によって、市場内買付けや相対取引の際に次のような戦略によって売却圧力をかけることを防止することができるからである。すなわち、例えば、買付者が、「市場内買付けや相対取引によって30％の株式を取得できればその後に公開買付けを行う予定であ

---

17) 第2章第4節第4款（本書81頁）および第3章第3節第2款（本書105頁）参照。

る。ただし、その公開買付けは低い価格で行う予定である。」と公表するとしよう。すると、市場内買付けや相対取引の際に売却圧力がかかる。しかし、価格規制があれば、市場内買付けや相対取引の後にそれよりも低い価格で公開買付けを行うことは不可能である。この意味で、売却圧力の解消に価格規制は役立っている。この意味で、コントロールプレミアムの分配によって売却圧力の解消がもたらされるとみることもできる[18]。

第4項　小括

以上の考察によれば、コントロールプレミアムの分配は、少数派株主の保護と売却圧力の問題に帰着する。コントロールプレミアムの分配を単独に論ずるのは有意義ではなく、コントロールプレミアムの分配が実現することによって実現する効果、つまりコントロールプレミアムの分配の実質的な根拠・機能こそが重要だと考えるべきである。したがって、「コントロールプレミアムの分配は必要か？」という問題設定を行うのではなく、コントロールプレミアムの分配の実質的な根拠・機能である少数派株主の保護の問題と売却圧力の解消の問題を直接論じるのが有益であると考えられる[19]。

第4款　市場に近くない者の保護

イギリスにおいて、市場内買付けで自由に支配を取得できるとすると、市場に近くない者が不利な立場に立つという観点から、義務的公

---

18) Davies, *The Notion of Equality of Treatment in European Takeover Regulation, in* TAKEOVERS IN ENGLISH AND GERMAN LAW 9, 15 (Jennifer Payne ed., 2002) 参照。
19) なお、すでに述べたとおり（第1章注95）、第3章注50）参照）、強制的公開買付制度や義務的公開買付制度の有する望ましくない企業買収の抑止と望ましい企業買収の抑止という機能についてどう考えるべきかという経済分析によって明らかにされてきた論点について本稿は立ち入らない。

開買付けを説明するデイビス（Davies）の見解があった[20]。

　しかし、市場に近くない者は保護すべきだということになると、市場内買付け以外の理由によって株価が高騰した場合にも、その高値で市場で売却できなかった者に対しても売却の機会を与える必要があるという議論にも至りうる。もしも市場内買付けの場合にのみこのような高値で売却する機会を与えるということの実質的根拠があるとすれば、それは結局コントロールプレミアムの分配の必要性に帰着する。なぜならば、市場内買付けの局面と、他の何らかの理由によって市場が単に一時的に高騰している局面とを比較した場合、両者を区別するとしたらコントロールプレミアムの分配という点しか考えられないからである。したがって、市場に近くない者の保護を行うべきかという問いは、コントロールプレミアムの分配を行うべきかという問いになる。そして、このような問いの立て方を行うべきでないのは上記第3款のとおりである。それゆえ、以下では、市場に近くない者の保護という観点は取り上げない。

第5款　市場の機能能力の保障

第1項　意義

　ドイツにおいて、義務的公開買付制度は、少数派株主の利益を保護することによって投資家の市場に対する信頼を確保し、もって市場の機能能力を保障しているという考えが有力に主張されていた。この考えによれば、義務的公開買付制度の適用の対象となる会社が上場会社に限定されることを整合的に説明することができる[21]。

---

20) 第2章第4節第5款（本書84頁）参照。
21) 第3章第3節第3款第1項（本書111頁）参照。

第 2 項　問題点

1　買付者の意思に反するか

　これに対して、公開買付けを義務づけることは、買付者の自由意思に反する買付けであるから、市場の機能能力の保障という考えに反するという批判もなされていた[22]。

　しかし、この批判は妥当とは思われない。少数派株主の保護を行わずに投資家の市場への信頼が損なわれて、市場の機能能力が阻害されるのであれば、市場の機能能力を保障するために少数派株主の保護を図ることは理由のあることである。買付者の意思に反するとはいっても、義務的公開買付制度が存在する以上、買付者は30％以上を取得すると公開買付けを行わなければならないことはあらかじめわかっていたと考えなければならない。買付者は、これを避けたいのであれば30％以上取得しなければよいともいえる。つまり、事前の観点からは必ずしも問題があるとはいえない。

2　市場への信頼の位置づけ

　そうではあるが、市場の機能能力の保護ということから、少数派株主保護を実現する義務的公開買付制度が必要になる、とまではいえない。なぜならば、市場の機能能力の保障という考え方は、市場法・証取法上、当然に認められるべきものにすぎず、それ以上のものと考えるべきではないからである。たしかに、企業買収によって投資家が不利益を被ると市場に対する投資家の信頼が損なわれ、市場の機能が確保されなくなるおそれがあり、それゆえ、少数派株主の保護によって市場に対する投資家の信頼を確保し、もって市場の機能を確保すべきだという考え方は成り立ちうる。しかし、だからといって、公開買付規制によって少数派株主の保護をしなければならないということには

22）第 3 章第 3 節第 3 款第 2 項（本書113頁）参照。

結びつかない。例えば、投資家は企業買収によって少数派株主が不利な立場に立たされることを念頭においた上で、つまり、企業買収のリスクを予定して株式を評価した上で取引すればよい、という考えも成り立ちうるからである。

　要するに、公開買付規制によって市場への信頼が促進されるということは望ましいことであるが、公開買付規制の中身までを決定づけることはできない。市場の機能能力の保障という観点は重要ではあるが、本稿の問題にとっては決定的な観点ではない。本稿の問題にとっては、この観点を出発点にして掘り下げても得られるものは少ないと思われる。むしろ、本稿の問題について得られる結論が、市場の機能能力の保障に役立つ、というような補助的な理由付けとして援用するにとどめるべきである。

第6款　売却圧力と退出権の関係

　以上のとおり、比較法的考察の結果からも、公開買付規制における対象会社株主の保護のあり方という問題は、売却圧力の問題と退出権による少数派株主の保護の問題が大きな柱であるということができる。そこで、この両者の関係について検討しよう。

　買付けの時系列に着目すると次のような違いがある。すなわち、これから株式を取得するという企業買収の入り口の段階での問題が売却圧力の問題である。他方、退出権による少数派株主の保護は、ある者が一定数以上の大量の株式を取得した後の問題である。このような違いがある。

　もっとも、両者は時系列的にみても重なる部分もある。すなわち、買付者がゼロから公開買付けによって支配の取得を目指す場合、両者は同時に問題になる。また、すでに述べたように、価格規制は売却圧力の問題の解消にも役立つものでもあるし[23]、退出権による少数派株

---

23) 第5章第2節第3款第3項（本書149頁）参照。

主の保護にとっても重要である[24]という意味での共通性もある。さらに、少数派株主の保護がどのような制度になっているかは、対象会社株主が公開買付けに応募するか否かの意思決定をするに際して重要であり、両者には論理的な関係もある。

このように、売却圧力の問題と退出権による少数派株主の保護の問題は関連性があり、重要度において差はない。

第3節　わが国への導入の是非

以上の考察によると、本款においてわが国への導入の是非を検討すべきなのは、売却圧力の解消に関する考え方と退出権による少数派株主の保護に関する考え方である。もしもこれらの考え方をわが国に導入すべきだとすると、市場内買付けの場合をも公開買付規制の適用範囲に含めるべきだという結論に至りうる。しかし、わが国においては自由かつ公開市場での取引に介入するのは適切ではないという考えもある。そこで、この自由かつ公開市場という考えを克服することは可能なのかについてまず検討する（第1款）。その上で、売却圧力（第2款）と退出権（第3款）の考え方をわが国に導入すべきか否かを検討する。

第1款　自由かつ公開市場と対象会社株主の保護の関係

第1章で述べたとおり、わが国において自由かつ公開市場に法は介入しないという発想は、昭和46年改正当時の立法担当官によって示されたものである[25]。

そして、この説明の際に立法担当官は、注目すべきことに、「各国

---

24) 第5章第2節第2款第4項（本書148頁）参照。
25) 第1章第1節第1款第3項1(1)ア(ア)（本書7頁）参照。

とも市場を通ずる買占めについては公開買付けのような規制は行われていないと聞く」[26]ともしていた。しかし、現在ではこの説明のなされた当時とは比較法的な事情が異なっている。つまり、イギリスでは、第2章でみたとおり、自由かつ公開市場での取引には介入すべきでないという発想がとられていた時代もあったが、短期間のうちに市場内買付けによって大量の株式が取得されるということが現実問題として起こったことを契機に、この立法担当官の解説が書かれた翌年である1972年にシティコードの改正が行われて、義務的公開買付制度が導入され、市場内買付けに関しても規制の対象に含めることとされた[27]。また、ドイツおよびEU企業買収指令においても、支配の獲得が市場内買付けによる場合であっても義務的公開買付制度が適用されるという意味で、市場内買付けは公開買付規制の適用範囲に含められている[28]。

さて、市場内買付けに公開買付規制を及ぼすことが自由かつ公開市場としての本質に反すると考えるのであれば、イギリス等の規制は妥当でないということになる。

しかし、はたしてそのように評価することは可能だろうか。もちろん、イギリス等にそのような規制が存在すること自体から当然にイギリス等の規制の妥当性が保障されるわけではない。しかし、少なくとも、昭和46年改正当時の立法担当官の示した比較法的状況の理解は現在では妥当せず、また、市場内買付けを適用範囲から除外する立場は絶対的なものでなく、これを変更する余地はある[29]。

そして、わが国において市場内買付けに関する規制を設けるべきか否かは、「自由かつ公開市場だから介入しない」という考えがポイン

---

26) 松川隆志「有価証券の公開買付けの届出制度」商事556号2頁、5頁（1971）、渡辺豊樹ほか『改正証券取引法の解説』118頁（商事法務研究会、1971）。
27) 第2章第3節第3款（本書53頁）参照。
28) 第3章、第4章参照。

第5章　総括と結論　155

トなのではなく、対象会社株主の保護のあり方に関してどのように考えるかが決め手となると考えるべきである。例えば、もしも企業買収の入り口の段階で少数派株主に退出権を与えるべきだという結論に至るのであれば、買付者が・市・場・内・買・付・けによって支配を獲得した場合であっても退出権を実現すべきだと考えるべきである。

このようにいうと、市場での取引は市場で形成された価格によるものであって、市場外での取引とはなお差が存在すると考えるべきであるという反論も予想される。たしかに、市場での取引はオークション方式によって行われるということの意義は、完全競争市場における均衡価格に近い価格での取引を実現させるという価格形成機能が働く[30]。しかし、価格形成機能によって対象会社株主の保護の問題までもが解決されるわけではない。

したがって、自由かつ公開市場には介入しないという発想は、以上のような意味で克服可能だと考えられる。

29) アメリカにおいては、基本的に市場内買付けは規制されない。そして、アメリカのウィリアムズ法（Williams Act）の立法の際、市場内買付けを規制の対象外とするというときにも、「自由かつ公開市場（free and open market）」ということがいわれていたとされている（SEC v. Carter Hawley Hale Stores, Inc., 760 F. 2 d 945, 951（9 th Cir. 1985））。それゆえ、わが国の立法担当官の説明は、このアメリカの「自由かつ公開市場」という議論に影響されている可能性もある。

しかし、ウィリアムズ法には「公開買付け（tender offer）」についての定義規定がなく、わが国とは問題状況が異なる。つまり、ウィリアムズ法においては、市場内買付けが同法にいう「公開買付け」に該当するか否かという問題の立てられ方になる。もしも市場内買付けが「公開買付け」に当たるとすると、応募株主の撤回権、按分比例による決済、条件付買付けなどの実体規制に従わなければならない。それゆえ、市場内買付けが「公開買付け」に該当すると解釈すると、市場取引に大混乱が生ずるであろうことは想像に難くない。わが国においても市場内買付けについて公開買付けの実体規制を適用してしまうと、同様の混乱が生ずるだろう。しかし、このことから、市場内買付けについて規制を・一・切・及ぼすべきでないということが導かれるわけではない。

第2款　売却圧力の問題

第1項　売却圧力の解消の必要性

それでは、まず、売却圧力の解消について、公開買付けの場合と市場内買付け・相対取引の場合とに分けて以下検討する。

1　公開買付けの売却圧力
(1)　わが国にも存在すること

第2章での検討により、公開買付けには売却圧力という内在的な問題があることが明らかとなった。この売却圧力とは、すでに何度も述べているように、現経営陣による経営が続く場合の独立価値の方が、公開買付けが成立する場合の価値よりも上回る場合であっても、他の株主が公開買付けに応募して公開買付けが成立してしまって自分だけ少数派株主として残存することを避けるために不本意ながらも応募しなければならない状況のことである。これは、わが国でも十分起こりうる問題である[31]。

---

30) 経済学的には、株式市場は買手と売手がそれぞれ値を付けるダブルオークション（Double Auction）に分類される。そして、実験経済学の成果によれば、ダブルオークションは競争均衡点で取引を成立させるとされている。実験経済学の創始者で2002年のノーベル経済学賞受賞者であるヴァーノン・スミスの研究（Vernon Smith, *An Experimental Study of Competitive Market Behavior*, 70 JOURNAL OF POLITICAL ECONOMY 111 (1961)）において、市場の参加者の数が6～10人であっても（つまり完全競争市場の前提条件である「需要者と供給者が多数存在すること」という条件を満たさない場合であっても）、ダブルオークションによれば効率的な競争的結果が得られた。ダブルオークションの実験については、下村研一「完全競争の実験──ダブルオークション」経セミ605号69頁、下村研一「完全競争の実験──部分均衡モデル」経セミ606号66頁、下村研一「完全競争の実験──部分均衡モデルとその向こう側」経セミ607号68頁参照。

(2) 二段階買付けの問題だけではないこと

このようにいうと、二段階買付け（例えば1回目の公開買付けを買付価格100円で行い、その後現金合併を50円で行うような買付手法のこと）のことを想起する向きがあると思われる。なぜならば、アメリカにおける二段階買付けに関連して、ゲーム理論でいうところの囚人のジレンマゲームの状況になることを公開買付けの強圧性という、と紹介されることが多いからである[32]。それゆえ、部分買付けを禁止すればいいだけの話ではないかという疑問が生じるだろう。

しかし、たしかに二段階買付けにも売却圧力の問題が含まれてはいるが、部分買付けを禁止しただけでは売却圧力の問題は解消されない。売却圧力の問題が二段階買付けの問題に限られない[33]ことは、売却圧力の問題の本質を理解する上で重要なので、ここでやや詳しく説明しよう。

ア　二段階買付けと囚人のジレンマ

まず、二段階買付けの場合の公開買付けの強圧性について説明する。

㋐　想定事例

表5-1のように2人しか株主が存在しない事例を想定する。2人を3人、4人、5人、と増やしていきn人になっても議論の本質は変わらないので、以下では簡単のため2人の株主の場合で議論を行う[34]。

2人の株主はいずれも50％ずつの株式を所有しているとする。2人とも公開買付けに「応募」せずに「残存」すれば、公開買付けは失敗し、1株あたり120の独立価値が実現する。表5-1でいうと右下のセ

---

31) 田中亘「敵対的買収に対する防衛策についての覚書㈠」民商131巻4＝5号622頁、631頁（2005）参照。
32) 例えば、中東正文「アメリカにおける締め出し合併とテイクオーバー」同『企業結合・企業統治・企業金融』64頁以下（信山社、1999）。
33) 田中・前掲注31) 参照。

[表 5-1]

	応募	残存
応募	100, 100	130, 70
残存	70, 130	120, 120

ルである。

　公開買付けは 1 株あたり130で行い、買付株式数は50％の部分買付けだとする。そして、公開買付けが成立するのに会社に「残存」してしまうと現金合併が行われて 1 株あたり70の価値しか受け取れないとする。すると、 1 人だけが「応募」し、もう 1 人が「残存」する場合、「応募」した株主は130を実現し、「残存」した株主は70を実現することになる[35]。表 5 - 1 の右上のセルまたは左下のセルである。

　2 人とも「応募」した場合、50％までしか買付けをしてもらえないので、按分比例によることになる。したがって、この場合、 2 人とも持分の半分までは130が実現し、残りの半分は70が実現することになる。そのため、総計では、130が半分、70が半分であるから、 1 株あたり平均100の価値[36]が実現することになる。表 5 - 1 の左上のセルである。

　(イ)　ゲームの解がパレート最適でないこと

　このゲームを解くと、 2 人とも「応募」を選択する「応募、応募」という戦略の組み合わせがナッシュ均衡になる[37]。この場合、各株主はそれぞれ100を実現できる。しかし、表 5 - 1 をみれば明らかなとお

---

34)　この議論の仕方は、*Krause*, Das obligatorische Übernahmeangebot, Eine juristische und ökonomische Analyse, Diss., 1996, S. 108 ff. によるものである。以下の説例についても同書によるところが大きい。

35)　厳密にいえば割引率を考えなければいけないが、議論の本質に影響しないので、割引率は 0 だとする。

36)　$130 \times 0.5 + 70 \times 0.5 = 100$。

第 5 章　総括と結論　　159

り、「残存、残存」であれば、120を実現することができる。要するに、2人の株主にとって、「応募、応募」よりも「残存、残存」の方が望ましい。この「残存、残存」の場合のことをパレート最適という[38]。これに対し、「応募、応募」の場合、2人とも「残存」に変更すれば、2人とも100から120へと有利になる、つまり、他の誰をも不利にすることなしに全員を有利にすることができる場合なのである。したがって、「応募、応募」はパレート最適な解ではない。

(ウ) 売却圧力の存在

このように、「応募、応募」という組み合わせはパレート最適な解ではないのにナッシュ均衡となる。これは、要するに、現経営陣による経営が続く場合の独立価値（120）の方が「応募」を選択した場合の価値（100）よりも上回る場合であっても、他の株主が公開買付けに「応募」して公開買付けが成立してしまって自分だけ少数派株主として「残存」すること（70）を避けるために不本意ながらも「応募」しなければならない状況である。この状況はまさに売却圧力が存在する場合である[39]。

イ 部分買付けを禁止した場合

それでは、部分買付けを禁止することによってこのような売却圧力を防止することはできるだろうか。

---

37) クーター＝ユーレン（太田勝造訳）『法と経済学〔新版〕』59頁（商事法務研究会、1997）は、「他のプレイヤーが行動を変更しない限り、誰も自分の行動変更で有利になることはない」状況のことをナッシュ均衡と定義している。ナッシュ均衡のフォーマルな表現としては、中山幹夫『はじめてのゲーム理論』51頁以下（有斐閣、1997）、岡田章『ゲーム理論』24頁（有斐閣、1996）等参照。

38) パレート最適とは、「他の誰かを不利とすることなしには誰も有利にすることができない」（クーター＝ユーレン（太田勝造訳）・前掲注37）74頁）状況のことである。

[表5-2]

	応募	残存
応募	130, 130	130, 70
残存	70, 130	120, 120

　㈜　買付価格130の場合

　上記表5-1の例で買付価格が1株あたり130のままで全株式に対して公開買付けを行うと、「応募、応募」の場合に実現するのは（130、130）となる。したがって、表5-2のようになる。

　そして、この場合、表5-2の左上のセルの「応募、応募」がナッシュ均衡になることは変わらないが、パレート最適にもなっている。そのため、この場合、「応募、応募」が実現することは、株主の本意に沿う。つまり、売却圧力が存在する場合にはあたらない。このように、部分買付けを禁止することによって売却圧力が解消できる場合もたしかに存在する。

39) このような説明に対しては、次のような疑問が生じうるだろう。すなわち、アクセルロッドの研究（アクセルロッド（松田裕之訳）『つきあい方の科学——バクテリアから国際関係まで〔新装版〕』（ミネルヴァ書房、1998））に基づいて考えれば、囚人のジレンマ状況にあっても、無限に繰り返される場合には、進んで裏切って応募することはないのではないかという疑問である。しかし、公開買付けの場合、対象会社株主が全く同じメンバーによって構成されること自体考えにくい。また、公開買付けが無限の繰り返しと同視できるほどの回数が繰り返されるというのも非現実的である。しかも、株主の中には個人投資家も多数存在し、個人投資家は匿名性があるから、評判による繰り返し代替機能も働かない。したがって、本文のように、「応募、応募」が実現してしまう危険が大きい。以上の説明は、消費者契約について進化ゲーム論的に分析した太田勝造「社会秩序とゲーム論——弱肉強食の消費者契約からいかにして取引秩序が生まれるか」佐伯胖＝亀田達也編著『進化ゲームとその展開——認知科学の探究』94頁以下（共立出版、2002）を参考にした。

[表 5-3]

	応募	残存
応募	100, 100	100, 70
残存	70, 100	120, 120

　　(イ)　買付価格100の場合
　しかし、これは買付者が買付価格を130に設定する場合である。50％の株式に対する公開買付けだから買付価格を1株あたり130に設定できたが、100％の株式に対しては買付価格を1株あたり100にしか設定できない場合も十分あり得る。すると、この場合は表5-3のようになる。
　この場合、ナッシュ均衡は、表5-3の左上のセルの「応募、応募」と右下のセルの「残存、残存」の2つ存在することになる。そして、「残存、残存」はパレート最適な解であるが、「応募、応募」はパレート最適な解ではない。第2章でみたように[40]、2つの均衡がある場合、いずれが実現するかはわからないので、パレート最適な解ではない「応募、応募」が実現してしまう場合がある。
　この「応募、応募」は、もしも相手が「応募」を選択したのに、自分だけが「残存」してしまうと70しか実現できないので、応募をせざるを得ない場合、つまり売却圧力の存在する場合である。要するに、現経営陣による経営が続く場合の独立価値（120）の方が公開買付成立時の価値（100）よりも上回る場合であっても、他の株主が公開買付けに応募して公開買付けが成立してしまって自分だけ少数派株主として残存すること（70）を避けるために不本意ながらも応募しなければならない状況である。したがって、部分買付けを禁止しても売却圧

---

[40]　第2章第4節第3款第1項1(3)（本書71頁）参照。

力が解消するとは限らないといえる。

(3) 小括
以上のとおり、二段階買付けか否かを問わず、公開買付けには売却圧力の問題が内在している[41]。

2　市場内買付け・相対取引
(1) 売却圧力の問題の存在
わが国においては、市場外での不特定多数からの相対取引は禁止され、公開買付けによらなければならないから、現行法を前提にする限り、市場内買付けにおける売却圧力が重要な問題である。そして、市場内買付けの場合にも売却圧力が存在し得ることはすでに述べたとおりであり[42]、ここではもう繰り返さないこととする。

また、強制的公開買付制度が仮に存在しない場合を考えると、市場外での相対取引の場合であっても、例えば8人の株主が5％ずつの株式を保有している場合に、その8人に対して買付者が買付けを申し入れる場合、やはり売却圧力の問題は生じ得る[43]。

---

41) 以上の説明では、応募した場合の結果などについて、全員が同じ評価をしているというモデルで説明したが、具体的な実現価値の数値についての判断が株主間に共有されている必要はない。単に、「他の株主の多くは公開買付けに応募し、自分だけ少数派株主として残存するのは不利益である」という考えが共有されていれば、売却圧力の問題になる。
42) 第5章第2節第1款第2項（本書143頁）参照。
43) しかし、1人の株主が40％の株式を保有していて、その株主に対して買付者が買付けを申し入れる場合には売却圧力の問題はない。なぜならば、他の株主がどう対応するかわからないために売却せざるを得ないという状況ではないからである。

(2) 予想される批判への反論
　ア　予想される批判
　このような本稿の立場に対しては、アメリカにおいて盛んに行われていたマーケット・スイープ（Market Sweep）を分析した黒沼悦郎論文[44]を援用した批判が考えられる。黒沼論文は、アメリカについての議論として、このような売却圧力を問題視していない。その理由は次のとおりである。すなわち、アメリカにおいてはマーケット・スイープの際に鞘取り業者が活動している。鞘取り業者には売却圧力はかからないし、鞘取り業者が相当数いて互いに競争している場合には、鞘取り業者に「購入圧力」が生じていて、市場価格が適正なレベルで均衡している可能性がある。実証研究の問題として株価が下落していないのならば、株主に売却圧力が生じていることは必ずしも不利益なことではないとする[45]。この黒沼論文の分析をもしも直ちに日本に導入するとすれば[46]、売却圧力の問題は解消する必要がない、と本稿への批判が成り立ちうるだろう。

　イ　反論
　このように黒沼論文は鞘取り業者の役割を積極的に評価しているが、しかし、それはアメリカにおける鞘取り業者の実際をふまえた話であ

---

44) 黒沼悦郎「市場取引・相対取引・公開買付——アメリカにおける Market Sweep の規制」同『証券市場の機能と不公正取引の規制』239頁、241頁（有斐閣、2002）［初出は名法147号（1993）］（以下「黒沼論文」という）。
　　黒沼論文にいう「マーケット・スイープ」とは、公開買付けの最中かその直後に、公開買付過程の外で、対象会社株式を急速に買い増す慣行のことをいう。ただし、「マーケット・スイープ」という言葉は論者によってその内容が異なっている点には注意が必要である。Yedidia Z. Stern, *Acquisition of Corporate Control by Numerous Privately Negotiated Transactions: A Proposal for the Resolution of Street Sweeps*, 58 BROOK. L. REV. 1195（1993）参照。

45) 黒沼・前掲注44) 253頁、255頁、256頁、259頁。

る。アメリカ以外の国では別に考えるべき可能性は黒沼論文の立場からしても否定されないだろう。法制度としてはそのような鞘取り業者が存在しない場合をも想定して設計する必要があると思われる。少なくとも、わが国においてそのような鞘取り業者が効率的な活動をしているという実態が存在するのかを検証する必要があるだろう。

　さらに、仮にわが国においてもそのような実態があったとしても、売却圧力の問題の解消の必要性は存在すると考えられる。なぜならば、売却圧力の問題は、株価が上昇するか下落するかの問題にとどまるものではないからである。つまり、早い者勝ちルールの有する問題があるのである。

　この点について、黒沼論文は、次のようにいう。すなわち、マーケット・スイープを行うことをあらかじめ公表してマーケット・スイープを行う場合には、買付者と、買付けの目的・買付株数・買付期間等は明らかにされるだろうから、取引の相手方の保護に関する限り問題は少ない[47]。また、売却できなかった株主は自分の株を買い付けてもらうことができなかったのだから、情報に基づいて買付価格を判断する必要がない[48]、とする。

　しかし、売却できた株主が買付けの目的等の情報を知っていたからといって、売却圧力の問題がなくなるわけではない。したがって、市場内買付け・相対取引の場合の売却圧力については対応を考える必要

46）黒沼論文は、アメリカの議論をわが国に持ち込むことを意図しているわけではないと思われる。なぜならば、黒沼論文は、いかなる範囲で市場内取引に公開買付規制を及ぼすのが適当かを判断する材料・視点を得る目的でマーケット・スイープを検討したのであって、わが国でどう考えるべきかについては述べていないからである。マーケット・スイープの議論を直ちにわが国に持ち込むことは黒沼論文の本意ではないと思われる。本文の以下の反論は、黒沼論文の分析を単純にわが国に応用することがもしもあるとすれば、妥当ではないという趣旨である。

47）黒沼・前掲注44）253頁。

48）黒沼・前掲注44）256頁。

がある。

3 売却圧力の解消の必要性の根拠

以上のとおり、わが国においても売却圧力の問題は存在し、その解消の必要性が存在すると考えられる。

本稿の以上の結論に対しては、公開買付けや市場内買付けの場合と通常の市場での売買の意思決定とで何が違うのかという疑問があり得る。売却圧力の内容が「自分は現経営陣の下で実現する独立価値の方が買付価格よりも有利だと考えるが、他の株主が買付価格の方が有利だと考えて応募するかもしれず、もしも公開買付けが成立して自分だけ少数派株主として残存してしまう最悪の事態は避けたいので、不本意ながらも公開買付けに応募する」という状況を問題にしていることからすると、通常の市場での売買の意思決定に際して、例えば、「自分は今後株価が上昇すると評価しているが、他の投資家の多くは下落すると評価していて市場で売り注文を出すと株価は結局下落するだろうから、自分も売却しておこう」と考えて売却する場合と同じ状況のようにみえる。それゆえ、通常の市場での売買においても売却圧力は存在するのであり、公開買付けのような支配変動の局面だけを特別扱いするのは理由があることなのかという疑問があり得る。

この疑問に対しては、次のような回答が可能である。すなわち、早い者勝ちを禁止する按分比例方式が採用されていること、および応募株主はいつでも解除することができるという制度が採用されていることに現れているように、現行法の公開買付け規制自体が投資家に対して十分な考慮の上で自己に最も有利だと判断したとおりに意思決定をする機会を保障している。しかも公開買付け規制には様々な情報開示規制が設けられており、情報開示の目的の1つが対象会社株主の意思決定を充実させるためであることは明らかである。現在の公開買付規制において対象会社株主の意思決定を重視するという態度がすでに存在する。それゆえ売却圧力を解消する必要があるという本稿の立場は、

現行法の立場と整合的であるという回答が可能である。
　しかし、このような回答に対しては、現行法が公開買付けの局面を特別扱いしていることの根拠も問題となるだろう。この点については、次の2点から説明できる。
　第1に、デイビスの議論においては、買付者が公開買付けを悪用して対象会社の株主の利益にならない買付けを強いることを防止するために売却圧力の解消が必要だとされていた[49]。この理は、わが国においても妥当する。望ましくない企業買収が売却圧力を利用して成立してしまうおそれを法が放置するのは適切ではない。もちろん、望ましくない企業買収への対応を考えるあまり、望ましい企業買収までもが阻害されるようなことは規制のあり方として問題があるが、対象会社株主が十分な情報をもとに売却するか否かを自由に意思決定する機会を保障すること自体は、規制のあり方として何ら不当なものではないし、むしろ適切なものと思われる。
　第2に、市場への信頼という発想に再度注目したい。つまり、売却圧力の問題が解消されないのであれば、投資家は自分にとって最も有利な投資判断を行うことが保障されない。このような制度の下では市場に対する信頼を置くことができない。ひいては、市場の機能能力が損なわれることとなってしまう。それゆえ、売却圧力の問題を解消することは、市場への信頼を確保して市場の機能能力を保障することに役立つといえる。
　以上のような意味で、わが国の公開買付規制において売却圧力の解消は、投資家の保護のために必要だと考えるべきである。

第2項　立法論の検討

　以上の考察により、売却圧力の解消についてはわが国でも実現すべきという結論に至ったので、本項ではこの点についての立法論の検討

49）第2章第4節第3款第1項2(1)（本書74頁）参照。

を行う。この立法論の視点は、売却圧力の解消が第1であることは当然であるが、望ましい企業買収の妨げにならないかという視点からの検討も行わなければならない。

　さて、売却圧力の解消は、すでに述べたとおり[50]、部分買付けを禁止することでは達成できない。売却圧力の解消をするには、買付者による支配獲得に賛成か反対かの意思表示と、株式の売却とを制度的に分離することが必要である。その最も簡単な方法が、イギリスやドイツの採用している、公開買付成立後の買付期間の延長という仕組みを導入することである。もう1つは、申込用紙において買収に対する賛否の意思表示と応募の意思表示を分ける方法である。順に検討しよう。

1　公開買付けの買付期間の延長による対応
(1)　公開買付けの売却圧力の解消

　公開買付成立後の買付期間の延長を強制する方法は、次のようなものである。すなわち、買付期間として設定した期間が終了した段階で、応募株式総数を公表する。そして、公開買付けが成功して支配が移転するだけの応募がある場合にのみ[51]、応募しなかった株主に例えば1週間さらに応募する機会を与えるという制度である。

　そうすると、上記表5-3の部分買付けを禁止しても売却圧力が存在した場合は、表5-4のような構造に変化する。表5-4の左下のセルおよび右上のセルが変化するのである。つまり、「残存」を選択し

---

50)　第5章第3節第2款第1項1(2)（本書158頁）参照。
51)　第3章第3節第4款第1項（本書114頁）で述べたとおり、ドイツ買収法16条2項には、次のような欠点がある。つまり、ドイツでは、買付けが成立するか否かにかかわらず延長される。そのため、例えば最初の買付期間中に10％の応募しかない場合であっても、延長期間中に50％の応募がある場合もあり得る。これでは、売却圧力が延長期間にスライドしただけであり、問題の解消には至らないのである。この欠点を克服するには、本文で述べたように、公開買付けが成立して支配が移転するだけの応募がある場合にのみ期間を延長させるという制度にすべきである。

[表5-4]

	応募	残存
応募	100, 100	100, 100
残存	100, 100	120, 120

た場合に、相手が「応募」を選択していれば延長期間で「応募」すればよく、その場合には100を実現することができる。すると、この場合は、自分だけが残存して少数派株主として取り残されることをおそれて「応募」せざるを得ない、という売却圧力の問題は生じないこととなる。

ただし、ナッシュ均衡は、「残存、残存」と「応募、応募」の2つである。そのため、「応募、応募」という結果が実現することもあり得る。しかし、これは売却圧力に基づくものではないから、売却圧力の問題ではない[52]。

(2) 問題点

しかし、買付期間の延長を強制するという方法には、望ましい企業買収をも阻害してしまうという副作用がある。

---

52) しかも、残存を選択する方が応募を選択する場合以上の結果が実現する状況である。ゲーム理論の言葉でいうと、「応募」戦略は「残存」戦略によって「弱支配」されている（「弱支配」については、梶井厚志＝松井彰彦『ミクロ経済学——戦略的アプローチ』21頁以下（日本評論社、2000）参照）。この場合、合理的な投資家であれば「残存」を選択するのが通常である。たしかに、「応募、応募」はナッシュ均衡点である。これは、相手が応募を選択するならば自分も「応募」を選択するのが合理的であることを示している。しかし、最初からあえて「応募」を選択するインセンティブはない。なぜならば、「残存」を選択した方がより有利な結果が実現可能であり、しかもそこにリスクはないからである。

この点を説明するために、以下では、当該買付けの成功が望ましいと考える株主が、最初の買付期間に応募するか否かをどのように意思決定するかを考えてみる。ここでは公開買付けの条件として最低応募株式数の定めがある場合を考える。

　さて、もし買付けが成功するのであれば、最初の買付期間で応募しても、延長期間で応募してもどちらでもよい（無差別）と株主は考える。なぜならば、買付期間の応募でも、延長期間の応募でも、同じ買付価格を受け取ることができるからである。他方、もしも買付けが失敗するのであれば、最初の買付期間で応募しても買い付けてもらえないので、応募にかかったコストだけが残るので、残存した方が有利であるから、残存する。そうだとすると、結局、買付期間の延長制度では、最初の買付期間に株主が応募するインセンティブは存在せず、むしろ最初の買付期間に残存するインセンティブが存在する。そして、これは、買付けの成立に反対する者は、何も行動しないことでその意思を表示することができるのに対して、買付けの成立に賛成する者は応募しなければその意思を表示することができないという差があることに由来する[53]。それゆえ、株主に利益をもたらすような望ましい企業買収であっても、成立しないことになってしまうおそれがある。

　もちろん、ここで問題になるのは、応募にかかるコストだけであるから、これは微々たる差であるとも思われる。しかし、理論的には問題がある制度と言わざるを得ない。

　また、最初の買付期間と延長期間とで応募株主が受け取れる買付価格に差を設けて、延長期間の応募の場合には最初の買付期間の買付価格の例えば9割しか受け取れないという制度にすれば、最初の買付期間に応募するインセンティブがないという問題は解消できるかもしれない。しかし、これでは、最初の応募期間で残存してしまうと、他の

---

[53] Lucian Arye Bebchuk, *Toward Undistorted Choice and Equal Treatment in Corporate Takeovers*, 98 HARV. L. REV. 1693, 1759-60 (1985).

株主が応募して公開買付けが成立する場合には不利益を被るおそれがあるから応募しておかざるを得ない、という売却圧力の問題が復活してしまい、本末転倒ということになってしまう。

(3) 小括
以上のように、売却圧力の解消は、買付期間終了時に応募株式総数を公表し、その後例えば1週間の延長期間を強制するという制度を導入することが必要であるが、しかしこのような制度では最初の買付期間で応募するというインセンティブを株主が持たないので、望ましい企業買収の成立までもが阻害されてしまうという問題がある。

2　公開買付けの賛否と応募の意思表示の分離
(1)　ベブチャクの提案──アンケート併用方式
ア　アンケート併用方式
以上の買付期間の延長の強制という方法の他にも、ベブチャクの提案するアンケート併用方式とでも呼ぶべき方法によっても売却圧力の問題は解消が可能である[54]。

これは、公開買付けへの応募の申込用紙の記載事項を工夫するものである。すなわち、申込用紙において公開買付けに対して賛成か反対かの意思表示と、当該公開買付けに応募するか否かの意思表示を分離する方法である。具体的には、申込用紙に①公開買付けに賛成か反対か、②公開買付けが成功するならば売却したいかについて回答欄を用意する。そして、①で賛成を投じた者は②の記載にかかわらず売却の意思表示をしたものと扱うのである。そうすると、まず、公開買付けの成立に賛成の株主は①で賛成を投じればよい。また、公開買付けの成立に反対の株主は①で反対を投じればよい。そして、①の回答で過半数──全株主の過半数ではなく、申込用紙提出者の株式数の過半数

---

54) Bebchuk, *supra* note 53, at 1747-50.

第5章　総括と結論　171

でよい——が賛成した場合には、①で反対を投じた者のうち②で売却したいと回答した者は買い付けてもらうことができることにする。こうすることによって、買付者による支配獲得の承認の意思表示と株式の売却とを制度的に分離することによって売却圧力の問題は解決することができる。つまり、公開買付けが成立するのに自分だけが少数派株主として残存することをおそれて不本意に応募する、という事態を防ぐことができる。

　公開買付けの成立の条件が、対象会社の全株主の過半数の株主の賛成ではなく、応募株主の過半数でよい理由をベブチャクは次のように説明している。もしも対象会社の全株主の過半数の株主の賛成が必要だとすると、上記の①に賛否を投じなかった株主、つまり棄権した株主は買付けに反対だと看做すことになる。棄権した株主が実際に買付けに反対の場合にはそれでもよいかもしれない。しかし、公開買付けの成立に反対する株主は反対票を投じればよいし、不本意にも公開買付けが成立する場合には自己の株式も買付けの対象に含めてもらいたければそれが実現できるのである。そうだとすると、棄権した株主は、公開買付けの成立に反対だから応募しなかったと看做す理由はない。棄権した株主には、公開買付けに応じる機会がなかった者や、課税の理由から自己の株式を売却したくない者が含まれており、その者たちの中には買付価格が独立価値よりも上回っていると考えている者も含まれており、棄権した株主の賛成・反対の意見の割合が、投票した株主の賛成・反対の割合と著しく異なっている（全員が反対している）と看做す理由はない[55]。この説明は、説得的であると思われる。

イ　部分買付けの容認

　また、部分買付けは自由に行うことができる。アンケート併用方式によると、公開買付けは過半数の株主が賛成する場合にのみ成立する

---

55) Bebchuk, *supra* note 53, at 1759-60.

のであるし、その場合というのは、過半数の株主がその持分の一部を買付価格で受領し、その残部は少数派株主として残存することになり、その総計が独立価値よりも上回っていると判断する場合だからである[56]。

ウ 反対が上回る場合
　他方、過半数の賛成が得られずに公開買付けが不成立になった場合に、賛成票を投じていた応募株主から買い付けることを認めるかどうかは、賛成票の数による。ベブチャクは20％の株式を上回る場合には公開買付けによらなければならないとしているが、ここでは3分の1が基準値であるとする[57]。
　賛成票が3分の1を下回った場合には、その賛成票分を買付者が買い付けたいのであれば、それを認めて構わない。3分の1以下であれば、支配は移転しないからである。
　しかし、賛成票が3分の1を上回ったものの投票の過半数には到達しなかった場合には、それをそのまま買い付けさせたのでは、結局、事実上支配が移転してしまうおそれがある。したがって、そのまま買い付けることを認めることはできず、この場合は最大でも3分の1までを按分比例方式で買い付けることを認めることしか許すことはできない。公開買付けに反対票を投じた株主にしてみれば、支配が移転しないのであれば、少数派株主に転落するわけではないから、影響を受けるわけではないので、買付者が全議決権の3分の1を取得することを認めてよい[58]。

---

56) Bebchuk, *supra* note 53, at 1761-62.
57) ここで、3分の1としたのは、現在のわが国の公開買付規制を前提としたからである。しかし、何％が妥当なのかという基準値の設定の適切さは本稿では棚上げする。
58) Bebchuk, *supra* note 53, at 1762-64.

(2) 問題点の検討

以上のような方法には、望ましい企業買収をも妨げてしまうという問題はないだろうか。

まず、買付期間の延長制度と違って、買付けの成立に賛成する者と反対する者とでその意思を表示するためのコストに差はないから、買付けに賛成する者が賛成票を投じて応募するインセンティブは否定されない。

また、投票株主の過半数の賛成を要件とすると、たしかに、現在の制度よりは買付者にとって不利である。しかし、これは従来の制度が売却圧力の問題を放置していた点で買付者側に有利な制度だったにすぎず、買付者と対象会社株主とのバランスをむしろ回復するものと評価すべきである。売却圧力を利用して対象会社株主の賛同が得られないのに株式を買い集めて支配を取得することができるという地位は保護に値しない。

したがって、買付者にとって不利益はないと考えるべきである。

(3) 市場内買付け・相対取引の場合

次に、市場内買付け・相対取引の場合の圧力の解消方法について検討しよう。

結論としては、市場内買付け・相対取引による支配の獲得を認めず、わが国の強制的公開買付制度のように公開買付けを強制し、公開買付規制の方で、買付期間の延長を導入することが簡潔である。しかし、市場内買付けによる支配の獲得を禁止しても、理論的には、大量の資金を持つ者が協調的に行動して、複数の名義で買い注文を出すことによって潜脱が容易に行われる危険性がある。この意味で、市場内買付けを禁止するだけでは不十分である。そこで、もしもこれに違反したら株式の所有権や自益権は認めるものの、議決権は認めないという制度を導入することが考えられる。

支配獲得後に公開買付けを義務づけるものではなく支配獲得前に公

開買付けを義務づける理由は、次のとおりである。支配獲得後に公開買付けを義務づけることで売却圧力の問題を解消するには、買付期間の延長制度とパラレルな仕組みにして、全株式に対して、しかも、その公開買付以前に支払った価格以上の価格で行わなければならないという制度にする必要がある。しかし、このような仕組みだと、買付期間の延長制度の問題点として指摘したとおり、買付者にとって不利になりすぎるからである。

(4) 他の方法の検討

それでは、以上のような方法で売却圧力は解消可能だとして、それを公開買付規制で実現すべきだろうか。学説には、公開買付けの強圧性を防衛策の正当化の問題として論じるものがある[59]。また、支配株主が90％以上の株式を取得した場合に、少数派株主に売渡請求権（sell-out right）を与えることによって売却圧力を解消することを提案する見解もある[60]。

そこで、売却圧力の解消は防衛策に委ねるべき問題なのか、あるいは売渡請求権を与えることによって解消すべき問題なのかを検討しよう。

ア 防衛策による解決の問題点

まず、防衛策によって売却圧力を解消することについて考える。結論としては、売却圧力を解消できるような防衛策があるとしても、防

---

59) 田中・前掲注31) 629頁以下。
60) 中東正文「日本における公開買付の現状と課題」浜田道代＝虞建新編『日中企業法制金融法制の展開』49頁、56頁（名古屋大学法政国際教育協力研究センター、2002）、中東正文『企業結合・企業統治・企業金融』435頁以下（信山社、1999）、中東正文「企業組織再編法制の整備」商事1671号22頁（2003）、中東正文「改正法と敵対的買収防衛策」法教304号64頁、66頁注(7)（2006）。

衛策を講ずるだけでは売却圧力の問題の一部のみを解決するにすぎず、妥当ではない。

　その理由は、第1に、そもそも防衛策が導入されない会社では売却圧力の問題が放置されてしまうからである。第2に、売却圧力の問題は当該買収が敵対的買収なのか友好的なのかにかかわらないからである。つまり、敵対的買収と友好的買収の区別は取締役会による賛同があるか否かの違いにすぎず、友好的買収の場合であっても必ずしも株主が当該買収の方が現経営陣による経営が続く場合よりも優れていると判断するとは限らない。ところが、友好的買収の場合には、通常、取締役会の判断で防衛策が解除される（発動されない）ことになると思われる。公開買付けの強圧性の問題が友好的買収の場合におよそ存在しないわけではないから、防衛策が解除されてしまうと対象会社の株主は売却圧力にさらされる危険がある。

　　イ　売渡請求権の導入による解決の問題点
　次に、売渡請求権の導入によって売却圧力を解消するという方法について考える。しかし、これも結論としては妥当ではない。その理由は、買付者の公開買付けが90％の株式の取得に至らない場合に存在する売却圧力に対して全くの無力だからである。70％の取得でも、50％の取得でも、あるいは40％の取得でも売却圧力は存在しうるのである。

　それでは、売渡請求権の導入によるとして、例えば、買付者が50％の取得をした場合に売渡請求権が発生する、というように基準を下げることで解決できるだろうか。このような制度を導入したとしても、もしも、売渡請求権の行使期間を制限すると、上記のドイツの買収法16条2項に内在する問題と全く同じ問題が生じる。すなわち、売却圧力が公開買付期間から行使期間にスライドするにすぎない。

　それでは、売渡請求権の行使期間を制限しない場合はどうか。こうすれば、たしかに売却圧力の問題は解消できる。しかし、これではあまりにも買付者に不利な制度になってしまう。対象会社株主に買付者

の買付けに応募するインセンティヴが著しく低下するからである。売渡請求権の売渡価格の規制の仕方にもよるが、もしも支配獲得に至る際の最高価格や平均価格に設定してしまうと、買付者の買付けに応じても応じなくても同じ価格で売却できてしまう。すると、企業価値が上昇するような買付けであって、買付価格よりも対象会社の株主として残存した方が有利だと考える株主は、買付価格以上の価値を確実に取得することが可能となるのである。また、売渡価格を支配獲得に至る際の最高価格や平均価格よりも低くしてしまうと、買付けに反対の株主が自分だけ反対してしまうと賛成株主よりも不利な価格でしか売却できないことをおそれて、不本意ながら買付けに応募せざるを得ないという売却圧力が再び生じてしまうのである。

さらに、売渡請求権を与えるということは全部買付義務を買付者に課すのとほぼ同じ効果であり、これは部分買付けが認められる場合と比べると買付者にとってコストがかかる分だけ不利である。そして、より多くの株主が売渡請求権を行使すると上場廃止の危険性もそれだけ高まるともいえる。

以上の点を考えると、売渡請求権を導入することによって売却圧力の解決を図るのは、妥当でない。

3　小括

以上の考察の結果を要約すると、次のとおりである。売却圧力を解消するには、買付期間の延長を強制する制度か、アンケート併用方式によるべきであって、防衛策や売渡請求権を導入することで解決するという方法は望ましいものとはいえない[61]。そして、買付期間の強制

---

61) この意味では、川濵昇「株式会社の支配争奪と取締役の行動の規制㈡」民商95巻3号32頁、56頁（1986）が、公開買付けの強圧性について問題になるのであれば、防衛策によるのではなく、イギリスのように直接に証取法で解決する方法を探求すべきだという指摘が正当であったといえる。

的な延長制度には望ましい企業買収をも妨げるという弊害が存在することを考えると、アンケート併用方式が優れている。市場内買付けの売却圧力の問題についても、公開買付規制にアンケート併用方式を導入することを前提にすると、現在の強制的公開買付制度の適用範囲を拡張して、市場内買付けによっても3分の1以上の議決権を取得することを許さず、公開買付けを強制する方法による対応が簡潔である。

第3款　退出権による少数派株主の保護

第1項　序

次に、退出権による少数派株主の保護について検討する。

従来のわが国の学説においては強制的公開買付制度の企業結合法的側面について十分に詰められてきたとはいえないと指摘されているが[62]、その後、TOB研究会の報告書は[63]、支配株主の交代と登場とを区別し、支配株主の交代の場合には少数派株主の保護は不要だが、支配株主の登場の場合には少数派株主の保護が必要だという考えを提示している。

この考え方は、ドイツにおいてもみられた議論である。しかし、このドイツの議論における支配者の交代の場合と登場の場合との区別をわが国に導入すべきでないことはすでに述べたとおりである[64]。また、イギリスでは、たしかに、支配者の交代の場合、新支配者が少数派株主に損害を与えるか否かは分からないが、しかし、実際に損害を与えた場合の救済手段が乏しいし、少なくとも全ての場合に機能するとは限らないので、この段階で少数派株主の保護が必要であるという議論

---

62) 野田博「会社法の見地からの企業結合形成段階の法規制について（2・完）」商学討究42巻1号144頁（1991）。
63) TOB研究会「株式公開買い付け（TOB）に関する調査研究」22頁以下（2002）。
64) 第5章第2節第2款第2項（本書146頁）参照。

もあったところである[65]。したがって、同報告書の考え方が説得的であるとは必ずしもいえない。

第2項　公開買付規制における少数派株主の保護の必要性

それでは、支配者の交代と登場とを区別せずに考える場合、公開買付規制における退出権の付与による少数派株主の保護という問題についてどのように考えるべきだろうか。

まず、確認しておくべきことは、すでに述べたとおり[66]、買付者が必ずしも対象会社に対して損害をもたらすとはいえないということである。そうだとすると、企業買収の入り口の段階で退出権を与えて少数派株主の保護を図ることが是非とも必要であるとまではいえない。少数派株主に損害が発生した場合に、事後的な規制によって少数派株主の保護を達成することも可能である。

しかし、わが国には統一的な企業結合法制は存在しない。少数派株主が支配株主に対して代表訴訟を提起するような制度もないし、そもそも支配株主がどのような責任を負うことになるのかも明らかではない。そして、仮に将来的には統一的な企業結合法制が導入されたとしても、全ての場合に機能するとは思われないのはドイツと同様である。そうだとすると、少数派株主保護を事後的な規制によって実現できるかは疑わしく、買収の入り口の段階でこれを実現しておくことはわが国にとっても有意義なことだとも思われる。ここに、公開買付規制において少数派株主の保護を実現すべき実質的な必要性・根拠が存在するのである[67]。

第3項　買付者の負担

ところが、問題なのは、その実現方法である。退出権による少数派

---

65) 第2章第4節第2款第2項（本書62頁）参照。
66) 第5章第2節第2款第1項2（本書145頁）参照。

株主の保護を導入するということは、基本的には部分買付けを禁止し、全部買付義務を買付者に課すことである。しかし、それは買付者にとってコストがかかることであり、買付者が全部買付けにかかるコストをまかなえなければ、買収そのものを差し控える萎縮効果が生ずるおそれがある。たしかに、第2章で述べたように、投機的な買収を抑止するだけであれば、これを問題視する必要はないかもしれない[68]。しかし、抑止されるのは投機的な買収に限られないので、かえって株主にとって望ましくない結果がおこる危険性もある。しかも、全部買付義務を課すと、EU企業買収指令の成立経緯でも指摘されていたとおり、対象会社が上場廃止に至る可能性が高まるおそれもある[69]。

　このように全部買付義務を課すことに問題があるとすれば、EUの1996年指令案や1997年指令案のように、例えば70％以上の買付義務を課すということも考えられる[70]。しかし、買付者のコストおよび上場廃止のおそれという問題は同じである。

　このように考えてくると、支配者が損害をもたらすかもしれないという抽象的な理由で、買収の入り口の段階で全部買付義務や例えば70％以上の買付義務を課して少数派株主保護の実現を図るべきだというのには躊躇がある。むしろ、当面は、新支配者の下で少数派株主として残存することをおそれて不本意ながら売却してしまう、という売却圧力の解消の問題の方で対応すべき事柄であるように思われる。そ

---

67) たしかに、買付者が支配を獲得しても、必ずしも上場廃止に至るわけではないし、株式市場においても上場子会社を受け入れる基盤は十分に存在する。それゆえ、ほとんどの場合に対象会社の少数派株主が株式を売却して投下資本の回収を図ることが不可能になる、というわけではない。しかし、支配株主によって不利益を被るおそれのある株式として市場で評価されることになるので、市場で持分を売却することができるからといって少数派株主が不利益を被らないことになるわけではない。

68) 第2章第4節第6款（本書85頁）参照。

69) 第4章注20）参照。

70) 第4章第3節第4款（本書130頁）参照。

の上で、あまりにも濫用的な買収が増えてくれば、その時点で対応するということも考えられるように思われる。

第4項　結論の留保

いずれにしても、企業結合法制のあり方についてどう考えるべきかの検討を経た上でないと最終的な結論を出すことはできない。なぜならば、企業結合の形成段階の規制のあり方は、企業結合の運営のあり方との調和を配慮して考えるべきだが[71]、本稿ではこの大問題に立ち入る余裕はないからである。

また、この他にも、会社法上の株式買取請求権との関係も問題になると考えられる[72]。やはり、この点についても本稿では立ち入ることができない。

さらに、企業買収自体を積極的に評価するのか[73]、消極的に評価するのか[74]、あるいは中立的に評価するのかという問題とも関係してくる。なぜならば、買付者にとってコストのかかる規制をどの程度課してよいかを考えるにあたってはこの点についてどう考えるかが関係してくるからである。証取法の議論としては中立を是とする向きが多い

---

71) 野田博「会社法の見地からの企業結合形成段階の法規制について(1)」商学討究41巻4号90頁（1991）参照。

72) 例えば、龍田節「委任状規制：株式公開買付：内部者取引」ルイ・ロス＝矢沢惇監修『アメリカと日本の証券取引法（下巻）』479頁、541頁（商事法務研究会、1975）は、「支配権の移転をどの程度基礎的変更とみるかにかかる。公開買付の場合にこれを認めると、他の方法による支配権移転の場合についても検討が必要となろう。」とする。そして、合併等の場合との対比による検討を示唆される（557頁注90）。同様に、会社法上の株式買取請求権について体系的な検討の必要性を指摘するものとして、木俣由美「株式買取請求権の現代的意義と少数派株主の保護㈠（二・完）」論叢141巻4号30頁（1997）、143巻2号81頁（1998）、山本真知子「アメリカ法における株主の株式買取請求権と議決権との関係」法学政治学論究36号221頁（1998）、島田志帆「株式買取請求権制度の意義の再検討——ドイツ組織変更法上の現金代償制度を参考に」法学政治学論究62号101頁（2004）がある。

と思われるが[75]、「中立」という言葉は、せいぜい、企業買収を阻止するための手段として公開買付規制を位置づけてはならないということを意味しているにすぎないと思われる。そもそも、現行の公開買付規制が中立的な規制であると評価できるかには疑問があるからである[76]。少数派株主の保護のために買収の入り口の段階で買付者にどの程度の負担を課してよいのかについて、単に「中立」ということだけからは何も語ることができないように思われる。そうだとすると、企業買収自体をどのように評価するかという大問題を避けて通ることはできない。しかし、やはりこの点について本稿で立ち入ることはできない。

73) 支配権市場（Market for Corporate Control）の考え方などである。例えば、龍田節「第三章　証券取引の法的規制」竹内昭夫ほか『現代の経済構造と法』477頁、509頁（筑摩書房、1975）は、「経営者の地位についても競争原理の働くことが、経営努力の刺激となってそれに活力を与え、無能・非効率の経営者は退陣させられる方が、株主・従業員・債権者にとっても利益である。」とする。

74) 例えば、従来から、「永年の苦心によって築き上げた企業を、外部者が横取りするのは非倫理的だとの評価が一方にある。」（龍田・前掲注73）509頁）と紹介されてきた。現在でも、一般論として、従業員が新支配者に対して感情的に反発してしまうと、本来の企業価値が実現しないという場合がおこるおそれはある。

75) 公開買付規制については中立を旨とすべきであるとするものとして、近藤光男ほか『証券取引法入門〔新訂第2版〕』225頁（商事法務、2003）。
　龍田・前掲注73）519頁も、よい公開買付けか好ましくないものかという評価については投資家の判断に委ね、その判断に必要な情報と、判断に基づく行動の機会を適正に確保するのが、証券取引法としてとるべき規制態度であろう、とする。この指摘は、一見、中立を是とする立場であるようにみえる。しかし、これはむしろ対象会社株主（投資家）の判断によらしめるべきであるという1つの主張と解することも可能である。

76) 例えば、売却圧力を放置しているという意味でいうと、現行法は買付者に有利な制度になっていると評価することも可能である。他方、強制的公開買付制度は買付者にとって負担を課すものであるから、買付者に不利な制度であると評価することも可能である。

したがって、退出権による少数派株主の保護を導入すべきかという論点については、これらの問題についての研究を行った上で結論を出すべきであり、本稿の域を超える。本稿では退出権による少数派株主の保護を買収の入り口の段階で導入する必要性がどれほど存在するのかはかなり疑問であるという指摘にとどめざるを得ない。他日を期すこととしたい。

第6章　むすび

　最後に、本稿の考察を要約し、本稿で明らかにした点、今後の研究に残した点を明らかにする。

　本稿では、公開買付規制における対象会社株主の保護のあり方についての考察を行った。本稿の問題意識は、わが国の公開買付規制の適用範囲をめぐる議論が錯綜している原因は、公開買付規制における対象会社株主の保護のあり方についての検討が不十分だからではないか、というところにある（第1章）。

　そして、この問題の考察の基礎的作業として、比較法的考察を行った。

　まず、イギリスの考察によって次の点が明らかとなった。義務的公開買付制度の形成の経緯によれば、義務的公開買付制度は公開買付規制の潜脱防止の手段として導入されたものであった。義務的公開買付制度を導入する以前は、イギリスにも、わが国と同様、市場内買付けには干渉しないという発想が存在した。しかし、具体的な市場内買付けの濫用的な事例を経験した結果、その発想は放棄された。このことから、わが国における市場内買付けには介入しないという大前提自体が絶対的なものではないことが示された。また、理論的には次の5点が重要である。第1に、少数派株主の保護の手段が不足しているという認識が共有されており、少数派株主の保護のための手段を与えるものとして義務的公開買付制度が位置づけられている。しかし、少数派株主に損害を与えるかどうかわからない段階で退出権を与える必要性には、異論の余地がある。第2に、売却圧力の解消という観点から義務的公開買付制度を位置づけることができる。しかし、この観点で重

要な買付期間の延長という規制は容易にその適用を免れることができ、この観点にも問題がある。第3に、コントロールプレミアムの分配という観点から義務的公開買付制度を説明することは一般的ではない。第4に、市場に近くない者の保護という観点からすると、義務的公開買付制度は市場に近い者と近くない者との間の実質的な平等を達成させるためのものと位置づけることは可能であるが、理論的な根拠は必ずしも明らかではない。第5に、部分買付禁止と結びつく義務的公開買付制度には企業買収を抑止するというコストが存在するが、これを否定的にのみ評価すべきではない（第2章）。

次に、ドイツの考察の結果によれば、次の4点が指摘できる。第1に、ドイツの義務的公開買付制度については、コンツェルン形成保護として理解するのが有力である。また、支配株主が交代する場合と新たに登場する場合とを区別して扱うという議論もあるが、しかし、株主保護という観点からはこのような区別は妥当でないと思われる。第2に、コントロールプレミアムの分配の根拠については必ずしも説得的な議論がなされているわけではない。第3に、市場の機能能力の保護という位置づけも有力である。しかし、この観点だけで義務的公開買付制度を理解することは難しい。第4に、任意的な公開買付けの場合には不完全ながらも売却圧力の解消が図られているが、延長期間に売却圧力の問題がスライドするだけではないかという問題もあった（第3章）。

そして、EU企業買収指令の考察の結果によれば、次の3点が指摘できる。第1に、義務的公開買付制度は少数派株主の保護として位置づけられている。第2に、その成立経緯からすると少数派株主の保護と部分買付けの禁止は絶対的な結びつきがあるわけではない。第3に、少数派株主の保護にとっては公開買付価格の規制が重要である（第4章）。

以上の比較法的考察を踏まえてわが国の公開買付規制における対象会社株主の保護について検討した。まず、比較法的考察によって獲得

した視点を整理した。そして、売却圧力、退出権による少数派株主の保護、コントロールプレミアムの分配、市場に近くない者の保護、市場の機能能力の保障という視点を整理すると、これらの視点は少数派株主の保護と売却圧力の解消の2つの問題に帰着した。なぜならば、コントロールプレミアムの分配をすべきだという議論は結局のところ少数派株主の保護を考えているし、市場に近くない者の保護という議論はコントロールプレミアムを市場に近くない者にも平等に分配すべきだという議論だと整理できるし、市場の機能能力の保護という議論から公開買付規制の具体的な内容を決定することはできないからであった。それゆえ、少数派株主の保護と売却圧力の解消の2つを考察の中心とすべきことを明らかにした。

　そして、売却圧力の解消については、公開買付規制自体が対象会社株主の意思決定を重視しており、また、公開買付けが悪用されることもあること、および資本市場の機能能力の保障に役立つことから、売却圧力の解消を図る必要があると考えるべきである。その実現方法としては二通り考えられるが、望ましい企業買収を妨げないようにするためにはアンケート併用方式が望ましく、かつ、市場内買付けによる支配の取得を禁止して公開買付けを強制する制度を合わせて導入すべきことを主張した。

　次に、少数派株主の保護について、既存の少数派株主保護手段を補完するものとして公開買付規制において実現することも考えられる。しかし、この段階で少数派株主保護が必要かは疑問もあるし、買付者に負担を課すことにもなる。それゆえ、本稿は、買収の入口の段階で少数派株主の保護を導入する必要性に懐疑的な立場をとる。ただし、この問題については、企業結合法制のあり方および企業買収自体の評価との関係からも考察する必要があり、これらの問題に関する研究を行うまで結論を留保した。今後の研究課題としたい（第5章）。

　本稿の検討は以上である。もっとも、本稿は大原則を検討したにとどまり、例えば倒産の局面のような緊急の場合に、売却圧力を利用し

てでも支配者の入れ替えを実現すべきような場合もあり得るかもしれない。本稿の考察は、例外として売却圧力をあえて放置すべき場合が存在する可能性までを否定するものではない。売却圧力を放置してでも実現すべき別の価値としてどういうものがあるのかについては、今後の研究課題としたい。また、第1章でも述べたとおり、アメリカ法との比較や、わが国で急展開を見せている防衛策との関係との考察なども今後の重要な課題として残っている。しかし、公開買付規制における対象会社株主の保護のあり方が、公開買付規制の適用範囲を考えるにあたって重要な問題なのではないか、コントロールプレミアムの分配や、自由かつ公開の市場での取引に介入すべきでないといった考え方よりも、売却圧力の問題と退出権による少数派株主の保護の問題こそが決め手になると考えるべきでないかという本稿の問題提起によって、公開買付規制の適用範囲をめぐる論議をわずかでも発展させることができたとすれば、本稿の意図はほぼ達せられたことになる。

　現在、わが国における企業買収に関するルールは抜本的な検討が必要とされている。そして、公開買付規制の立法論的な検討は、重要な作業の1つである。公開買付規制の適用範囲の合理化を図ることは、わが国の企業買収の実務にとっても、理論にとっても、重要である。そうした合理化の方向に対して、本稿が、何ほどかの役に立つことがあるとすれば、望外の喜びである。

II

公開買付規制の改革
欧州型の義務的公開買付制度の退出権の考え方を導入すべきか？

第1章　問題の所在

第1節　本稿の目的

　現在の日本の公開買付規制は、情報開示にとどまらない規制を定めているが、その核となる哲学があまり明確ではない。そのため、ルールそれ自体を体系的に理解することは簡単ではないし、限界事例における解釈の指針を得ることが困難な状況である。この困難さは、最近のカネボウ少数株主損害賠償請求事件（最判平成22年10月22日民集64巻7号1843頁）における高裁と最高裁の解釈の違いにも現れている[1]。このような状況で公開買付規制の改革を考える場合には、現在の公開買付規制の弥縫策的な改正（例えば、複数の種類株式を発行している会社を対象会社とする公開買付けに関する規制の整備等）も重要かつ必要ではあるが、規制の目的として何をコアとするべきなのかを考える方がより重要だろう。

　そして、最近の日本の議論では、欧州型の義務的公開買付制度（マンダトリーオファー）のように、支配が移転した際に、買収者に全株式に対する公開買付けを義務づけて、少数株主に会社から退出する権利（以下「退出権」という）を与える制度の導入が注目を浴びている[2]。

---

1) 本件については飯田秀総「カネボウ少数株主損害賠償請求事件最高裁判決の検討」商事1923号4頁（2011）参照。
2) 奈須野太「経済産業省意見『今後の企業法制の在り方について』」商事1906号42頁、49頁（2010）、太田洋＝山本憲光「支配株主のバイアウト権と少数株主のセルアウト権――その論点と課題（上）（下）」商事1910号45頁（2010）、1912号34頁（2010）参照。

退出権の導入の理論的根拠として言及されているものは、大きく分けて2つのものがある。第1は、強圧的な公開買付けの問題への解決策になるというものである[3]。金融商品取引法（以下「金商法」という）において全部買付義務が一定の範囲で導入されているが、部分買付けを禁止することは公開買付けの強圧性の問題を解決するものではないので[4]、この問題は現在の公開買付規制では対応されていない。この公開買付けの強圧性の問題は、法制審議会会社法制部会の資料において、キャッシュ・アウトに先行する公開買付けの強圧性に問題があるという文脈で登場している[5]。

　第2は、支配・従属関係の成立した後に従属会社の少数株主を事後的に救済することは困難だから、支配・従属関係の形成段階で従属会社の少数株主の保護を実現するべきだというものである[6]。この問題は、法制審議会会社法制部会の検討事項でも、新たな支配株主が現れた場合に、少数株主に支配株主に対する株式買取請求権を付与する制度の創設の是非という論点として取り上げられている[7]。もちろん、本稿で検討する公開買付規制によるか、会社法の制度として株式買取請求権による[8]かという立法の方法に差はある。また、少数株主が退

- [3] 藤縄憲一「検証・日本の企業買収ルール——ライツプラン型防衛策の導入は正しかったか」商事1818号17頁、18頁、22頁（2007）、中東正文「企業結合法制と買収防衛策」森本滋編著『企業結合法の総合的研究』108～109頁（商事、2009）、太田＝山本・前掲注2）商事1910号48～49頁、Hiroyuki Watanabe, *Designing a New Takeover Regime for Japan: Suggestions from the European Takeover Rules*, 30 ZEITSCHRIFT FÜR JAPANISCHES RECHT 89, 104 (2010) 参照。
- [4] 飯田秀総「公開買付規制における対象会社株主の保護」法協123巻5号912頁、1003～1005頁（2006）［本書第1部所収］、黒沼悦郎「企業買収ルールとしての公開買付規制」ジュリ1346号26頁、32頁（2007）参照。
- [5] 法制審議会会社法制部会第7回会議（平成22年11月24日開催）「部会資料6　親子会社に関する規律に関する検討事項(3)」3頁（http://www.moj.go.jp/content/000057965.pdf）、同議事録27頁、35頁、36頁（http://www.moj.go.jp/content/000060893.pdf）。
- [6] 奈須野・前掲注2）49頁参照。

出するときに受け取る価格が、買収者が設定する公開買付価格なのか、裁判所が認定するナカリセバ価格（支配従属関係の成立がなければその関係が成立した時点で有したであろう公正な価格）[9]またはシナジー適正分配価格（企業結合形成によるシナジーを反映した価格）[10]なのかという点にも差はある。しかし、支配移転時の退出権という理論的な根拠は両者に共通する。

　ところが、いずれの問題についても、退出権の導入が必要なのかどうかには疑問がある。第1の問題については、公開買付けの強圧性がなぜ問題なのかに関する認識が不十分であったり、強圧性の解消を目指すあまりに、過剰な規制を用意しようとしていないかという点に関する注意が不足していたりするように思われる。第2の問題については、日本の現状にどのような問題点があり、その問題に対する解決策としてこの退出権による解決が望ましいという論証がなされているわけではないように思われる[11]。

　そこで、本稿は、公開買付規制による退出権の実現という提案の基

---

7) 法制審議会会社法制部会第7回会議（平成22年11月24日開催）「部会資料5　親子会社に関する規律に関する検討事項(2)」1頁（http://www.moj.go.jp/content/000057964.pdf）。
8) 株式買取請求権の導入を提案する最近の有力な見解として、例えば中東・前掲注3）109頁参照。
9) 江頭憲治郎『結合企業法の立法と解釈』249〜251頁（有斐閣、1995）。理論的には、ナカリセバ価格による株式買取請求権ならば、企業価値を上げる支配権の移転を阻害せず、かつ、企業価値を下げる支配権の移転を抑制という理想的状況が達成可能であり、機会均等ルールやマーケット・ルールよりも優れていると評価できる（Lucian Arye Bebchuk, *Efficient and Inefficient Sales of Corporate Control*, 109 Q. J. Econ. 957, 982-83（1994））。ただし、この評価の前提条件として、裁判所が正しくナカリセバ価格を判断でき、株主も裁判所の評価を事前に正確に予測できるという仮定が必要になる。
10) 北村雅史「企業結合の形成過程」森本滋編著『企業結合法の総合的研究』14頁、26頁（商事法務、2009）参照。

本的な考え方の是非を批判的に分析することを目的とする。いずれの問題についても、筆者はすでに論じたことがあるので[12]、本稿ではできる限り重複を避けるために、立法論を考える際のポイントと拙稿で触れなかった議論を中心に検討する[13]。

第2節 検討の順序

本稿では、強圧性の問題、少数株主の事前の保護としての公開買付規制の順でそれぞれ検討し、最後に以上の検討をまとめて結びとする。以下の検討においては、実体的なルールのあり方の検討のみを行う[14]。支配の変動に関する規定を金商法で定めてよいか（あるいは会社法で規定するべきか、それとも企業買収法といった新しい法律で規定するべきか）という問題には立ち入らない[15]。

11)「理念先行で制度の提案をすべきでない」（松井秀征「結合企業法制・企業集団法制の方向性」ビジネス法務10巻6号27頁、31頁（2010））という警鐘を十分に考慮する必要がある。
12) 飯田・前掲注4）912頁。
13) なお、30％超50％未満の株式を有する株主がその持分を1％でも増やす場合にも公開買付けを義務づける英国のようなルールの是非については、本稿では立ち入らない。この問題については、Watanabe, *supra* note 3, at 96-97参照。
14) ルールの中身にのみ焦点を当てる本稿の立場は、Watanabe, *supra* note 3, at 100（ルールの実質とその具体化の議論こそが重要であり、公開買付規制の目的やその法体系における位置づけの議論に時間と労力をこれ以上費やすのは本末転倒である）に従うものである。
15) この問題については、古山正明『企業買収と法制度——公開買付規制の研究』90〜92頁（中央経済社、2005）、江頭憲治郎「会社法制の将来展望」上村達男編『企業法制の現状と課題』115頁、125〜126頁（日本評論社、2009）、松尾直彦「金融商品取引法の役割と課題」商事1865号22頁（2009）、松尾直彦「公開会社法制と金融商品取引法」商事1898号46頁（2010）等を参照。

第 2 章　強圧性の問題点と解決策

第 1 節　強圧性は問題か？

第 1 款　強圧性とは

　公開買付けの強圧性とは、公開買付けの提案を受けた株主が公開買付価格に不満があっても、自分以外の他の株主がその公開買付けに応じてしまうことにより当該公開買付けが成立してしまい、自分だけ少数株主として取り残される不安（あるいは公開買付けよりも低い価格で二段階目のフリーズ・アウトをされる不安）から、不本意ながらも公開買付けに応じてしまう事態のことである。この問題が放置されていると、企業価値を引き下げるような企業買収であると対象会社の大半の株主が考えている場合でも、その公開買付けが成立してしまう。これは、株式所有構造が分散している場合には、株主同士が連携することが困難であることから生じる問題である。

　そして、この強圧性の問題が発生する原因は、公開買付価格と、公開買付け後の株式の価値との間に落差があるので（公開買付け後の株式の価値が公開買付価格と比べて低くなる）、対象会社株主は公開買付けに応募しないと不利になってしまうことにある[16]。このような落差は、単に理論的に考えられるというだけにとどまらず、実証的にみても一般的に存在する傾向にあることが裏付けられている[17]。この落差は、

---

16) Lucian Arye Bebchuk, *The Pressure to Tender : An Analysis and a Proposed Remedy*, 12 Del. J. Corp. L. 911, 917, 926 (1987).

公開買付けの後にフリーズ・アウトが続くかどうかにかかわらず存在するし、買い付ける株式の数に上限をつけて行う公開買付け（部分買付け）だけでなく、このような上限をつけない公開買付け（全部買付け）の場合にも存在している[18]。

第2款　なぜ問題か

この強圧性を問題視するのは、これを放置しておくと効率性を引き下げるような買収でも成立してしまうからである[19]。

この立場が何を意味しているかを裏側から表現すると、例えば、企業価値を上昇させるような公開買付けにはフリーライドの問題があるので[20]、これを克服するために強圧的な公開買付けによって当該買収が実現したとしても問題はないという評価を下すことになる。つまり、公開買付価格と、公開買付け後の株式の価値との間に落差がある場合の全てが不当というわけではない。もしも、公開買付価格の方がその

---

17) Michael Bradley, *Interfirm Tender Offers and the Market for Corporate Control*, 53 J. Bus. 345, 362-65 (1980)；井上光太郎「TOB（公開買付け）と少数株主利益」商事1874号34頁（2009）。

18) 井上・前掲注17) 37頁参照。

19) 飯田・前掲注4) 1007頁。なお、星明男「少数株主から支配株主への利益移転は抑止されるべきか——会社支配権市場の規律的効果とその誘因」ジュリ1326号130頁、136頁注34)（2007）は、効率的市場仮説からすると、対象会社の企業価値についての対象会社株主の評価は、市場価格という形で他の株主に伝達されているから、望ましくない企業買収が行われるということはあり得ないのではないかという疑問を提示している。しかし、強圧性の議論は公開買付け期間の終了直前の株主の判断を検討しており、この時点の市場価格は、公開買付けがなかった場合の対象会社の企業価値を示しているわけではないため、この疑問は当たらないことについては、飯田・前掲注4) 949〜950頁参照。

20) 星・前掲注19) 134〜136頁参照。フリーライド問題のせいで公開買付けが成立しにくくなるという現象は、実験経済学の手法による研究でも観察されている。広田真一ほか「金融の実験経済学——テークオーバー・メカニズムに関する考察」フィナンシャル・レビュー53号58頁（2000）。

後の株式価値よりも高いということ自体を非難するとすれば、例えば、デパートで期間限定の安売りをしているような場合とか、古本屋が期間限定で先着100名までは10％上乗せした価格で古本を買い取るというような場合も非難することになりかねない[21]。

　そして、論理的には、公開買付けには企業価値を下げるようなものもあれば、企業価値を上げるようなものもあり、実際の買収がいずれであるかを判断することは、(少なくとも公開買付けの段階では) 難しい。したがって、制度としては、強圧性とフリーライドの問題の両方を解決できるようなものが望ましい。言い換えれば、強圧性を解消することばかりに注目して、企業価値を上げるようなタイプの企業買収に無用なコストを課すような制度は望ましくない。

第 2 節　解決策

第 1 款　方法

　公開買付けの強圧性の問題を解決する方法は、抽象的に言えば、「公開買付けの成立 (支配の変動) の是非に関する賛否」と「公開買付けが成立した場合に応募するか否かの意思表示」とを分離することによって達成できる。立法的に解決する方法として、具体的には、次のような方法が考えられる[22]。

　第 1 は、公開買付けに応募するかどうかという意思表示と、公開買付けの成立に賛成するかどうかという意思表示の 2 つを、別々にしかし同時に対象会社株主に行わせて、公開買付けの成立に賛成する株式

---

21) Coercive の訳語として「強圧的」が一般的であるため本稿もこれに従っているものの、この語感が妥当だったのかに疑問があることにつき、田中亘「買収防衛策の限界を巡って——ニッポン放送事件の法的検討」金融研究26巻法律特集号 1 頁、25頁注(52) (2007) 参照。

の数が過半数を超える場合に限り、公開買付けの成立を認めるという方法である[23]。

　第2は、第1の方法をやや変えて、先に公開買付けに応募するかどうかだけを意思表示させて、その応募総数の結果を公表してから、当該公開買付けに賛成するかどうかを意思表示させるという方法である。先に応募総数を公表させることの趣旨は、そうでなければ部分買付けの場合には按分比例の決済が行われるかどうかが不確実であるし、按分比例の決済が行われる場合にはその比率も不確実であるので、この不確実性を解消してから当該公開買付けの賛否を意思表示させるべき

---

22) 買収者が自発的に強圧性を排除する方法としては、例えば、51％以上の株式の応募を条件とした公開買付けを開始する際に、公開買付けが成立した際には同額でフリーズ・アウトを実行する旨をあらかじめ公表・保障して行う方法もある。水野信次＝西本強『ゴーイング・プライベート（非公開化）のすべて』191～196頁（商事法務、2010）参照。これに関連して、フリーズ・アウトに関して発生する株式買取請求権の買取価格である「公正な価格」が公開買付価格と一致しなければならないという解釈は、この意味で強圧性の解消にも意味があるようにもみえる。しかし、株式買取請求権の行使には費用と時間がかかることから、「公正な価格」と公開買付価格とが数字として一致していても、「公正な価格」の価値の方が低いことがあり得るので、強圧性の問題の解消にはならないこともある。逆に、「公正な価格」は公開買付価格を上回るということを保障してしまうと、今度は公開買付けのフリーライドの問題が発生し、望ましくない。他にも、株式買取請求権では、フリーズ・アウトが行われない場合の公開買付けの強圧性の問題に対応できないという問題もある。以上の意味で、株式買取請求権によって強圧性の問題に対応しようとする努力には、限界があるし、場合によっては弊害もある。強圧性の問題に対応するのであれば、株式買取請求権ではなく、本文で検討する公開買付規制による対応を行うべきである。

23) 詳細は、Lucian Arye Bebchuk, *Toward Undistorted Choice and Equal Treatment in Corporate Takeovers*, 98 HARV. L. REV. 1695, 1747-64（1985）．この提案を紹介するものとして、中東正文『企業結合・企業統治・企業金融』106頁注135）（信山社、1999）、飯田・前掲注4）1009～1011頁、田中亘・前掲注21）26～27頁参照。

だからである。さらに、それまでは当該公開買付けの是非に関する情報を十分に持っていなかった株主に対して他の株主の評価を知らせることになる。このような学習の機会を与えることで、公開買付けの成立の是非に関する株主の判断がより妥当なものになる可能性がある[24]。

第3は、全部買付けが行われる場合に、51％以上の株式の応募を公開買付成立の条件として、当該公開買付けに51％以上の応募がある場合には、2週間といった短期間、追加的に、当該公開買付けに応募していなかった株主に対して応募する機会を与えるという方法である[25]。また、部分買付けの場合にも、追加応募機会を設定する方法によって強圧性の問題に対処することは可能である[26]。

ただし、この第3の方法では、対象会社株主に公開買付けに応募しないインセンティブを与えてしまうという問題がある。なぜなら、対象会社の株主は、公開買付けが成立する場合には、最初の公開買付期間で応募することも、追加応募期間で応募することも全く同一の結果になる。そのため、最初の公開買付期間での公開買付けが失敗する場合にどうなるかを考える。公開買付けが失敗する場合というのは、現在の株式の価値についての他の株主の評価が公開買付価格を上回る場合であるから、他の株主の評価を前提にすると自己の現在の株式の価値の評価も上方に修正することになるので、結局、公開買付けに応募

24) Sharon Hannes & Omri Yadlin, *The SEC Regulation of Takeovers：Some Doubts from a Game Theory Perspective and a Proposal for Reform*, 25 YALE J. ON REG. 35（2008）.
25) 似たようなルールがイギリスやドイツで採用されている。飯田・前掲注4）950〜951頁、974〜975頁、渡辺宏之ほか「ドイツにおける企業買収の実相──ドイツM&A弁護士との対話」企業と法創造7巻2号188頁、192〜93頁［Falkenhausen発言］（2010）参照。
26) 田中・前掲注21）29頁参照。厳密には、最初の公開買付け期間中に応募した株主は、延長期間中にその応募を撤回できないというルールも必要である。さもないと、結局は公開買付けの意思決定の機会が1回しかないという状況と同じになってしまうからである。

しない方が有利と考えることになるからである[27]。

　第4に、公開買付けによって公開買付者が90％以上の議決権を取得した場合、当該公開買付けに応募しなかった少数株主に、公開買付価格と同額で買収者に対してその保有する株式を売却することができるというセル・アウト・ライトの導入も考えられる。なぜなら、この方法によっても、公開買付けに反対するという意思表示と、公開買付けが成立するならば応募するという意思表示を分離することが可能だからである（90％という数値を、95％や66％や51％といった数値に変えても同様である）。

　しかし、この方法には、①対象会社の株主に公開買付けに応募しないインセンティブを与えてしまうという問題、②セル・アウト・ライトの発生する基準（例えば90％）を下回る議決権（例えば60％）の応募しかない場合にはセル・アウト・ライトが発生しないので、強圧性の解決にはならないという問題、および③部分買付けを禁止することになってしまうという問題があり、支持できない[28]。

第2款　考慮すべき点

　第1ないし第3の方法は、第4の方法と比べて、優れている。なぜなら、第1ないし第3の方法は、いずれも、企業価値を上昇させるような企業買収の実施に対して余計なコスト負担を強いるものではないからである。また、第1と第2の方法は、第3の方法と比べると、対象会社の株主に応募しないインセンティブを与えたりしないという点で優れている。

　しかし、第1と第2の方法の欠点は、比較法的にこのようなルールを持つところはほとんどなく[29]、提案の趣旨にのっとった制度の運用

　27）Bebchuk, *supra* note 16, at 945-946；飯田・前掲注4)　1008〜1009頁参照。
　28）飯田・前掲注4)　1012〜1013頁参照。
　29）中東・前掲注3)　120頁注(59)参照。

が技術的に可能なのかどうかが必ずしも明らかでない点にある（ただし、英国の規制において部分買付けが認められる場合のルールは、第1の方法のルールと重なるところがあり、技術的におよそ実現不可能な制度とまではいえないだろう）[30]。これに対して、第3の方法はシンプルであり、技術的には実現しやすいだろう。

このように一長一短あるが、実際に立法するにあたっては、理論的な問題だけではなく、技術的な実行可能性も考慮した上で、最も適切と思われる方法で立法することになるだろう。ただ、いずれにしても、強圧性の問題に対応するには、買収者にとって不利になりすぎないような対応を行うべきである。例えば、もしも第1・第2の方法による立法が技術的に難しいとしても、だからといって部分買付けの禁止を伴うセル・アウト・ライトの導入という方法による立法を実現する必要性は必ずしもない。なぜなら、上記のとおり、強圧性があるがゆえに企業価値を向上させるような企業買収が実現できるというプラスの面もあるのだから、強圧性をすべて封じればいいというものではないからである[31]。したがって、もしも第1・第2の方法が技術的に立法することが難しいのであれば、第3の方法を検討するべきである。

30) Bebchuk, *supra* note 23, at 1796-97参照。
31) 中東・前掲注3) 120～121頁注(59)は、「どの程度の強圧性が生じているのかが定かでない」という限定をつけた上で、「大鉈を急いで振るう必要はなさそうである」とする。しかし、強圧性が多くのケースで存在することは井上・前掲注17) や Bradley, *supra* note 17で実証的に裏付けられている。むしろ、定かでないのは、企業価値を引き下げるような公開買付けがどの程度発生しているかである。事柄の性質上、この点の実証は難しいが（なぜなら、買収が成立しない場合の対象会社の独立価値は市場価格には反映されないから）、代理変数として公開買付け公表直前の市場価格と、公開買付け成立後の市場価格とを比較するものとして井上・前掲注17) をみると、平均的には企業価値を上昇させる買収が行われている。これが正しいとすると、第1や第2の方法のように企業価値を上昇させるような企業買収に無用なコスト負担をかけないような方法とは違う方法での強圧性への対応をする必要性はないだろう。

第3節 少数株主の事前の保護としての公開買付規制

第1款 退出権による少数株主の保護の必要性

　支配株主は、その支配を使って会社財産を収奪することが事実上可能であり、少数株主が不利益を被るおそれがある。支配株主による少数株主の利益の搾取という問題への対応策としてまず考えられるのは、支配株主が違法行為等を行った後に、少数株主が支配株主に対して損害賠償請求をできるというような事後的な救済手段である。しかし、このような支配株主に対する損害賠償請求制度が立法されたとしても、これが上手く機能しない可能性は十分に考えられる[32]。だから、支配の変動の際に、少数株主の保護の手段として退出権を保障することが必要であるという考え方がある[33]。理論的にも、支配株主に変化が生じることは会社の基礎的な変更であり、基礎的な変更の際には株主に退出権が与えられてしかるべきだと考える余地がある[34]。

　たしかに、現在の全部買付義務の規制は、対象会社が上場廃止にな

---

32) 飯田・前掲注4) 1014頁、松井・前掲注11) 28頁、奈須野・前掲注2) 49頁参照。
33) 奈須野・前掲注2) 49頁。
34) 宮島司『企業結合法の論理』86〜112頁（弘文堂、1989）のように、株主と会社との間の法律関係は一種の継続的法律関係であり、しかも観念的には個人法的にその法律関係を解除する権利が存在し、事情変更の原則・契約不履行の一般原則（信頼の破壊・給付内容の変更）という私法体系における基本法理からみて、契約の前提条件または株主の意欲した目的を破壊することになる場合には、株主の解除権が認められる（合併・事業譲渡・定款変更による株式譲渡制限の場合に株式買取請求権が規定されているのと同様に、会社が支配・従属関係に陥ることも事情の変更に該当するので解除権が認められる）という考え方からすると、一般的に、事情の変更・信頼関係の破壊がおこると評価できる場合には退出権を認めてしかるべきだという結論に至るだろう。

る場合の少数株主の保護を考えているにもかかわらず、当該公開買付けに応じなかった株主が保護されないので[35]、公開買付け成立後の短期間、追加的に応募できる期間を導入するという提案[36]には説得力があるし（流動性の喪失という不利益を他の方法で保護することは難しい[37]）、強圧性の観点からもこのような改正を行うことに賛成できる[38]。

第2款　画一的な対応への疑問

ところが、上場廃止の局面を超えて、より一般的に退出権を導入するべきであるという議論には説得的な論拠が示されていないように思われる。

理論的には、支配の変動には2つの類型がある。第1は、従来は株主の株式所有構造が分散していた会社において、大量の株式を取得した支配株主が登場する場合である。第2は、従来から支配株主が存在する会社において、支配株式が売買されるなどした結果として支配株主が交代する場合である。

いずれの場合においても、支配の変動後の新しい支配株主がどういう行動をとるのかは明らかではなく、新支配株主が機会主義的行動をとって少数株主が不利益を被るおそれが存在することは論理的には否定できない。

もっとも、支配の変動がむしろ企業価値を高め、少数株主の利益を

---

35) 黒沼・前掲注4) 32頁参照。
36) 北村・前掲注10) 17頁。
37) 現に、公開買付けの開始の時点では、上場廃止を目指さないとしつつ、上限を付けない公開買付けを行った結果、予想外に多くの応募があり、上場廃止基準に触れる可能性が出てきたなどの理由で完全子会社化に切り替えるという案件があると指摘されている（前田昌孝「企業再編型M&Aと個人投資家」日本経済研究センター会報966号『M&A時代のファンドと株主利益——効率的で公平な資本市場を求めて』75頁、78～79頁（2008））。
38) 中東・前掲注3) 109頁参照。

改善する可能性も十分にある。例えば、株式の保有構造が分散している会社では株主によるモニタリングは合理的無関心のせいで期待できないのに対し、支配株主がいる会社では合理的無関心の問題は克服可能である。そして、一般的に、株主の構造と企業の収益性との間には明確な関係はない[39]。

　また、従来から支配株主が存在する場合、その旧支配株主も少数株主の利益を搾取している可能性があり、新支配株主の方がむしろ少数株主の利益を搾取しないということもあり得る。同じ日本の会社法が適用される以上、新旧の支配株主で、少数株主の搾取の可能性に質的な差はない。

　そのため、「支配株主の変動は少数株主にとって不利益なことである」という一般論は成り立たない[40]。つまり、支配株主の存在は、プラスに働くこともあればマイナスに働くこともある、というものなので、問題を画一的にとらえるのではなく、ケース・バイ・ケースの対応が適切であるともいえる[41]。

　たしかに、もしも支配株主が少数株主を搾取することが頻繁に行われているのであれば、類型的に不当な不利益を少数株主が被るおそれが存在するという理由で、支配の変動の際に少数株主の保護を与えるという議論は説得的である。ところが、少なくとも日本の上場会社の現状において、類型的・構造的に支配株主が存在するせいで少数株主が不利益を被っているわけではないようである[42]。

　従来、支配・従属会社関係の形成に関する法律論においては、支配

---

39) 三輪芳朗＝J・マーク・ラムザイヤー『経済学の使い方』187〜225頁（日本評論社、2007）参照。

40) Luca Enriques, *The Mandatory Bid Rule in the Proposed EC Takeover Directive : Harmonization as Rent-Seeking?*, in Reforming Company and Takeover Law in Europe 767, 785 (G. Ferrarini et al. eds., 2004).

41) 新井富雄「日本企業のガバナンスとM&A」日本経済研究センター会報978号『日本企業の株主構造とM&A──ガバナンスの担い手を再考する』1頁、12〜16頁（2009）参照。

株主の存在による不利益の側面が強調され、議論もそこに集中しがちである。以下の検討においても、不利益な側面があるという点に注目をして議論を展開するが、議論の出発点から疑問の余地があるように思われる。

第3款　事後的な制度の限界は退出権の導入を正当化するか

　支配株主による搾取に対する少数株主の事後的な救済手段が明確には存在していない日本の現状では、退出権に期待が集まることも理解できる面もある。しかし、理論としてはステップを飛びすぎているのではないかという疑問がある。事後的な制度に限界があるとしても、事前の救済として退出権というドラスティックな方法を導入することが当然に正当化されるものではない。事前の制度として、退出権以外の手段（例えば、少数派代表監査役、従属報告書、特別検査、企業集団の内部統制システム、注記表による開示等[43]）も十分に検討する必要があるはずである。このような他の手段を導入しても従属会社のガバナンスが十分に機能しない場合に限って退出権の導入を提案するのであれば説得力があるが[44]、このようなステップを飛ばした提案は必ずしも説得的ではない。

---

42) 宍戸善一ほか「親子上場をめぐる議論に対する問題提起——法と経済学の観点から」商事1898号38頁、1899号4頁、1900号35頁（2010）、加藤岳彦「上場子会社と企業統治——企業価値・収益性との関連を探る」日本経済研究センター・前掲注41）55頁（2009）など。

43) 高橋英治『企業結合法制の将来像』164～184頁（中央経済社、2008）参照。

44) 高橋・前掲注43）185頁は、支配会社による継続的侵害行為または包括的影響力の行使により、従属会社の株主保護のための管理体制が機能し得ない状態にある場合、を退出権の要件とすることを提案している。

第4款　退出権の導入は少数株主の保護になるのか

　なぜなら、部分買付けを禁止して全部買付けを義務づけるなどして退出権を導入しても、少数株主の保護になるとは限らないし[45]、企業買収のコストを高めるおそれがあるからである。

　少数株主に対して退出権を与えるということは、原則として買収者に対して全部買付義務を課すということである。そうすると、買収者が全株式を買い付けるのに十分なファイナンスのコストを負担できない場合には、このような企業買収が行われなくなるおそれがある。あるいは、部分買付けが許される場合だったならば51％の株式を取得しただろうという買収者は、全部買付義務が課される場合には51％の株式が応募される程度の買収価格でしか買収提案をしなくなり、部分買付けが許されるならば設定しただろう価格よりも低い買収価格を提示するようになることが予想され、結果として買収が成立する確率が低下するというコストが発生すると予想される[46]。

　このような議論に対しては、欧州では現に企業買収が起こっているのだから、このコストを過大視する必要はないという反論も予想される。しかし、ここで問題としているのは、一切企業買収が起こらなくなるというコストではなく、水面下で企業買収を検討して挫折をして

---

[45] 義務的公開買付制度、スクイーズ・アウト、セル・アウトと少数株主保護の関係に関する分析については、Mike Burkart & Fausto Panunzi, *Mandatory Bids, Squeeze-out, Sell-out and the Dynamics of the Tender Offer Process*, in REFORMING COMPANY AND TAKEOVER LAW IN EUROPE 737 (G. Ferrarini et al. eds., 2004) 参照。

[46] 飯島裕胤＝家田崇「企業買収ルールと少数株主利益」甲南会計研究4号23頁（2010）参照。買収価格が高ければ応募株主の数が増えるという関係については、田中佑児＝増田士朗「株式公開買付における最適なプレミアムについて——実データに基づいた考察」日本経営工学会論文誌59巻195頁（2008）、井上光太郎「日本の TOB は強圧的か？」日本経済研究センター・前掲注37）99頁、110頁（2008）参照。

しまうケースがあるだろうということである。そのため、欧州で企業買収が行われているということは、このコストの問題への反証にはならない。

　また、全部買付けを義務づけても公開買付価格が低く設定されるだけではないかという懸念に対しては、ドイツのように、公開買付価格の最低価格規制として、公開買付け開始前の一定期間の市場価格の平均価格以上で公開買付けを実行しなければならない[47]、といった規制をあわせて導入すればよいという反論も考えられる。しかし、このような規制が入った場合の買収者の合理的な反応は、市場価格が高騰している場合には高すぎる価格で買収することは避けたいので買収そのものを断念するというものだろう[48]。また、市場価格が低い場合には、買収者が設定する買付価格に影響を与えない。したがって、このような最低価格規制は、いずれにしても対象会社株主の保護につながる保障はない。

第5款　自発的な公開買付けの実施を動機づける制度としての退出権

第1項　公開買付けを実行させる動機づけとしての退出権

　もっとも、自発的に行われる公開買付け（ボランタリーオファー）によって支配の変動が実現した場合には、少数株主の退出権は発生しないという点についても欧州型の公開買付規制を模倣するのであれば、退出権導入のコストはそれほど問題にする必要はないともいえる。

---

47) ドイツのルールについては、ヨーロッパM&A制度研究会『ヨーロッパM&A制度研究会報告書』8頁（日本証券経済研究所、2010）http://www.jsri.or.jp/web/publish/other/pdf/005.pdf 参照。
48) 渡辺ほか・前掲注25) 191～92頁 [Falkenhausen発言]（市場価格が高騰している場合に、ドイツの最低価格規制のせいで取引が実行できなかった例を紹介する）参照。

英国で義務的公開買付制度が適用されるのは、公開買付けによらずに支配を獲得した場合である。そして、英国の経験では、義務的公開買付けが行われるのは年に10件程度にすぎない[49]。つまり、英国の義務的公開買付制度は、公開買付け以外の方法で支配を取得した場合の買収者の負担を大きくすることで、公開買付け以外の方法での支配を取得しないようにする抑止力として機能しており、支配を取得するならば自発的に公開買付けを行うように動機づけていると分析することも可能である[50]。

　したがって、たしかに欧州型の義務的公開買付制度は支配が移転した後の問題をとらえるのに対し、日本の強制公開買付規制は支配が移転する時点の問題をとらえるという意味で違いがあるけれども、欧州型の義務的公開買付制度は、機能としては、支配が移転する時点で公開買付けを行わせるように動機づけるものでもあると分析できる。そうだとすると、公開買付けを行わせるという機能としては、日本の強制公開買付規制とあまり違いはない。

　したがって、この視点から考えると、支配の移転後に退出権を与える制度を導入することによって状況が変わるのは、日本の強制公開買

---

[49] 英国におけるマンダトリーオファーの件数については、飯田・前掲注4) 959頁注52)、渡辺宏之「英国企業買収規制の『実像』とわが国への『示唆』」MARR176号8頁、9頁（2009）参照。

[50] 渡辺・前掲注49)（買収者にとって厳しい義務的公開買付制度が存在することで、安易な支配権の移転への強力な抑止力となっている）参照。ただし、ドイツではマンダトリーオファーの件数とボランタリーオファーの件数とが同水準にあり、このことをマンダトリーオファーとボランタリーオファーの違いが少ないからだと理解する見解（渡辺宏之ほか「ドイツ企業買収法をめぐる諸問題――マックスプランク研究所にて」企業と法創造7巻2号169頁、179～80頁［Baum発言］(2010)）と、M&A取引とは全く無関係でも実施義務を果たすために行われるマンダトリーオファーの件数が多いからだと理解する見解（渡辺ほか・前掲注25）190頁［Falkenhausen発言］）がある。

付規制が対象外としている、市場取引のみによる支配の取得の場合と、新株発行による支配の取得の場合である。現に、この2つの場合に問題があるとして指摘する見解もある[51]。そうだとすると、強制公開買付規制の対象を拡張することの方が、退出権の導入よりも直截的な方法である。そこで、最後に、この2つの場合について検討する。

第2項　市場取引による支配の取得に対する規制

1　強制公開買付規制の対象の拡張

市場取引による支配の獲得についても強圧性の問題があるため、これを現在の強制公開買付規制の対象とし、公開買付けの強圧性の問題は第2章で検討した方法によって対応しておくという立法論がある[52]。具体的には、市場内外の取引によって3分の1を超える議決権を取得しようとする者は、公開買付けによらなければならない、とすることが考えられる。この立場は、公開買付けの強圧性を適切にコントロールするために規制を行うこと（効率的買収を妨げず、非効率的な買収を抑止すること）を公開買付規制のコアの目的の1つとする考え方である。この方法は、全部買付けの強制によって生じるコストが発生しない点で、退出権の導入よりも優れている。

これに対しては、市場で安い価格で30％まで取得し、その後に公開買付けで10％を取得するようなことが可能なので、非効率的な買収でも成立してしまうという問題があるのではないかという疑問が予想される。しかし、この場合、公開買付規制には第2章で述べた方法が導入されているので、公開買付けが成立するのは過半数の株主が賛成する場合に限られる。したがって、効率性の視点からは、30％まで市場

---

51) 奈須野・前掲注2) 49頁。
52) 飯田・前掲注4) 1011頁、田中・前掲注21) 26～27頁参照。また、志谷匡史「企業買収規制のあり方」商事1907号5頁、12頁 (2010) は、一定数を超える大量の第三者割当が株主総会決議事項となることを条件に、市場取引による支配の取得を公開買付規制の対象とすることを提案している。

で買い進められるからといって、問題があるわけではない[53]。なお、以上の議論は、3分の1をもって支配の移転の基準として採用する現行法の立場を前提にしている。しかし、例えば25％や20％程度でも支配の獲得は可能だから、この基準を引き下げるべきではないかという問題もある。本稿では、この数字についての具体的な論拠に基づく提案をすることまではできないが、この問題を考えるに当たっては買収防衛策で用いられることの多い20％が有力な基準の1つといえる。

　また、効率性の視点だけではなく、買収者間の平等という視点からも、市場取引による支配の禁止・公開買付けの強制というルールを正当化することは可能である。なぜなら、現在の公開買付規制のように、別途買付けの禁止（金商法27条の5）が存在する場合、ある者が公開買付けを行っている期間中に、第三者が市場取引で支配を取得することが可能になっていると、買収者間の平等に反するからである。買収者が競合する場合の競争条件が平等でなければ、支配権市場の競争が健全に機能しないことが予想されるので、買収者間の平等を確保することも必要である（現在の公開買付規制にも、買収者間の平等という観点は部分的には存在している。金商法27条の2第1項5号参照）。

2　敵対的買収の妨げになるか？

　これに対して、公開買付けによる敵対的買収が成立した事例が存在しないことから、市場取引のみによる買収を封じるような改正には慎重であるべきという有力な主張がある[54]。たしかに、「敵対的買収が成功しない理由は公開買付規制による不当なコスト負担のせいである」という可能性を否定するだけの証拠はない。そうだとすると、市場取引による支配の取得を封じることは、敵対的買収はもとより、株主アクティビズムまで実施しにくくなるおそれもあり、妥当ではない

　53）詳細は、Bebchuk, *supra* note 23, at 1790-92参照。
　54）黒沼・前掲注4) 34頁。

可能性もある（日本では、株主アクティビズムは実証的に対象企業の株主価値を増大させている傾向にある[55]）。

しかし、敵対的な公開買付けが成立しない理由は、対象会社株主の視点からいうと、敵対的な公開買付けに応じることによって得られる利益（買収プレミアム）に比べて、公開買付けに応募しないことの利益（株式持合などを通じて得られる利益、敵対的買収への嫌悪感を行動で示す等）の方が大きいと考えられたから公開買付けが失敗したのではないかとも考えられる。それに加えて、敵対的買収に対する防衛策が強力であること、対象会社の取締役が保身を図っているだけであっても対象会社株主からの批判が十分に強くないこと、さらに、敵対的買収に対する対象会社の従業員の反発が強いために、買付価格を十分に引き上げてまでして敵対的公開買付けを成立させても買収者の利益にならないといった要因が考えられるだろう。

したがって、以上の公開買付規制の改正それ自体が、敵対的買収の妨げになるわけではないように思われる。

3　第三者割当による支配の変動

次に、新株の第三者割当による支配の獲得については、現在の状況では問題があるのだとしたら、権限分配の問題として、支配の変動をもたらすような新株発行第三者割当を取締役会のみの判断で実行できてしまうことだろう[56]。なお、実証的には、第三者割当による支配の譲渡による一般株主への影響は株価を5％上昇させており、このプレミアムは合併の場合とあまり違わないという研究がある[57]。しかし、プレミアムが低い支配の譲渡であるにもかかわらず、株主の意思を問わずに取締役会だけで決定できてしまうという点に、合併の場合と比較した第三者割当の問題がある。

---

55) 井上光太郎「アクティビズムは株主価値を増大するか？」日本経済研究センター・前掲注41）21頁（2009）参照。

この問題は、第一次的には株主総会・取締役間の権限分配の問題として解決すべきである。もしも、取締役会の権限とすることが望ましいのであれば、第三者割当による支配の移動は、強制公開買付規制の対象とする根拠とはならない。なぜなら、公開買付けを強制することは、第2章で述べたような強圧性に対応する公開買付規制を用意するのであれば結局は株主の意見を聞くことになるからである。

　逆に、もしも、支配の変動をもたらすような新株発行には株主総会決議が必要であるというルールを採用するとしよう[58]（なお、公開買付規制において強圧性の問題を解消する措置を採用するのであれば、支配の変動に際しては対象会社の株主の意見を問うということになるので、新株発行による支配の変動に際して株主総会決議を要求するというルールとは整合的である）。そのような株主総会決議を経ずに行われた新株発行による支配の獲得については、退出権を与えるなどして、会社法上のルールのエンフォースメントの実効性を補完させる機能を公開買付規制が担うことは認める余地がないわけではない。しかし、新株発行の差止めや無効確認訴訟といった救済手段の改善こそが本筋だろう。例

---

56) 法制審議会会社法制部会第5回会議（平成22年9月29日開催）「部会資料3　企業統治の在り方に関する検討事項(2)」4〜5頁（http://www.moj.go.jp/shingi1/shingi04900040.html）、岩本奈応「不適切な第三者割当の未然防止に係る取組み——第三者割当事例集の解説」商事1913号34頁（2010）等参照。

57) 鈴木一功「M&A取引としての第三者割当増資」日本経済研究センター会報966号『M&A時代のファンドと株主利益——効率的で公平な資本市場を求めて』141頁（2007））。

58) 立法論あるいは取引所等の自主規制として提案するものとして、洲崎博史「不公正な新株発行とその規制（二・完）」民商94巻6号732頁（1986）、志谷・前掲注52）12頁、洲崎博史「公開会社（上場会社）における資金調達法制」大証金融商品取引法研究会4号89頁、108頁（2011）（立法論として、希釈化率25％以上の新株発行について株主総会決議を要求すべきであり、希釈化率100％（倍額増資）以上の新株発行については特別決議を要求すべきである）参照。

えば、取引の安全や、債権者の保護を懸念して新株発行の無効を制限的にしか認めない議論に対しては、当該割当を受けた者の手元に株式がある限りはその議決権の行使を認めないといった制度の導入も選択肢の1つとして考えられる[59]。

したがって、新株発行における権限分配の問題としての検討の必要はあるとしても、いずれにしても公開買付規制で対応する必要はあまりない。

59) 議決権停止制度の立法論については、柴田寛子「事前救済措置・エンフォースメントの実効化」商事1913号25頁（2010）参照。

第 3 章　むすび

　現在の日本の公開買付規制で改革が必要なのは、退出権の考え方を入れることではなく、強圧性の問題に対応することである。この観点からは市場取引のみによる支配の取得も規制の対象とすることが一貫する。他方で、退出権の導入は、その出発点における問題認識と、その解決策のドラスティックさとがミスマッチを起こしている。強圧性に対応する改正を行えば、公開買付規制において全部買付義務を課すような退出権を導入する必要性はない。

　なお、以上の検討は、公開買付規制を議論していることから明らかなとおり、上場会社を念頭に置いた検討である。閉鎖会社における支配の変動の法的規律については、本稿の検討の対象外である。

第 2 部

強制的公開買付制度の強行法規性

第1章　問題の所在

　第1部では、公開買付規制で解決するべき問題は何か、すなわち、金商法を改正するとした場合にどのような改革があり得るかという問題を論じた。これに対して、以下では、公開買付規制のあり方として、全て強行法規でなければならないのか、それとも対象会社の定款自治を認める余地もあるのか、という問題を検討する。本稿の検討の対象は、公開買付規制のうち、強制的公開買付制度（3分の1ルール。3分の1超の議決権を市場外の相対取引で取得するには公開買付けによらなければならないというルール）である。ここでいう「強行法規」とは、対象会社の定款において、公開買付けによらずに支配株式の譲渡を行うことができると定めていても、なお、公開買付けによらなければ違法と評価するルールのことを指すこととする[1]。また、ここでいう「定款自治」とは、法がデフォルト・ルール（定款で何も定めていないときに適用されるルール）を規定し、そのデフォルト・ルールからの離脱（opt-out）を定款で定めれば離脱を認めるルールを指すこととする[2]。

[1] 「強行法規」が何を意味するのかについて、注意深く定義する必要があることにつき、Bernard S. Black, *Is Corporate Law Trivial?: A Political and Economic Analysis*, 84 Nw. U. L. Rev. 542, 593 (1990); 神田秀樹＝藤田友敬「株式会社法の特質、多様性、変化」三輪芳朗＝神田秀樹＝柳川範之編『会社法の経済学』463頁（東京大学出版、1998）参照。

[2] 定款自治には、本文に述べた類型の他に、メニュー型のルール（会社が定款で選択（opt-in）しない限りは適用されないルール）もあることにつき、Yair Listokin, *What do Corporate Default Rules and Menus Do? An Empirical Examination*, 6 J. Empirical Legal Stud. 279, 280 (2009) 参照。

金商法における条文の位置づけからすると、公開買付規制は開示規制の１種類である。そして、規制に違反すれば、刑事罰・課徴金等の対象となる[3]。そのため、公開買付規制が強行法規であることは、現行法としては当然のことであるように思われるかもしれない。

　しかし、公開買付規制は、金商法の開示規制という側面にとどまらず、会社法上の株主利益の保護という側面もある[4]。そうすると、公開買付規制のうち会社法に関する側面については、全て強行法規としなければならないかというと、当然にはそのようにいうことはできないはずである[5]。

　コーポレート・ガバナンスの議論において、最適なガバナンスのあり方は各会社によって変わってくるという考え方がある（"one size does not fit all"）[6]。そのため、会社の内部の構造については定款自治に委ねることが最適であるという議論も説得力がある[7]。また、例えば、取締役会の構成について、１つのあり方を全ての会社に強制するのではなく、「遵守せよ、さもなくば説明せよ（Comply or explain）」原則に従ったルールを作るということはしばしば行われているところでもある[8]。

　そして、公開買付規制の会社法的側面はまさにコーポレート・ガバ

---

3) 刑事罰は金商法197条の２第４号、207条１項２号、課徴金は金商法172条の５。
4) 本書第１部参照。
5) 有価証券報告書提出会社以外の会社では、強制的公開買付制度は適用されない。そのため、会社法の観点からは強制的公開買付制度が適用される会社とされない会社の２類型が併存しており、このことについて会社法は沈黙している。つまり、いずれかを強行法規とするという立場を会社法は採用していない。
6) See, e.g., Lucian Arye Bebchuk, *The Case for Increasing Shareholder Power*, 118 Harv. L. Rev. 833, 869 (2005).
7) See, e.g., Frank H. Easterbrook & Daniel R. Fischel, *The Corporate Contract*, 89 Colum. L. Rev. 1416 (1989).

ナンスに関連するルールである。強制的公開買付制度は、支配株主と少数株主の間の利害調整[9]をするルールであり、これは、典型的なコーポレート・ガバナンスの問題類型に関するものである。また、敵対的買収は、経営者を規律する（業績の悪い経営者を解任する）機能があることから[10]、「外部からのコーポレート・ガバナンス」という側面がある[11]。したがって、公開買付けに関するルールも、各会社によってその最適なあり方は違ってき得るのではないかという考え方があり得る[12]。

8)「遵守せよ、さもなくば説明せよ」原則によるソフト・ローのアプローチの発祥の地であるイギリスに関して、PAUL L. DAVIES AND SARAH WORTHINGTON, GOWER & DAVIES' PRINCIPLES OF MODERN COMPANY LAW 430-31 (9th ed., Sweet & Maxwell, 2012); Marc T. Moore, *The End of Comply or Explain in UK Corporate Governance*, 60 N. IR. LEGAL Q. 85 (2009) 参照。この原則を日本法が使用している例としては、平成26年の会社法改正で導入された会社法327条の2の規律（社外取締役を選任しない会社に、社外取締役を置くことが相当でない理由を説明させる規制）がある（田中亘「取締役会の監督機能の強化――コンプライ・オア・エクスプレイン・ルールを中心に」商事2062号4頁（2015）参照）。

9) See, e.g., Ronald J. Gilson & Jeffrey N. Gordon *Controlling Controlling Shareholders*, 152 U. PA. L. REV. 785 (2003).

10) FRANK H. EASTERBROOK & DANIEL R. FISCHEL, THE ECONOMIC STRUCTURE OF CORPORATE LAW 171-74 (1991).

11) See, e.g., Klaus J. Hopt, *Takeover Defenses in Europe: A Comparative, Theoretical and Policy Analysis*, 20 COLUM. J. EUR. L. 249, 266 (2014).

12) Luca Enriques et al., *The Case for an Unbiased Takeover Law (With an Application to the European Union)*, 4 HARV. BUS. L. REV. 85, 88 (2014). 田中亘『企業買収と防衛策』442～446頁（商事法務、2012）は、その提案する強圧性の防止のためのルールと、防衛策の禁止のルールについては強行法規とすべきだとしつつ、全部買付義務（部分買付けの禁止）のように、「複数のルールのそれぞれにメリット、デメリットがあり、その優越を容易には決められない場合に、ルールの選択肢を示したうえで株主に定款で選択させる、というアプローチは、十分に考慮に値する」（同書446頁）としている。本稿は、後者の類型に強制的公開買付制度はまさに該当するのではないかという検討を行うものである。

そして、現行法においても、例えば支配株主にのみ種類株式を保有させることによって、支配株主の議決権が3分の1超であっても3分の2未満であれば、当該支配株主が当該種類株式を市場外で売却する際に、買主が公開買付けによらずに当該種類株式を取得することに支配株主が同意すれば[13]、公開買付けによらなくてよいとすることが可能であると解される[14]。この意味では、強制的公開買付制度の一部[15]は、実は強行法規ではなく、（種類株式の発行を通じての）定款自治による同ルールからの離脱（オプト・アウト）が認められている状態であるとみることができる[16]。はたして、このような定款自治を認めることは妥当なのだろうか。

　筆者は、以前、この論点について次のように述べていた[17]。

　　　「比較法的には、大きく分けて欧州型の機会均等ルール（支配の移転の際に公開買付けを義務づけて一般株主に売却の機会を保

---

13) 金商法27条の2第1項ただし書、金商法施行令6条の2第1項7号、他社株府令2条の5第2項2号。
14) 最判平成22年10月22日民集64巻7号1843頁で示された解釈論の帰結であることにつき、飯田秀総「カネボウ少数株主損害賠償請求事件最高裁判決の検討」商事1923号4頁、16頁（2011）、加藤貴仁「判批」私法判例リマークス43号82頁、85頁（2011）参照。
15) 普通株式のみ発行している会社では、全株主の同意や、株主総会決議による承認があったとしても、強制的公開買付制度から離脱して、3分の1超の議決権を公開買付けによらずに相対取引で取得することは許されないので、「一部」である。
16) なお、現在の状況はやや複雑な定款自治である。単純な定款自治であれば、強制的公開買付制度の適用の有無を会社が定款で定めていればそれに従うというものである。しかし、現在の状況では、種類株式の発行を伴わなければならないため、単純な定款自治よりも手続的に複雑となる。比較法的には、スイスの義務的公開買付制度は、定款で定めればその離脱が認められているから、まさに単純な定款自治が認められている（Article 22 BEHG (Bundesgesetz über die Börsen und den Effektenhandel)）。
17) 飯田・前掲注14) 16頁。

障するルール)とアメリカ型のマーケット・ルール(支配の移転の際に公開買付けを義務づけたりせず、相対取引による支配株式の移転を認めるルール)の2つがある……。マーケット・ルールにも機会均等ルールにも一長一短がある(前者には、効率的な支配移転を阻害しにくいという長所と、非効率的な支配移転もまた阻止しにくいという短所があり、後者には非効率的な支配移転を阻止しやすいという長所と、効率的な支配移転をも阻止しやすくなってしまうという短所がある[18])ので、一見すると、各会社に選択させることは合理的であるようにも思われる。

　しかし、支配株主にとっての最適な選択が、買収者にとっては最適ではない選択になる可能性がある。そのため、既存の株主と買収者の利益の総和という効率性(社会的な利益)[19]の最大化という観点からすると、この点を支配株主の選択にゆだねるべきではなく、強行法規として規制するべきなのではないかという論点がある[20]。

　買収者にとっては、機会均等ルールよりもマーケット・ルールの方が、利益が大きいことが知られている[21]。そのため、支配株主がマーケット・ルールを選択するという場合、支配株主にとっても、買収者にとっても問題はない。問題があるとすれば、対象会社の少数株主の利益であるが、種類株式の発行に関して適切なルールが用意されていれば[22]、大きな問題はないと

---

18) See Lucian Arye Bebchuk, *Efficient and Inefficient Sales of Corporate Control*, 109 QUARTERLY J. ECON. 957 (1994).
19) ここでの効率性は、株主と買収者の効用だけしか考えておらず、従業員等の他のステイクホルダーの効用への影響は考慮していない。強制公開買付規制は、株主と買収者の利害関係の調整を第一の目的としているので、他のステイクホルダーの効用を考慮しないことによって、より明確な分析が可能になる。Bebchuk, *supra* note 18, at 963 n. 6 参照。
20) See, Bebchuk, *supra* note 18, at 984-86.
21) Bebchuk, *supra* note 18, at 985.

もいえる。支配株主がすでに種類株式によって支配を保持した状態である会社に後から参加した少数株主は、そのような会社だと分かって株式を購入したともいえるだろう。したがって、機会均等ルールをデフォルト・ルールとしつつ、種類株式を使うことによってマーケット・ルールを選択することも可能とする制度は、効率性の観点からみても、当然に不当とまではいえない。

　しかし、もしも機会均等ルールが社会的に最適なルールなのだとすると、支配株主の選択によりマーケット・ルールが選択されてしまうと、社会的には非効率的な状況になってしまうという問題があると評価することになる。

　いずれにしても、この論点は理論的にも実証的にも十分に解明されていない。この点の分析を進めることが残された課題である。」

22) ただし、現在の会社法における議決権配分に関する規制には問題があるという批判がある（加藤貴仁『株主間の議決権配分』458～459頁（商事法務、2007）参照）。
23) わが国の強制的公開買付制度に関する先行研究（例えば、家田崇「支配株式の取得方法」名古屋商科大学総合経営・経営情報論集46巻1号23頁（2001）、森本滋「公開買付規制にかかる立法論的課題——強制公開買付制度を中心に」商事1736号6頁（2005）、吉本健一＝松中学「強制的公開買付けの目的に関する立法論的考察」阪大法学55巻6号1551頁（2006）、仮屋広郷「企業買収法制のあり方と今後の展望——制度設計への視座」一橋法学11巻1号61頁（2012）、藤田友敬「支配株式の取得と強制公開買付——強制公開買付制度の機能」岩原紳作ほか編集代表『会社・金融・法〔下巻〕』33頁（商事法務、2013）、黒沼悦郎「公開買付規制の理論問題と政策問題」江頭憲治郎編『株式会社法大系』527頁（有斐閣、2013）、太田洋「公開買付規制を巡る近時の諸問題」金融商品取引法研究会編『金融商品取引法制の潮流』27頁（日本証券経済研究所、2015）など）では、強行法規性の問題については検討されていないように思われる。

本稿は、この点について、研究を進めようとするものである[23]。具体的には、第2章で、強制的公開買付制度は強行規定であるべきか、それとも定款自治を認めるべきかについて検討する。その際、会社法の強行法規性に関する先行研究をも参照しながら検討を行う。第3章で、もしも定款自治を認めるとした場合に、デフォルト・ルールを強制的公開買付制度とするべきかどうか、および、デフォルト・ルールから離脱する場合の手続について検討する[24]。この検討の目的は、日本法が定款自治を認めているのに近い状況にあることから、その現状を批判的に検討することにある。第4章で、以上の検討をまとめて、むすびとする。

---

24) デフォルト・ルールの検討について、①強行法規かデフォルト・ルールか、②何をデフォルト・ルールとすべきか、③デフォルト・ルールからの離脱の手続はどうすべきか、という3段階に分解して考えることは、Ian Ayres, *Regulating Opt-Out: An Economic Theory of Altering Rules*, 121 YALE L.J. 2032, 2034 (2012) に従うものである。

第2章　強制的公開買付制度は強行法規であるべきか

第1節　機会均等ルールの強行法規性に関する先行研究

　本節では、機会均等ルールの強行法規性に関する先行研究を検討する。強制的公開買付制度は機会均等ルールに分類される。これと同じく機会均等ルールに分類される欧州の義務的公開買付制度については、その強行法規性をめぐって議論がある。そこで、この議論を手がかりに検討を行うこととしよう。

第1款　強行法規の必要性を示唆する見解

　機会均等ルールまたはマーケット・ルールのいずれかを強行法規とする必要性を示唆する見解として Bebchuk（1994）がある[25]。この見解は、その前提として、両ルールがそれぞれ一長一短あり、マーケット・ルールが優れている可能性を示唆しつつも、効率性の観点からいずれかが優れていると結論づけるためには、支配株主の私的利益等に関する実証的なデータが必要であるとして、いずれかに軍配をあげることはしていない[26]。その上で、マーケット・ルールが現在の支配株主にとって有利なのかどうかも明らかではなく、もしもマーケット・ルールが現在の支配株主にとって有利でなければ、現在の支配株主は

---

25) Bebchuk, *supra* note 18, at 986.
26) Bebchuk, *supra* note 18, at 964-81（現在の支配株主の私的利益、現在の支配株主と買収者の私的利益の差、会社の経営によって株主にもたらされる価値の総和の差についての実証的なデータが必要だとしている）。

機会均等ルールを選択すると考えられるところ、マーケット・ルールが効率性の観点から社会的に好ましい場合であってもマーケット・ルールが選ばれなくなってしまうから、強行法規とした方が良い可能性があると指摘する[27]。

要するに、この見解が強行法規とすべき可能性を指摘する根拠は、効率性の観点から社会的に最適なルールと、現在の支配株主にとって有利なルールが異なり、現在の支配株主の好みによってルールの選択ができてしまうと非効率が発生するという点にある。

しかし、この見解には次の疑問がある。すなわち、効率性の観点から社会的に最適なルールが一義的に決まるのかというと、そこまではこの見解が主張していないことはすでに紹介したとおりであり、実証的に決まってくるとしている。そうだとすると、社会的な最適と現在の支配株主の個人的な最適との間のギャップがあることによる非効率性を理由にして、いずれかのルールを強行法規としようとしても、立法者が最適なルールを強行法規として立法できる保障はない。立法者が間違えて社会的に最適でないルールを強行法規としてしまったときには非効率となるはずである。立法者が間違えることがないというのであればともかく、論者の研究によっても社会的に最適なルールがいずれなのかは明らかではないとしているのであるから、立法者が間違える可能性は十分にある。そうだとすると、立法者が最適ではないルールを強行法規に選択してしまうことによる非効率と、上記のギャップによる非効率のいずれが大きいのかが問題となる。そして、この問題についての解答は全く明らかではない。

したがって、この見解にのみ依拠するのでは、いずれかのルールを強行法規とすることが優れていることの論証にはならない。

---

27) Bebchuk, *supra* note 18, at 986.

第2款　デフォルト・ルール化を提唱する見解

　Enriques, Gilson and Pacces（2014）は、ヨーロッパの義務的公開買付制度を、デフォルト・ルール化すべきだと主張している[28]。この見解は、現在の日本法のような状況を提唱しているといえる。なぜなら、義務的公開買付制度と日本の強制的公開買付制度は、非効率的な買収を阻止しやすいが、効率的な買収をも阻止しやすいという点で共通しており[29]、義務的公開買付制度をデフォルト・ルール化すべきだという主張は、日本の強制的公開買付制度にもそのまま応用可能と考えられるからである。そこで、以下では、その根拠を検討しよう。

　彼らの基本的な考えは、企業買収は効率的な場合もあれば非効率的な場合もあるから、企業買収の望ましさについては類型的に賛成・反対するのではなく、偏りのない立場からルール作りをすべきだという点にある[30]。その論旨は以下のとおりである。

　すなわち、従来の議論は、企業買収を受け入れるか、それとも拒絶するかについての決定権を正しい意思決定者に与えれば、良い買収は実行され、悪い買収は阻止されるということを前提としてきた。つまり、対象会社の株式保有構造が分散している場合は、取締役と株主のいずれに決定権を与えるかということが問題とされてきた。また、対象会社に支配株主がいる場合は、支配株主が支配権の取引を行うか否かを決めることについて、制限がなくて良いか（義務的公開買付制度、少数派株主の過半数の同意を要件とするマジョリティ・オブ・マイノリティのルール、1株1議決権や企業買収指令のブレーク・スルー・ルールのように企業買収を促進するルール[31]）が議論されてきた。これらの議

---

28) Enriques et al., *supra* note 12, at 90.
29) Tomotaka Fujita, *The Takeover Regulation in Japan: Peculiar Developments in the Mandatory Offer Rule*, 3 UT SOFT LAW REVIEW 24 (2011); 藤田・前掲注23) 48〜55頁、72〜73頁、75〜76頁。
30) Enriques et al., *supra* note 12, at 87.

論は、1つのルールを全ての会社に妥当させる（one-size-fits-all）アプローチである。しかし、価値を上昇させる取引だけを実行させるようなルールは存在しない、と彼らは断じる。なぜなら、いずれの当事者が決定権を与えられたとしても、間違いを起こすリスクはゼロにならないからである。この観点からすると、企業買収法が達成できる最大限のことは、このようなバイアスから受ける影響の平均を最小化するスクリーンをつくることである、とする[32]。

そして、義務的公開買付制度は完璧なスクリーンではないと指摘する。なぜなら、義務的公開買付制度は、価値減少型の取引を防止することができるものの、価値上昇型の買収を妨げてしまう側面もあるからである[33]。他方で、支配株主自身が、スクリーンとなることもできるが、やはり完全ではない。なぜなら、一方で、支配株主は、買収提案が対象会社の本質的な価値を過小評価しているという理由で（その判断が正しいときもあれば、間違っているときもあるが）、拒絶することもあるだろう。他方で、支配株主は、私的利益を上回るだけのコントロール・プレミアムが支払われない限りは、（企業価値を上昇させるような買収者からのものであっても）買収提案を拒絶してしまうだろうからである。支配株主は、対象会社に対して多額の投資を行っているわけだから、間違いを犯せば最も損をする一方で、豊富な知識から最も利益を得られる立場にあり、価値上昇型の買収か否かのスクリーンとして有益かもしれない[34]。

31) 1株1議決権原則と企業買収の関係については、例えば畠中薫里「企業の資金調達と議決権および利益の配分」三輪芳朗＝神田秀樹＝柳川範之編・前掲注1) 279頁、292〜298頁参照。ブレーク・スルー・ルールについては、Jan Wouters, Paul van Hooghten & Mattias Bruyneel, *The European Takeover Directive: A Commentary, in* PAUL VAN HOOGHTEN ED., THE EUROPEAN TAKEOVER DIRECTIVE AND ITS IMPLEMENTATION 3, 49-57 (Oxford 2009) 参照。
32) Enriques et al., *supra* note 12, at 92-93.
33) Enriques et al., *supra* note 12, at 100.
34) Enriques et al., *supra* note 12, at 100-01.

したがって、どのようなルールが望ましいかということは、私的利益の性質と規模によって決まる。そしてその私的利益の性質と規模は、会社ごとに異なり、また、その会社の発展の段階、関連する産業の条件、設立された法域によっても異なる。効率的なスクリーンを決定するのは、動的なプロセスであり、これらの状況は時期によって変わるとする[35]。

以上の彼らの論旨は、上記第1章で述べた本稿の問題意識と通じるものがある。なぜならば、義務的公開買付制度が望ましいか否かは各会社によって異なるのではないかという点が共通するからである。

それでは、この見解をどのように評価すべきだろうか。

機会均等ルールとマーケット・ルールのいずれかが、効率性の観点から優れていると断定できるのであれば、その優れている方を強行法規として規定すればよいのかもしれない。しかし、先行研究の理論的な分析によれば、一方が他方よりも優れているとはいえないということが明らかになっている[36]。そうだとすると、いずれかのルールを強行法規とするのではなく、デフォルト・ルールからの離脱を認める定款自治の考えを導入することには、合理性がある可能性は十分にある。

35) Enriques et al., *supra* note 12, at 102, 108-09. なお、以上の議論には次のような反対意見もある。すなわち、投資家の保護・少数株主の保護のためには、強行法規による立法の介入が必要であり、また、法的安定性の観点からも、強行法規が望ましいという批判である。Klaus J. Hopt, *European Takeover Reform of 2012/2013 – Time to Re-examine the Mandatory Bid*, 15 EUROPEAN BUSINESS ORGANIZATION LAW REVIEW 143, 162-63（2014）.

36) 効率性の観点から機会均等ルールとマーケット・ルールのいずれが優れているのかという点については、意見が分かれており（例えば、マーケット・ルールが優れている可能性を示唆するものとして Bebchuk, *supra* note 18、黒沼・前掲注23）があり、他方で機会均等ルールが優れている可能性を示唆するものとして Edmund-Philipp Schuster, *The Mandatory Bid Rule: Efficient, After All?*, 76 MODERN L. REV. 529（2013）がある）、現時点では明確な結論は出ておらず、実証研究を頼りにその時々で判断せざるを得ない問題といえる。

そして、実はここまでの議論は、筆者が過去に述べた見解[37]を敷衍したにすぎない。

　以上の議論に欠けているのは、支配株主と少数株主の間の利害調整に関わる問題についてのルールであっても、そのルールに一長一短があれば任意法規としてもよい、などと単純に考えてよいかという問題についての考察である。もしこのように考えてよいのだとすると、会社法の多くの規定は任意法規となって然るべきであるということになる。しかし、実際には、強行法規と考えられている会社法の規定はかなり多いだろう。そうだとすると、このような単純な思考は説得力がない。会社法の規定を強行法規とすべき根拠が強制的公開買付制度に関しては妥当しないという論証があって初めて、説得力が出てくる。そこで、この点については、会社法の強行法規性に関する先行研究を参照して検討する必要があるから、次節で検討しよう。

第2節　会社法の強行法規性に関する先行研究からの視点

　会社によって最適なルールが異なっている可能性があるにもかかわらず、なぜ会社法は強行法規のルールを用意することがあるのだろうか。この問題についての先行研究を検討しよう。会社法の強行法規性に関する議論の詳細はすでにわが国の研究者でも検討されているので[38]、ここでは中でも重要と考えられる次の3点から正当化する議論について検討する[39]。

第1款　IPO市場の価格形成の不完全さ

　第1は、IPO市場において、定款の条項の内容に応じた価格形成が完全になされるわけではないから、強行法規が必要だという議論であ

---

37) 第1章参照。

る[40]。すなわち、もしこの価格形成が完全になされるのであれば、創業者（支配株主）は、定款の条項が非効率であることによって生じるコストをIPOの際に創業者が負担することになるから、自身の利益を最大化するように行動する創業者であれば、定款の条項を効率的にしようとするインセンティブを持つはずである。しかし、この価格形成が完全になされないのであれば、創業者は定款の条項を効率的なものとするとは限らない。そして、IPO市場が完全に効率的である（全ての定款の条項が正しく価格形成に反映される）わけではない[41]。だか

38) 会社法の強行法規性に関するわが国の先行研究としては、例えば、前田雅弘「会社の管理運営と株主の自治──会社法の強行法規性に関する一考察」龍田節＝森本滋編『川又良也先生還暦記念：商法・経済法の諸問題』139頁（商事法務研究会、1994）、神作裕之「コーポレート・ガバナンスと会社法の強行法規性」ジュリ1050号130頁（1994）、宍戸善一「株式会社法の強行法規性と株主による会社組織設計の可能性──二人会社の場合」商事1402号30頁（1995）、黒沼悦郎「会社法の強行法規性」法教194号10頁（1996）、野田博「会社法規定の類型化における『enabling規定』の位置とその役割・問題点（上）（下）」一橋論叢122巻1号1頁（1999）、123巻1号190頁（2000）、藤田友敬「契約と組織──契約的企業観と会社法」ジュリ1126号133頁（1998）、神田＝藤田・前掲注1)、田中亘「取締役の社外活動に関する規制の構造(三)(四)」法協117巻11号1594頁、12号1745頁（2000）、黒沼悦郎「会社法ルールの任意法規化と競争」商事1603号42頁（2001）、神谷高保「会社法の任意法規化の限界──強行法規か否かの判定基準」小塚荘一郎＝高橋美加編『落合誠一先生還暦記念：商事法への提言』65頁（商事法務、2004）、近藤光男ほか「定款自治による株主の救済〔上〕〔下〕」商事1698号4頁（2004）、1699号16頁（2004）、川村正幸「会社法の強行法規性と定款自治」浜田道代＝岩原紳作編『会社法の争点』16頁（有斐閣、2009）、玉井利幸『会社法の規制緩和における司法の役割』（中央経済社、2009）、田邉真敏『株主間契約と定款自治の法理』（九州大学出版会、2010）、織田博子「法人法規定の強行法規性」法時86巻5号140頁（2014）、稲田和也「定款自治と強行法規性」法時86巻6号90頁（2014）等参照。
39) 以下の整理は、Jens Dammann, *The Mandatory Law Puzzle: Redefining American Exceptionalism in Corporate Law*, 65 HASTINGS L. J. 441, 459-64 (2014) に負うところが大きい。
40) See Dammann, *supra* note 39, at 460.

ら、強行法規が必要になるという議論である[42]。

第 2 款　支配者の機会主義的行動のおそれ

　第 2 は、IPO 後の定款変更の際に、機会主義的行動がとられて少数株主が害されるおそれがあるから、強行法規が必要となるという議論である。このことを予期する少数株主は、この将来の機会主義的行動の分を割り引いてしか投資をしてくれなくなる。これを避けるためには、会社の支配者（支配株主や経営者）は、将来に機会主義的な定款変更（会社の支配者にとってのみ有利となるような定款変更）が行われないというコミットメント[43]をする必要がある。そして、機会主義的な定款変更が行われることを禁止するルールが強行法規であれば、そのルールがそのコミットメントと同様の機能を果たす。したがって、強行法規はこの問題の解決策を提供するという議論である[44]。

　この議論に対しては、株式保有構造が分散型の会社においては、定款変更には株主の支持が必要であり、機会主義的な定款変更は承認されないのではないかという疑問もあり得るところである。もっとも、株主の承認が完全に機能して、機会主義的な定款変更が完全に阻止されるということは、現実には考えにくい。なぜならば、株主の意思決定には、合理的無関心などの集合行為問題があるからである。そうだとすると、少なくとも、あるルールを強行法規とすることは、株主の承認による株主の保護の不完全さを補完するものとして意義があると

---

41) Black, *supra* note 1, at 571-72; Lucian Arye Bebchuk, *Why Firms Adopt Antitakeover Arrangements*, 152 U. PA. L. REV. 713, 740-42 (2003).

42) See Dammann, *supra* note 39, at 460-62.

43) コミットメントとは、「特定の行動をとらざるをえない状況を自ら作り出すこと」（中西訓嗣「経済学の基礎知識」柳川隆＝高橋裕＝大内伸哉編『エコノリーガル・スタディーズのすすめ——社会を見通す法学と経済学の複眼思考』277頁、300頁（有斐閣、2014））である。

44) Lucian Arye Bebchuk, *The Debate on Contractual Freedom in Corporate Law*, 89 COLUM. L. REV. 1395, 1399-1404 (1989).

いうことになる[45]。

第3款　外部性

第3は、株主以外の利害関係者（例えば債権者）に与える外部性の観点から、強行法規の必要性を論じる議論である[46]。例えば、株主有限責任制度からすると、会社は債権者を害するような過度なリスクテイクをしてしまい、社会全体としての非効率性をもたらすおそれがあり、これに対応するためには強行法規が必要だという議論である[47]。

もっとも、本稿の検討の対象としている強制的公開買付制度については、株主間の利害調整にのみ注目して検討するので、この外部性の観点は以下では考察の対象とはしない[48]。

第4款　小括

以上で概観したように、IPO前の段階とIPO後の段階の2つに分けて、強行法規性の必要性を検討することが有益である。それでは、以上の第1と第2の点から、強制的公開買付制度の強行法規性の検討に際して、どのような視点が得られるだろうか。次節で検討しよう。

---

45) Dammann, *supra* note 39, at 462-63.
46) Roberta Romano, *Answering the Wrong Question: The Tenuous Case for Mandatory Corporate Laws*, 89 COLUM. L. REV. 1599, 1617（1989）（ただし、強行法規を立法する政治過程の結果が、外部性を放置することに比べて良いかどうかを判断しなければ、強行法規を作るべきではないという留保をしている）.
47) See Dammann, *supra* note 39, at 463-64. 神田＝藤田・前掲注1）464頁も、債権者保護規定の強行法規性を外部性の観点から「説明できる面があるかもしれない」とする。

48) なお、神田＝藤田・前掲注1) 466頁以下では、強行法規性の根拠として本文で指摘したものの他に、①法が画一的であることが公共財としての性格を有すること（法の標準書式の機能）、②再交渉の防止、③株主の集合行為問題があるので株主の多数決での決定は株主全体の利益の増大になるとは限らないことが指摘されている。しかし、いずれも強制的公開買付制度（3分の1ルール）の強行法規性を根拠付けるものとはいえない。なぜなら、①が強行法規の根拠となるためには、「ルールの統一性が守られることによって節約される費用が、当事者が望まないアレンジメントを強制することで発生する費用を上回っていなくてはならない」（神田＝藤田・前掲注1) 465頁）ところ、支配株式の買主はいずれにしても対象会社の調査（デューデリジェンス）をするのが通常だろうから、定款を調査することの費用は小さいし、その他大勢の少数株主にとっては、強制的公開買付制度（3分の1ルール）とマーケット・ルールには企業価値を上げる買収までもが阻止されてしまうという費用の有無、企業価値を下げる買収を阻止できるという便益の有無という違いがあり、このルールによって生じるこれらの費用の総計よりも、定款を調査することにかかる費用の方が大きいと断定する根拠はないからである（なお、法の標準書式の機能を根拠に、買収防衛策のルールについての定款自治を制約するべきでないとする田中・前掲注12) 97頁参照）。②については、これが強行法規性の根拠となることについて論者自身が懐疑的であるし（神田＝藤田・前掲注1) 467頁）、強制的公開買付制度やマーケット・ルールは再交渉を禁止するルールでもない。③については、これが成立する前提条件として、「問題のような内容のアレンジメントは通常は考えられない、したがって意思決定プロセスに問題があった可能性が非常に高いこと」が必要だが、強制的公開買付制度とマーケット・ルールのいずれかが通常は考えられないルールとはいえない（比較法的にはヨーロッパが強制的公開買付制度、アメリカがマーケット・ルールというように分かれているし、日本法も有価証券報告書提出会社は強制的公開買付制度、それ以外はマーケット・ルールが原則となっている）から、やはり強制的公開買付制度の強行法規性の検討に際しては決定的ではない。

第3節　強制的公開買付制度の強行法規性への応用

第1款　IPO 前の定款の作成

　第1の点からは、まずは、日本の IPO 市場の効率性が問題となる[49]。Dammann（2014）の議論に従えば、もしもアメリカの資本市場が世界一効率的だとすると、アメリカの会社法に強行法規が少ないことは整合的に理解できる[50]。また、日本の資本市場は世界で2番目の規模である[51]ことから、もしも2番目に効率的な市場といえるのだとすると、近時の日本の会社法の定款自治の拡大傾向[52]も、この観点から正当化することができるのかもしれない。もしそうだとすると、日本では強制的公開買付制度を強行法規とせずに定款自治を認めることも、この観点から正当化できるかもしれない。

　しかし、この議論は、資本市場の効率性の程度についての評価に依存するものであり、その評価には疑問の余地が大いにあるから、その説得力はあまり高くない。

　もっとも、仮に資本市場が効率的であったとしても、定款において強制的公開買付制度が定められているのか、それともマーケット・ルールが定められているのかによって、株価に実質的に有意な差が発生するのかは、必ずしも明らかではない。なぜならば、いずれのルールにも一長一短があるからである。つまり、少数株主は、強制的公開買付制度であれば、コントロール・プレミアムを享受することができ

---

49) 日本の IPO 市場の効率性に関する実証研究については、忽那憲治『IPO 市場の価格形成』（中央経済社、2008）参照。
50) Dammann, *supra* note 39, at 464-66.
51) Dammann, *supra* note 39, at 465.
52) 宍戸善一「定款自治の範囲の拡大と明確化――株主の選択」商事1775号17頁（2006）参照。

る機会が与えられるから有利な面がある。逆に、強制的公開買付制度があるせいで、企業価値を上昇させるような買収者であっても、企業買収を断念せざるを得ないことがあり、そうなると、少数株主にとってはマーケット・ルールであれば得られたであろう利益を得ることができなくなるという不利益が生じる。すなわち、少数株主は、マーケット・ルールにおいては、旧支配株主が受け取るコントロール・プレミアムと同レベルのコントロール・プレミアムを享受する機会はないものの、企業価値を上昇させる買収者であれば、少数株主は支配株主の交代によって、その保有する株式も上昇するという利益を得られる面がある。もちろん、マーケット・ルールにおいては、企業価値を減少させる買収者であっても企業買収が可能になるから、その場合には少数株主は株式の価値の下落という不利益を被る側面もある。このように、両ルールの違いは、理論的には株価にどのような影響を与えるのかは、必ずしも明らかではない。

　他方で、支配株主は、両ルールの違いがもたらす影響を理解している可能性はある。なぜならば、両ルールの違いがもたらす影響は、支配株主の私的利益の規模・種類に依拠するところ、支配株主は自らの享受する私的利益について最も詳しいからである。そうだとすると、少数株主としては、支配株主に対してその私的利益の享受に関する情報を開示するように要求すれば、強制的公開買付制度とマーケット・ルールの是非について判断するための情報を得られることとなるだろう。このような条件が整えば、効率的な市場であれば定款の条項を適切に価格に反映することも期待できる。その場合には、創業者は、最適な定款条項を作るだろう。逆に、そのような効率的な市場がないならば、創業者は、自らに有利な内容の定款条項を作るだろう。そして、後者の場合には、定款自治に委ねていると非効率が発生するおそれがあるとはいえるだろう。

　しかし、そもそも、市場が非効率的で、創業者が最適な定款条項を作るインセンティブが欠けるということがあるとして、立法者がいず

れかのルールを強制することが望ましいのだろうか。実は、この第 1 の視点自体、会社法の強行法規性の根拠としても必ずしも説得的ではないところがある。なぜなら、立法者が効率的なルールを常に制定できるとは限らないからである。特に強制的公開買付制度に関してはこの疑問が強く当てはまる。なぜならば、立法者は、個別の会社の支配株主の私的利益に関する情報を得ることは事実上不可能だろうからである。立法者が両ルールの効率性について判断するには、必要な情報無しに行わなければならない。立法者が非効率なルールを強行法規とするおそれを否定することはできない。

　そうすると、もしも定款自治を認めるとした場合に市場が非効率的であるせいで生じる定款自治の非効率と、もしも定款自治を認めないとした場合に立法者が非効率なルールを強行法規として立法してしまうことの非効率のいずれを大きいと考えるのか、ということが問題となる。この問題については、理論的に明確な答えがあるとは思われず、論者の価値判断に依拠することにならざるを得ないかもしれない。

　いずれにしても、以上の検討によれば、日本法において、例えばIPO 時に支配株主のみが種類株式で 3 分の 1 超の議決権を保有しておけば、その種類株式の譲渡の際に公開買付けによる必要はなくなるところ、このような強制的公開買付制度からの離脱が可能となっている現状について、積極的に批判する明確な根拠はないし、逆に、積極的に支持するだけの理由があるわけでもない。市場の効率性についての評価と、立法者の能力についての評価によって、賛成・反対のいずれかの立場に傾くという関係にある[53]、ということまでしか解明することはできない。

---

53) 田中・前掲注38) 法協117巻11号1658頁も、究極的には、立法者の情報収集処理・誘因を持っているかについての評価の差異が、会社法の強行法規性の賛否を分けていると指摘する。

第 2 款　IPO 後の支配株主の機会主義的行動のおそれ

　第 2 の点からは、まず、支配株主による少数株主の搾取がどのくらい深刻なのかということが問題となる。日本でも、もちろん、この搾取問題は発生するのであるが、ヨーロッパにおけるこの問題の深刻度と比べると、日本では相対的には深刻とまではいえないように思われる。なぜならば、実証研究においては、上場会社では、支配株主が従属会社から利益を搾取しているという明確な結果が出ているわけではないからである[54]。

　要するに、定款変更によって強制的公開買付制度からの離脱をすることによって、支配株主が少数株主から利益を搾取するのではないかという懸念も、あまり深刻なものではない可能性がある。そうだとすると、強行法規とする必要性は低いといえるかもしれない。

　ただし、IPO 後の定款変更が可能になるとすると、強制的公開買付制度が適用されていた会社であっても、買収者が支配株主に対してアプローチしてきた時点で定款変更して、マーケット・ルールに変更されることがあり得る。この場合、強制的公開買付制度の下であればコントロール・プレミアムを享受することができていたはずの少数株主の利益が、定款変更によって支配株主に移転しているともいえる。しかし、これは単なる利益移転であって、当然には非効率性をもたらすものではない[55]。非効率が生じるのは、その買収者が企業価値を下げるタイプの買収者である場合である。強制的公開買付制度が適用されていれば、そのようなタイプの買収は防げていた可能性があり、この意味で定款変更により非効率が発生することはある。もっとも、マーケット・ルールに変更することで、逆に買収者が企業価値を上げるタ

---

　54) 日本の実証研究の状況に関しては、飯田秀総『株式買取請求権の構造と買取価格算定の考慮要素』66～68頁、73～93頁（商事法務、2013）参照。
　55) 田中・前掲注38) 法協117巻12号1759～1760頁参照。

イプの買収が起こりやすくなるという意味で、効率性が向上する側面がある。

　他方で、株主の承認という観点からは、強制的公開買付制度は支配株主がいる局面で問題となるのだから、その離脱の手続が適切なものとなっていることが重要である。なぜならば、このルールに関して定款変更をしようとするケースの多くは支配株主がいることが想定でき、支配株主は株主の承認や取締役会の承認を得ることは容易だから、抽象的に、定款変更には株主総会での承認が必要だというだけでは意味がないからである[56]。特に、日本法では、直接的に定款規定によって強制的公開買付制度からの離脱を定めるのではなく、種類株式の発行という手続を使うという間接的な方法によることになる[57]。そうだとすると、少数株主の承認・監督も、抽象的に種類株式の発行の是非が直接的に問われるにとどまり、種類株式の発行が強制的公開買付制度からの離脱として使われるかどうかについて直接的には関与できないこととなってしまう。したがって、仮に強制的公開買付制度からの離脱を認める方が望ましいとしても、現在の日本法におけるその離脱の方法については慎重に評価する必要があるだろう。なぜなら、この離脱の方法についての規律が不十分なのだとすれば、やはり強行法規として規律する方が望ましいという議論[58]もあり得るからである。

56) Dammann, *supra* note 39, at 467-68.
57) なお、日本法において、種類株式を発行することによって強制的公開買付制度の適用を免れようとするときには、例えば定款変更で種類株式発行会社となる（会社法2条14号、108条2項参照）際の株主総会についての決議取消訴訟（会社法831条）、種類株式の発行に関する不公正発行を理由とする差止め（会社法210条2号）などがあり得る。ただし、これらが適切に機能するのかは検討を要する問題であるが、十分に機能するとまでは言いにくい。Dammann, *supra* note 39, at 468-74 も、公正性の審査、特別決議、マジョリティ・オブ・マイノリティといったシステムが十分に機能するわけではないとする。
58) 第2章第2節第2款（本書231頁）参照。

第3款　小括

以上の検討からは、次のような視点が得られる。

すなわち、IPO 前の時点であれば、強制的公開買付制度について定款自治を認めても大きな弊害があるとはいえない。逆に、定款自治を認めるべきであるという積極的な論拠があるわけでもない。

これに対して、IPO 後の定款変更については、機会主義的な行動が取られるおそれは否定できない。もっとも、だからといって定款自治を否定するほど重大な非効率性が発生するかというと、そうでもない。

したがって、強制的公開買付制度について強行法規とすべきか否かという政策的な問題について、賛成・反対のいずれの立場をとるにしても、それを積極的に賛成・反対するだけの決定的な論拠があるとまではいえない。そのため、実証研究の積み重ねによって判断すべき問題であるが[59]、現時点での筆者の評価は、市場の効率性についてはかなり信頼できるレベルにあり[60]、かつ、強制的公開買付制度があれば少数株主が搾取されないというわけでもなければ、マーケット・ルールだと少数株主が搾取されてしまうというわけでも必ずしもなく、他方で、支配株主の私的利益等の分布について立法者が知ることはその情報の性質上困難であり、立法者が最適なルールを選択できるとはいえないことを考えると、強制的公開買付制度については定款自治を認めてよいと考える[61]。

日本法の現状は、強制的公開買付制度について、一定の範囲で離脱を認めているといってよい状況にある。この状況を前提とすると、検討すべき課題がある。それは、強制的公開買付制度からの離脱をする

---

[59]　田中・前掲注38）法協117巻12号1770頁参照。
[60]　黒沼・前掲注38）商事1603号47〜48頁参照。
[61]　なお、強制的公開買付制度からの離脱について定款自治を認めるとしても、定款で強制的公開買付制度からの離脱をしていないにもかかわらず、これに違反すれば、刑罰や課徴金を課すことになる。

際の手続の妥当性である。なぜならば、強制的公開買付制度からの離脱をする際の手続が適切な仕組みになっていれば、非効率性の発生のおそれは小さくすることができる可能性があるし、逆に、もし不当な手続になっていれば、離脱を認めることには非効率性があり、したがってそもそも離脱を認めるべきではないという議論につながりうるからである。つまり、問題は、定款自治を認めるとした場合に、その具体的な手続が本当に効率性の観点から正当化できるようなものとなるかどうかである。そこで、次章以下ではこの点について検討しよう。

第 3 章　デフォルト・ルールの設計と離脱の手続

　本章では、強制的公開買付制度について定款自治を認めるとした場合に、強制的公開買付制度とマーケット・ルールのいずれをデフォルト・ルールとするか、さらに、デフォルト・ルールからの離脱の手続について検討する。先行研究によれば、会社は、法で定められているデフォルト・ルールに従う傾向がある[62]から、何をデフォルト・ルールにするべきかという問題は実際的にも重要である[63]。

第 1 節　機会均等ルールをデフォルト・ルールとすることを提案する見解

　Enriques, Gilson and Pacces (2014) は、機会均等ルールをデフォルト・ルールとすべきだと論じているので、これを検討しよう。
　彼らは、次のように、「ペナルティ・デフォルト・ルール」[64]（そこからの離脱をする交渉の過程で、相手方当事者に対して有益な情報を開示するように当事者を促す、多数派にとって有利でないルールをデフォルト・ルールとする）の考えに従って次のように論じる。すなわち、支配株主の私的利益が金銭的なものである場合、支配株主が利益相反に

---

[62] See, e.g., Henry Hansmann, *Corporation and Contract*, 8 AM. LAW. ECON. REV. 1 (2006); Listokin, *supra* note 2.

[63] See Enriques et al., *supra* note 12, at 102.

[64] Ian Ayres & Robert Gertner, *Filling Gaps in Incomplete Contracts: An Economic Theory of Default Rules*, 99 YALE L. J. 87, 93 (1989).

よって利益を得るおそれが深刻である。なぜならば、支配株主が株主総会を支配している限りは、支配株主による利益相反行為はチェックされないおそれがあるからである。そのため、デフォルト・ルールの選択にあたっては、支配株主に対して不利なものにするべきだとする。そうすることにより、コントロール・プレミアムを少数株主と分け合うことになる義務的公開買付制度の適用を受けたくない創業者は、次の2つのことをするようになる。すなわち、第1に、創業者は、コントロール・プレミアムを少数株主と分け合うデフォルト・ルールから離脱することが会社にとって有益である理由を、説明するようになる。第2に、創業者は、このことについてIPOの際に市場から評価を受けることになる。そして、そのため、支配株主は、私的利益を引き出す程度を制限することを信頼してもらえるようにする工夫をするインセンティブを持つようになる。したがって、義務的公開買付制度をデフォルト・ルールとすべきだとする[65]。

また、支配株主の私的利益が非金銭的なものである場合、義務的公開買付制度のもとでは、その私的利益が金銭的なプレミアムによって補償されるわけではない。しかし、義務的公開買付制度からの離脱を望む創業者は、市場価格が過度にディスカウントされるのを避けるために、自己のタイプ（金銭的な私的利益ではなく、非金銭的な私的利益を受け取るタイプであること）を信頼してもらえるようにシグナルを送るインセンティブを持つ。したがって、義務的公開買付制度をデフォルト・ルールとすることにより、情報開示と、私的利益に関するコミットメントを工夫することを促すようになり、私的利益の引き出しについて市場からの評価を受けるようになるというわけである[66]。

以上は、IPOの段階でデフォルト・ルールから離脱する場合の議論であった。IPOの後に、デフォルト・ルールからの離脱を選択する場

65) Enriques et al., *supra* note 12, at 109.
66) Enriques et al., *supra* note 12, at 110.

面については次のように分析されている。すなわち、支配株主の機会主義的行動に対する方策が十分ではないかもしれない。なぜなら、支配株主が定款変更の承認決議を可決できるだけの議決権を保有している場合には、支配株主の一方的な意思で義務的公開買付制度から離脱することができるからである。義務的公開買付制度からの離脱は必ずしも非効率的ではない。しかし、IPO の場合と異なり、支配株主は、義務的公開買付けから離脱することについて対価を支払うことがないから、他の投資家から支配株主へと利益移転が生じることとなる。そのため、利益の配分の観点が重要となる[67]。

　そこで、彼らは、IPO 前の会社と、IPO 後の会社とでデフォルト・ルール化する際の取扱いを変えるべきだという「規制二元論（regulatory dualism)」[68]を主張する。すなわち、IPO の前の会社については、義務的公開買付制度をデフォルト・ルールとするべきことは上記の検討のとおりである。しかし、IPO の後の会社については、義務的公開買付制度からの離脱を認めると、少数株主の既得権が奪われることになるので、少数株主の同意、具体的には、少数株主の過半数の同意（majority of minorities）がなければ、義務的公開買付制度からの離脱を認めるべきではないとする。したがって、規制二元論においては、① IPO 前の会社では義務的公開買付制度はデフォルト・ルールであり、② IPO 後の会社では少数株主の過半数の同意がない限りは、義務的公開買付制度が強行規定であり、その同意が得られたときには義務的公開買付制度はデフォルト・ルールである、とするわけである。このような規制二元論を提案する根拠は、一律の改革をしようとしても、既得権者が反対すると既得権者がいない場面（つまり、

---

67) Enriques et al., *supra* note 12, at 113.
68) 規制二元論については、Ronald J. Gilson, Henry Hansmann & Mariana Pargendler, *Regulatory Dualism as a Development Strategy: Corporate Reform in Brazil, the United States, and the European Union*, 63 STAN. L. REV. 475 (2011) 参照。

IPO 前の会社）でも改革が実現しなくなってしまうのは望ましくない、という現実的な考慮に基づくものである[69]。

第 2 節　デフォルト・ルール化へ反対する見解

これに対して、デフォルト・ルール化する提案に反対する Hopt (2014) は次のような点を指摘する。すなわち、Enriques, Gilson and Pacces (2014) の提案は、少数株主の保護を完全に支配株主の権限の下にかからしめてしまう。事後的に株主総会決議において決定して義務的公開買付制度からの離脱をすることは、違法である。なぜならば、少数株主の現に存在する権利を、その同意なくして奪うことは許されないからであるとする[70]。

第 3 節　検討

以上の議論の評価に際しては、次の 2 点について検討する必要がある。すなわち、①デフォルト・ルールの設計についての理論（ペナルティ・デフォルトの考え方）、② IPO 後の利益移転を認める手続と規制二元論についての 2 つである。

第 1 款　デフォルト・ルールの設計の理論

デフォルト・ルールの設計について、当初は、取引費用が十分に小さかったならば多くの当事者が望んだであろうルールとすべきであると考えられていた[71]。つまり、実際の契約を締結する際には取引費用

---

69) Enriques et al., *supra* note 12, at 89, 115-17, 122-23.
70) Hopt, *supra* note 35, at 164-65.

がかかるため、契約に全ての事項を取り決めることはできず、契約は不完備なものとならざるを得ない。そのため、合理的な当事者であれば多くの当事者が望むだろうルールをデフォルト・ルールとすることで、契約にかかる費用を最小化することができると期待できる[72]。

しかし、その後の研究では、必ずしもそうではなく、ペナルティ・デフォルト、あるいは情報開示強制（information-forcing）デフォルトの考えからデフォルト・ルールを設計すべき場合もあることが明らかになった。例えば、事後的に裁判所が、合理的な当事者であれば望んだであろうルールを決定するにはコストがかかり、むしろ、事前に当事者が明示的に契約を締結した方が、コストが低いことがあり得る。この場合には、デフォルト・ルールは、あえて、ある当事者に不利な内容に設定し、そこからの離脱をする（すなわち契約で明示的に規定する）ように動機付けるペナルティ・デフォルトが望ましい[73]。また、契約が不完備となるのは、取引費用が原因なのではなく、一方当事者が情報をもっており、その情報を相手方に伝えれば契約のパイのサイズが大きくなるが、伝えなければパイの配分が自分に有利になると考えて、意図的に契約が不完備にされている場合もある。そこで、ペナルティ・デフォルトを採用して、ペナルティ・デフォルトからの離脱をさせることによって、情報を持っている当事者にその情報を開示させるように動機付けることで効率性を向上できるとする[74]。

この議論を強制的公開買付制度にあてはめて考えると、第1に、多数の会社が望むだろうルールが強制的公開買付制度なのか、それとも

---

71) See, e.g., Frank H. Easterbrook & Daniel R. Fischel, *The Proper Role of a Target's Management in Responding to a Tender Offer*, 94 Harv. L. Rev. 1161, 1182 (1981); Frank H. Easterbrook & Daniel R. Fischel, *Corporate Control Transactions*, 91 Yale L. J. 698, 702 (1982); Charles J. Goetz & Robert E. Scott, *The Mitigation Principle: Toward a General Theory of Contractual Obligation*, 69 Va. L. Rev. 967, 971 (1983).

72) Ayres & Gertner, *supra* note 64, at 92-93.

73) Ayres & Gertner, *supra* note 64, at 91, 93.

マーケット・ルールなのかは明らかではないので、伝統的なデフォルト・ルールの設計の考え方（契約にかかる費用の最小化）からはいずれを採用すべきかは当然には決まらない。

　第 2 に、ペナルティ・デフォルトの考えに従えば、Enriques, Gilson and Pacces（2014）が提案するように、支配株主に不利なルールの強制的公開買付制度をデフォルト・ルールとすることで、そのデフォルト・ルールからの離脱の際に支配株主からその支配株主の下での共通価値・私的利益（の分布）に関する情報が開示され、それがIPO 市場で評価にさらされるのであれば、効率的である可能性がある[75]（なお、ここでいう効率性とは、支配権取引の実行・不実行に伴う効率性ではなく、その会社に適用されるルールがマーケット・ルールか、それとも強制的公開買付制度かによって影響を受ける効率性である）。

　たしかに、このような情報開示強制機能が働くのかは疑問の余地がある。なぜならば、支配株主は、IPO 市場で高く評価されようと思えば、マーケット・ルールを採用するか強制的公開買付制度を採用するか否かにかかわらず、自己がどのようなタイプの支配株主なのか（どのように私的利益を享受するタイプの支配株主なのか）を開示するインセンティブをもともと持っているはずであり、ペナルティ・デフォル

---

74) Ayres & Gertner, *supra* note 64, at 91, 94. なお、ペナルティ・デフォルトによっても、情報開示強制機能が働かない場面もあることにつき、Barry E. Adler, *The Questionable Ascent of* Hadley v. Baxendale, 51 STAN. L. REV. 1547 (1999). また、ペナルティ・デフォルトの理論を批判するものとして、Eric Maskin, *On the Rationale for Penalty Default Rules*, 33 FLA. ST. U. L. REV. 557 (2006); Eric A. Posner, *There Are No Penalty Default Rules in Contract Law*, 33 FLA. ST. U. L. REV. 563 (2006) があり、再反論として Ian Ayres, *Ya-Huh*: *There Are and Should Be Penalty Defaults*, 33 FLA. ST. U. L. REV. 589 (2006) 参照。

75) 田中・前掲注38）法協117巻11号1611頁も、「一方当事者がルールの費用便益（または法のルールそのもの）をよく知らないときに、他方の当事者に不利なルールを課して明示の契約を締結させることを通じて、費用や便益を開示させる、といったことも考えられる。」としている。

トを採用することでこのインセンティブがどれだけ強化されるのかは明らかではないからである。そのため、機会均等ルールをデフォルト・ルールとすることで、支配株主は私的利益を制限するようなコミットメントをするようになるという Enriques, Gilson and Pacces (2014) の主張も、どれほど説得力があるのかは疑問の余地がある。

しかし、マーケット・ルールが支配株主にとって有利なのであれば、マーケット・ルールをデフォルト・ルールとしてしまうと、支配株主はデフォルト・ルールから離脱しようとするインセンティブはなく、したがって、離脱の際に情報開示が行われ、ひいては私的利益の享受を制限するコミットメントをするインセンティブが創出されることはない。要するに、マーケット・ルールをデフォルト・ルールとするよりかは、強制的公開買付制度をデフォルト・ルールとした方が相対的には効率的である可能性がある。したがって、強制的公開買付制度を強行法規としないのであれば、デフォルト・ルールはマーケット・ルールではなく、強制的公開買付制度とした方が望ましい[76]。

第 2 款　IPO 後の会社について

さて、強制的公開買付制度をデフォルト・ルールにするとして、規制二元論によるべきかは、立法過程の状況によって変わってくるといえる。少数株主の保護という既得権を奪うことは許されないという Hopt のような考えが強い場合には、規制二元論の考え方は一考に値する。しかし、日本法のように、種類株式を使えば強制的公開買付制

---

[76] なお、ペナルティ・デフォルトの考えが成立するための前提条件として、デフォルト・ルールからの離脱が比較的容易でなくてはならない（田中・前掲注38）法協117巻12号1776頁参照）ところ、強制的公開買付制度（3分の1ルール）をデフォルト・ルールとしたとしても、そのデフォルト・ルールからの離脱は、比較的容易である（定款を変更すればよく、支配株主にとってそれは比較的容易である）から、この前提条件は満たしているといえる。

度の適用を受けずに支配株式の譲渡ができる法制を前提に考える場合には、規制二元論の考え方を導入する必要はなく、端的にデフォルト・ルールからの離脱の手続を検討した方が建設的である。

　そして、その手続について、Enriques, Gilson and Pacces（2014）は、少数派の過半数の同意を求めることで、少数派の同意を要件とすることを提案している。

　日本の会社法の観点からすると、定款変更は特別決議が必要であり[77]、少数派の過半数の同意を必須の要件とする制度はない。せいぜい、決議取消訴訟において、少数派の過半数の同意があることが決議の不当性を否定する方向に働く事実となり得るにとどまる[78]。また、Enriques, Gilson and Pacces（2014）が指摘するように、IPO後の強制的公開買付制度からの離脱には、少数株主から支配株主への利益移転の側面がある。このような株主間の利益移転について、正面から規定する条文はないが、例えば有利発行は従来からの株主と新株主との間での利益移転が生ずる場合に特別決議を条件とすることでこれを認めている[79]。これと同じように考えれば、やはり特別決議を条件として定款変更によってデフォルト・ルールからの離脱を認めてもよいと言いやすい。

　なお、Hoptのように、既得権を奪うことは違法ではないかという問題提起は傾聴に値する見解ではある。しかし、Hoptの議論は、ドイツ法を前提としての議論であるように思われる。なぜなら、Hoptは、イギリスでは白色化（whitewash）の手続[80]によって利害関係のない

---

77) 会社法309条2項11号、466条。
78) 支配株主の議決権に関する規律について、上田純子「集団的意思決定における特別利害関係」奥島孝康先生古稀記念論文集編集委員会編『奥島孝康先生古稀記念論文集：現代企業法学の理論と動態　第一巻《上篇》』155頁（成文堂、2011）参照。
79) 会社法309条2項5号、201条1項、199条3項。
80) 本書第1部I第2章参照。

株主の過半数の承認があれば、義務的公開買付けを行わなくてよい制度があるところ、ドイツでは、そのような決定はドイツ株式法241条3項のもとでは無効となり、ただ、買収法37条の義務的公開買付けの免除の手続の中で、株主総会決議はその勧告決議をすることは可能であると論じているからである[81]。

　日本法ではどう考えるべきだろうか。退出権として位置づけられる欧州型の義務的公開買付制度と異なり、公平な売却の機会を与えるにとどまる日本の強制的公開買付制度をもって、奪うことのできない既得権と評価する必要はないと考える。なぜなら、強制的公開買付制度からの離脱をすることによって、少数株主がその売却の機会が奪われることは、利益移転の側面があると評価できるが、利益移転を認めるための手続（例えば株主総会の決議を要求するなど）を定めてその手続に従って行われるのであれば、それでも違法と評価する議論には説得力に欠けるからである。特に日本の強制的公開買付制度は、欧州型の義務的公開買付制度と異なり、市場内での買付けのみで3分の1を買収者が取得したとしても、公開買付けを強制する制度にはなっていない。そうだとすると、少数株主のおかれている状況は、3分の1超の支配株式の変動の際に退出する権利が保障されているというわけではなく、そのような変動のうち一部の類型に際してのみ売却の機会が与えられることがあるというにとどまっている。このような状況に過ぎないのに、これを既得権として多数決等をもってしても奪うことのできない権利と位置づけるべきではない。

　すでに日本では、全部勧誘義務がかかる場合に、買付けの対象としない種類株式の種類株主総会の過半数の承認による決議が成立していれば、当該種類株式について公開買付けを実施しなくてよい（つまり、当該種類株式の一部に反対する者がいたとしても、それが少数派であれば構わない）とする制度が存在している[82]。この制度については、手残

---

81) Hopt, *supra* note 35, at 181 n.185.

り株を抱える零細株主の保護を目的とするのが全部勧誘義務であるにもかかわらず、これを多数決で免れることができるとすることについて立法論上の疑問も示されており[83]、この疑問はHoptの見解と通じるものがある。もっとも、この制度が導入されてから約9年経過するが、今日までのところ、立法による変更がなされるというような動きは見られない。Enriques, Gilson and Pacces（2014）が予測するような、利益移転に対する政治的な反対活動がわが国では見られないわけである。このことは、有利発行に代表されるように、株主総会での多数決での承認を経れば、株主間の利益移転を行うこと自体は認めてもよいという考え方が、日本では暗黙のうちにかなり共有されていることを示していると思われる。

以上の検討によれば、少なくとも日本法では、IPO後の会社であっても、少数株主の承認を要件とすれば、強制的公開買付制度からの離脱を認めてもよいと考える。

第3款　現行法のアンバランスな状況の改善の必要性

以上の検討の結果、Enriques, Gilson and Pacces（2014）が提案するように、強制的公開買付制度を強行法規とするのではなく、強制的公開買付制度をデフォルト・ルールとし、そこからの離脱を認めることは理論的にも支持してよいと考える。そして、日本法の現状は、まさにそのような状態に近いといえる。なぜなら、第1に、全部勧誘義務が発動しない3分の1超3分の2未満の買付けの場合、買付けの対象となる種類株式が25名未満であればその種類株式の全ての所有者の同意を経れば、公開買付けによらずに3分の1超の株式を取得することが認められているし、第2に、全部勧誘義務が発動される3分の2以

82）施行令6条の2第1項7号、他社株府令2条の5第2項1号イ。
83）池田唯一ほか『金融商品取引法セミナー　公開買付け・大量保有報告編』98頁［岩原紳作発言］（有斐閣、2010）参照。

上の特定買付けが行われる際に、買付けの対象とならない種類株式の種類株主総会の同意（または、買付けの対象とならない種類株式の所有者が25名未満であればその種類株式の全ての所有者の同意）を経れば、やはり3分の2以上の株式を公開買付けによらずに買い付けることが認められているからである。

　もっとも、日本法の現状には、離脱の手続について、理論的に正当化が困難なアンバランスさがある[84]。第1に、種類株式発行会社ではなく、普通株式のみを発行している会社が対象会社となる場合については、離脱の手続が定められていない[85]。第2に、全部勧誘義務が発動しない3分の1超3分の2未満の買付けの場合に、買付けの対象とならない種類株主の同意を要件とせずに、公開買付けによらないことが可能となっている。これは、少数株主の承認無しに[86]、IPO後の会社が利益移転を行うことが可能となっている点で疑問である。第3に、種類株式の所有者数が25名未満である場合に限って、全株主の同意による離脱を認める制度があるが、これは種類株主総会の決議での離脱を認める制度と整合しない。全株主の同意を条件に離脱を認めるのであれば、所有者数の制限にはあまり意味がないし[87]、種類株主総会の決議での離脱を認めるのであれば、全株主の同意を条件とすることに

84）池田ほか・前掲注83) 98頁［岩原紳作発言］参照。
85）池田ほか・前掲注83) 96〜97頁［神田秀樹発言］参照。
86）なお、たしかに、少数株主は、種類株式の発行の段階において、その瑕疵を争う余地はある。しかし、現行の金商法の公開買付規制の条文と、上記の最高裁判例を前提にすると、強制的公開買付制度からの離脱のための種類株式の発行であること自体が種類株式発行の瑕疵には該当しないと解さざるを得ないから、少数株主の意見を問うこと無しに、強制的公開買付制度からの離脱が可能である。もっとも、平成26年改正によって導入された会社法206条の2を前提とすると、2分の1超の議決権を特定の株主に発行する際には、株主総会決議での承認が必要となる場合もあるから、現在では、3分の1超2分の1以下の議決権に関する場合にのみ、少数株主の承認の手続がおよそないこととなっている。

実践的な意味がない。

　これらの問題を統一的に解決する立法をするとすれば、基本的には、強制的公開買付制度からの離脱には定款で規定することを要件とすることが妥当である。なぜならば、第1に、IPO前の段階から定款で強制的公開買付制度からの離脱を定めていれば、これを認めてよいからである（第3節第1款参照）。第2に、種類株式発行会社か否かを問わず、統一的に、強制的公開買付制度からの離脱を認めることとなり、制度間のアンバランスが解消できるからである。現状では、上記のようなアンバランスがあり、かつ、少数株主の同意無しに、離脱ができる状況にあるという問題があるところ、定款変更の手続を経ることを求めることにより、この問題を解決できるからである。第3に、株主間の利益移転をすることについての承認について、普通決議では少数株主の同意があったとはいいにくく、特別決議を求めた方がよく（例えば3分の1を保有する支配株主がいる場合、残りの半数の株主が賛成して初めて特別決議が成立する）、かつ、有利発行規制のような既存の利

---

87) 金融庁は、「株券等の保有者が少数である場合には、同意を得る者と与える者との間において情報の非対称等が発生する可能性が低い」（金融庁「コメントの概要及びコメントに対する金融庁の考え方（平成18年12月13日）」6頁（回答No.14）、http://www.fsa.go.jp/news/18/syouken/20061213-1/01.pdf）としており、裏を返すと、所有者の人数が増えると、情報の非対称性が発生するからというのが金融庁のパブリックコメントの回答の趣旨と解される。これは開示規制のロジックとしては理解できる。しかし、支配株主と少数株主の間での利益移転というまさに会社法上の利害調整について、全株主の同意を認めず、所有者の人数が少ないときに限って認めるということになってしまう。会社法の観点からはこのような人数による制限は正当化できないように思われる。

88) なお、立法論としては、他には、少数派株主の過半数の同意を要件とすることも考えられる。ただし、日本法でこの制度が広く受け入れられているとは到底いえない状況であるから、定款変更の手続という従来からのなじみのある方法のほうが現実的であるように思われる。株主間の公平と定款変更に関する利害調整の方法について詳しくは、松尾健一『株主間の公平と定款自治』（有斐閣、2010）参照。

益移転の制度とも整合するからである[88]。

　もちろん、定款自治を認めるとして、株主総会の承認は完璧ではなく限界はある[89]。例えば、デフォルト・ルールに従う会社と、デフォルト・ルールから離脱している会社とが合併し、例えば後者が存続会社となると、前者にとっては合併の承認決議が、デフォルト・ルールからの離脱をも同時に承認したことになってしまう（抱き合わせ（bundling）問題）[90]。そうすると、デフォルト・ルールからは離脱したくないと多数の株主が考えていたとしても、合併比率が有利であるがゆえに当該合併は承認するという事態が発生することはあり得る。抱き合わせ問題は、株主総会決議の信頼性を一般的に疑わせる問題提起であり、これについて正面から論じるのは本稿の目的から外れるため、立ち入らない。ただ、強制的公開買付制度に関しては、抱き合わせ問題はあまり深刻な限界ではないと考えてよい。なぜならば、強制的公開買付制度からの離脱は、少数株主が支配権プレミアムを享受する機会を失うという不利益があるが、その不利益は、上記の例でいえば有利な合併条件で合併することによってカバーできるともいえるからである。たしかに、前者の不利益と後者の利益は質を異にするものだから、後者を前者によって穴埋めできるという類のものではない。しかし、強制的公開買付制度からの離脱によって少数株主から支配株主に利益が移転されるという議論を前提にするのであれば、少数株主は企業再編に際してプレミアムを享受できる機会を与えればそれで満

---

89) 本文で検討するものの他にも、株主総会の意思決定についての集合行為問題や、安定株主工作が行われるおそれといった限界もある（田中・前掲注12）444〜445頁参照）。しかし、集合行為問題があることを理由に定款自治を制約すべきとは当然にはいえないし（田中・前掲注12）95〜96頁参照）、強制的公開買付制度からの離脱をするかどうかという問題には、買収防衛策のような取締役の利益相反の問題はなく、安定株主工作のおそれが本稿の問題についての定款自治を否定するだけの根拠とはなりにくいと考える。

90) この問題については、Lucian A. Bebchuk and Ehud Kamar, *Bundling and Entrenchment*, 123 Harv. L. Rev. 1549 (2010).

足して然るべきだともいえる。強制的公開買付制度に従っている会社における少数株主の期待はこの程度のものにとどまっているというわけである。したがって、本稿のように、強制的公開買付制度をデフォルト・ルールとして、そこからの離脱を定款自治で認めるという制度にする場合、上記のような合併によってもデフォルト・ルールからの実質的な離脱が可能となるようにみえるとしても、それは大きな問題ではないといってよいだろう。

第 4 章　むすび

　本稿では、強制的公開買付制度は強行法規でなければならないという積極的な根拠も、逆に、強行法規としてはならないという積極的な根拠もないことを明らかにした。その上で、日本法のように、事実上、強制的公開買付制度からの離脱を認めるのであれば、正面からデフォルト・ルールとその離脱のルールを定めるべきであり、具体的には、強制的公開買付制度をデフォルト・ルールとし、そこからの離脱は定款で定めれば、IPO 前でも IPO 後でも（つまり、原始定款であろうが、事後的な定款変更であろうが）可能としてよいと論じた。そうすることで、現在の金商法の公開買付規制のアンバランスを解消することも同時に可能になる。

　もっとも、本稿の議論は、強制的公開買付制度とマーケット・ルールの効率性の理論とデフォルト・ルールの設計の理論についての先行研究に依拠しており、この基礎となった理論は現在でも発展が続いている分野である。そのため、本稿の結論は、これらの理論の現在の時点での結論から得られる帰結というにとどまる。これらの理論についての研究や、さらには定款自治や株主総会決議の限界といった会社法の基礎にかかわる問題について、本稿で本格的に展開することはできなかった。本稿はこれらの大きな問題についての研究に向けての序論的考察と位置づけざるを得ない。また、公開買付規制の抜本的な改革を含むような立法論を具体的に展開するにあたっては、検討すべき要素が多く[91]、本書ではそのごく一部分を扱ってきたに過ぎない。これらの点については、今後の課題とする。

　91）藤田・前掲注23）参照。

● 事項索引

アルファベット

amalgation ……………………… 47
Foss v Harbottle ルール …………… 63
IPO 市場 …………………………… 229
　――の効率性 ……………………… 234
MBO ………………………………… 75
opt-out ……………………………… 217
sell-out right ……………………… 175
tender offer ………………………… 46
TOB 研究会報告書 ………………… 18
unfair prejudice …………………… 63
whitewash ………………………… 43

あ行

アンケート併用方式 ……………… 171
按分比例方式 ……… 10,133,156,166,197
　――の趣旨 ……………………… 11,12
域内市場白書 ……………………… 126
萎縮効果 …………………………… 180
イングランド銀行 ………………… 47
ウィリアムズ法 …………………… 156
売主の義務 ………………………… 26
売渡請求権 …………………… 175,199
　――の導入 ……………………… 176
エクスチェンジ・テンダーオファー
　…………………………………… 52
延長期間 ……………………… 49,77,114
欧州委員会 ………………………… 122
欧州議会 …………………………… 123
応募株主の解除権 …………… 10,166
オークション …………………… 8,156

か行

開示規制 …………………………… 9
会社支配権 ………………………… 82

　――の帰属 ……………………… 82
会社法と資本市場法の区別 ……… 116
会社法の強行法規性 ……………… 229
買付価格 …………………………… 140
買付価格規制 ………………… 148,185
買付価格引き下げの禁止 ………… 10
買付期間 …………………………… 10
　――の延長 ……………………… 168
買付者の意思 ……………………… 152
買付条件の均一性 ………………… 10
外部化可能性 ……………………… 106
外部性 ………………………… 106,232
価格形成 …………………………… 230
価格形成機能 ………………… 9,156
肩代わり ……………………… 13,20
課徴金 ……………………………… 218
合併 ………………………………… 47,93
過度なリスクテイク ……………… 232
カネボウ少数株主損害賠償請求事件
　…………………………………… 190
株式買取請求権 ……………… 181,191
株式の売却の機会 ………………… 22
株式の持分証券的性質 …………… 34
株式の流通証券的性格 …………… 34
株主アクティビズム ……………… 209
株主代表訴訟 ……………………… 63
株主の意思決定 …………………… 166
株主の集合行為問題 ……………… 233
株主平等原則 ………… 26,29,81,83
株主平等取扱 ……… 23,24,105,125,127
　――の拡張 ……………………… 105
株主保護 …………………………… 117
株主前の誠実義務 ………………… 109
株主有限責任 ……………………… 232
勧告決議 …………………………… 249
完全競争市場 ……………………… 156

機会均等ルール………………26,220
機会主義的行動………………202,231
機関投資家……………………………84
企業価値………………………………35
企業契約………………………………93
企業結合の運営……………………181
企業結合の形成……………………181
企業結合法……………146,178,179,181
企業構造……………………………102
企業の政策…………………………103
企業買収指令………………………118
企業買収の手段………………………14
議決権停止…………………………212
議決権の差止め……………………174
規制二元論…………………………243
規制の潜脱……………………………46
既得権………………………………243
義務的公開買付制度
　………7,38,43,79,119,150,184,190,226
　──とコンツェルン法の関係……98
　──のコスト………………………85
　──の対価…………………………44
　──の導入…………………………55
　──の変遷…………………………56
　ドイツの──………………………89
義務的申込み…………………………88
キャッシュ・アウト………………191
強圧性………………65,158,191,208
　──の問題点……………………194
強行法規……………………………217
　──の必要性……………………224
強制買取………………………………82
強制的公開買付制度
　……………6,150,178,182,208,217
　──の潜脱…………………………16
強制的公開買付制度廃止論…………32
競争原理………………………………9
競争売買………………………………8
共通の立場……………………124,134
共同行為者……………………………59

局外株主………………………………97
均衡価格……………………………156
クラウンジュエル……………………48
繰り返しゲーム……………………161
グリーンメーラー………………13,20
経営改善………………………………34
刑事罰………………………………218
継続的法律関係……………………201
契約コンツェルン……………………96
決議取消訴訟………………………248
ゲーム理論……………………………72
権限分配……………………………210
公開買付ガイドライン………………92
公開買付規準…………………………92
公開買付規制の制度趣旨………………4
公開買付規制の適用範囲………………4
公開買付文書…………………………90
公開市場………………………………84
公開性…………………………………8
効果的支配……………51,55,56,59
交換買付け……………………………52
交渉能力………………………………33
公正性………………………………8,24
公正な価格…………………………197
効率性……………………24,75,209
効率的市場仮説………………76,195
効率的な支配移転…………………221
合理的意思決定理論…………………72
合理的無関心………………203,231
個人投資家……………………………84
コーディネーション・コスト………33
コーポレート・ガバナンス………218
　外部からの──…………………219
コミットメント……………………231
コンツェルン形成……………95,185
コンツェルン法………………94,95
コントロールプレミアム…21,76,81,105
　──の分配
　…23,29,83,105,110,134,140,141,148,185

事項索引　257

さ行

最高価格 …………… 44, 91, 120, 140, 148
再交渉の防止 ……………………… 233
最低価格規制 ……………………… 206
搾取 ………………………………… 237
鞘取り業者 ………………………… 164
参加の機会 ……………………… 28, 30
3分の1ルール …………………… 217
ジェンキンス委員会 ……………… 50
指揮権能 …………………………… 27
自主規制団体 ……………………… 51
市場価格 …………………………… 76
　　──への影響 ………………… 21
市場集中の原則 …………………… 9
市場内買付け … 5, 14, 19, 43, 52, 79, 121, 184
　　──への不干渉 ………………… 56
市場内買付規制論 ………………… 13
市場に対する信頼 …………… 151, 167
市場に近い者 ……………………… 84
市場に近くない者 ………………… 84
　　──の保護 ……………… 150, 185
市場の機能能力 ……………… 111, 116
　　──の保護 …………………… 185
　　──の保障 …………………… 151
事情変更の原則 …………………… 201
実体規制 …………………………… 10
シティコード ………………… 42, 50
　　──の適用範囲 ……………… 42
シティ・ノート …………………… 47
私的利益 ……………………… 86, 228
シナジー効果 ………………… 34, 107
支配 ………………………………… 89
支配株式の譲渡 …………………… 103
支配株主 …………………………… 179
　　──による搾取 ……………… 204
　　──の交代 ……………… 18, 62, 102
　　──の私的利益 ………… 224, 235
　　──の人格 …………………… 103
　　──の信認義務 ……………… 26, 29
　　──の登場 ……………… 18, 62
支配契約 …………………………… 96
支配権市場 …………………… 86, 182
資本集積機能 ……………………… 111
資本多数決制度の再構成 ………… 27
弱支配 ……………………………… 169
自由意思 …………………………… 113
自由かつ公開市場 …………… 7, 60, 154
集合行為問題 ………………… 65, 231
自由市場 …………………………… 47
囚人のジレンマ ……………… 115, 158
熟慮 …………………………… 11, 16
種類株式 …………………………… 220
　　──の発行 ……………… 221, 238
種類株主総会 ……………………… 249
詳細な調和 ………………………… 129
上場廃止 …………………… 177, 180, 201
少数株主の搾取 …………………… 237
少数者からの買付け ……………… 6
少数派株主の保護
　　…………… 18, 83, 95, 119, 128, 130, 184, 205
　　──と部分買付け …………… 140
情報開示 ……………………… 9, 21, 166
情報開示強制機能 ………………… 246
情報の非対称性 …………………… 252
情報の偏在 ………………………… 33
商務省 ……………………………… 50
自立性 ……………………………… 101
指令 ………………………………… 118
スクリーン ………………………… 227
誠実義務 ……………………… 108, 109
セル・アウト・ライト→売渡請求権
1989年指令案 …………………… 127
1990年指令案 …………………… 129
1996年指令案 …………………… 130
1997年指令案 …………………… 133
潜脱 ………………………………… 56
先着順 ……………………………… 11
全部買付け ………………………… 195
全部買付義務 ……………… 180, 191, 201, 205

全部勧誘義務 249,250
相対取引 79
相当な価格 119,122,134,140
組織された市場 88

た行

第三者割当 210
退出権 27,96,97,111,116,141,145,147,
    178,190,201,205
    ——による少数派株主の保護 61
    ——の機能 61
    ——の必要性 62
退出の機会 125
代償 97
大量株式取得規制 14
大量保有報告書 21
抱き合わせ 253
脱法 6
ダブルオークション 157
短期間の支配の取得 53
単独所有者基準 75
担保権の実行 15,44
調停委員会 124,135
追加的経済的利益 27
定款自治 217
定款変更 231
敵対的買収 209
テークオーバー・パネル 42
撤回権 156
デフォルト・ルール 217,226
    ——の設計 244
デューデリジェンス 233
投機的な買収 180
投資家の信頼 101,111
投資家保護 112
投資サービス指令 88
投資者間の公平 11
投資判断の基礎 101
透明性 8
特別決議 248

特別の事実上のコンツェルン 97
独立価値 67
取引費用 33,245

な行

ナッシュ均衡 159
2002年指令案 138
二段階買付け 68,158
望ましい企業買収 35,167
望ましくない企業買収 36,167

は行

売却圧力
    ... 15,16,34,65,114,141,142,157,182,184
    ——と退出権の関係 153
    ——の解消 74,77,144
    ——の存在 143
    ——の定義 66
売却とリースバック戦略 48
買収者間の平等 209
買収法 88,104
買収防衛策 16,39
ハイレベル委員会の報告書 137
白色化 43,248
パネル 42
    ——の権限 51
早い者勝ち 11,16,48,165,166
パレート改善 76
パレート最適 71,160
比較法 38
非効率的な支配移転 221
1株1議決権 226
標準書式の機能 233
フォーカルポイント 71
附合契約的性質 32
不公正な侵害行為 63
不平等取扱 48,51
部分買付け
    44,49,68,91,131,158,185,191,195
    ——と少数派株主の保護 147

――の禁止 …………… 85,128,180	マネジメント・バイアウト→MBO
投機的な―― ……………… 128,133	**や行**
不法行為 ……………………… 29	有限会社コンツェルン …………… 97
フリーズ・アウト ……………… 195	有利発行 ……………………… 248
フリーライド ……………… 24,195	良い均衡 ……………………… 71
ブレーク・スルー・ルール …… 226	**ら行**
別途買付け …………… 51,52,91	利益移転 ……………………… 248
――の禁止 …………… 10,209	利益供与契約 …………………… 96
ペナルティ・デフォルト …… 241,245	理事会 ………………………… 123
ペニントン報告書 ……………… 124	離脱 …………………………… 217
編入 …………………………… 93	流動性の喪失 ………………… 202
防衛策 ……………… 122,175,210	ローランド規則 ………………… 57
募集・売出し …………………… 14	**わ行**
補償義務 ……………………… 108	枠組み指令 …………………… 130
ま行	悪い均衡 ……………………… 70
マーケット・スイープ …………… 164	
マーケット・ルール …………… 221	
マジョリティ・オブ・マイノリティ ……………………………… 226	

●著者紹介

飯田秀総（いいだ・ひでふさ）

2002 年　東京大学法学部卒業
2003 年　司法修習（第 56 期）修了、弁護士（2004 年 3 月まで）
2006 年　東京大学大学院法学政治学研究科修士課程修了
2006 年　東京大学大学院法学政治学研究科助手
2007 年　東京大学大学院法学政治学研究科助教
2008 年　ハーバード・ロースクール修了 (LL.M.)
2008 年　ハーバード・ロースクール東アジア法律研究プログラム客員研究員
2009 年　東京大学大学院法学政治学研究科助教
2010 年　神戸大学大学院法学研究科准教授
　　　　 現在に至る

公開買付規制の基礎理論

2015年10月10日　初版第 1 刷発行

著　者　　飯　田　秀　総

発行者　　塚　原　秀　夫

発行所　　株式会社　商事法務
　　　　　〒103-0025 東京都中央区日本橋茅場町 3-9-10
　　　　　TEL 03-5614-5643・FAX 03-3664-8844〔営業部〕
　　　　　TEL 03-5614-5649〔書籍出版部〕
　　　　　http://www.shojihomu.co.jp/

落丁・乱丁本はお取り替えいたします。　　印刷／広研印刷㈱
　　ⓒ 2015 Hidefusa Iida　　　　　　　　　Printed in Japan
　　　　　　　　　　　Shojihomu Co., Ltd.
　　　　　ISBN978-4-7857-2332-3
　　　　　＊定価はカバーに表示してあります。